MARXISM FEMINISM SEX WORK

マルクス主義、フェミニズム、セックスワーク論

搾取と暴力に抗うために

森田成也

慶應義塾大学出版会

マルクス主義、フェミニズム、セックスワーク論——搾取と暴力に抗うために

目次

序文

一九六八年を頂点とする世界的な動乱と急進的運動の高揚の中で、一九七〇〜八〇年代半ばにマルクス主義とフェミニズムとの関係をめぐって、あるいは資本主義と家父長制、労働とセクシュアリティ、労働の搾取と性の搾取との関係をめぐって、欧米でも日本でも華々しい議論が展開された。しかし、こうした急進的運動がしだいに衰退していくと、このような大掛かりな変革志向の議論は急速に影を潜め、一九八〇年代後半以降、ポストモダニズムのヘゲモニーのもと、ミクロポリティクス、言説理論や脱構築論、政治哲学的な規範理論、などが知的議論の場を支配するようになった。変革よりも解釈が、実践よりも言説が、現実よりも規範が重視されるようになった。

しかし、過度に抽象的で過度に難解な言葉の羅列が躍る知的雰囲気のこの二〇〜三〇年間を経て、しだいにもっと地に足のついた、生きた現実にもっと鋭く肉薄し、社会的に支配的な構造全体にもっと正面から挑戦するような実践的知性に対する要求が、アカデミズムの中でも、市井の人々のあいだでも、しだいに高まってきている。世界的な #MeToo 運動はそうした流れを後押しするものであったし、またそれ以前から日本や世界各地で起こっている女性たちの自主的な闘争の数々もそうした社会的雰囲気をつくり出してきた。

本書はそうした知的欲求に応えようとするものであり、一貫して社会変革のために執筆され、編集されている。それは、社会的再生産と支配の構造から始まって、憲法解釈と正当化イデオロギーの批判を経て、ポルノグラフィと売買春の現実の暴露に至るまで、資本主義と男性支配という現代の二つの支配的な社会システムを多面的かつ批判的に把握しようとする[1]。

マルクス主義とフェミニズムとの関係、あるいは資本主義と女性の従属の解釈をめぐっては、主に次の三つのパターンが存在する。一つ目は、男性の支配と女性の従属を生み出している独自の社会構造を「家父長制」という制度概念でとらえたうえで、それが資本主義と時に肯定的な時に否定的な関係にあるとする立場（一般に「二元論」と呼ばれるもの）、二つ目は、男性の支配と女性の従属を生み出している構造を同じく「家父長制」ととらえた上で、この家父長制が資本主義と一体であるとみなすもの（一般に「統一論」と呼ばれるもの）、三つ目は、男性支配の独自性が無視されて、資本主義それ自体が女性の従属を直接生み出しており、したがって女性の解放を資本主義の廃絶に直結させるもの、である。この三つ目は、かつては「社会主義婦人解放論」といささか揶揄的に呼ばれていたが、最近では、世界二五ヵ国以上で翻訳された『99％のためのフェミニズム宣言』[2]（以下、『宣言』と略記）が事実上、そうした立場を取っている。ちょうどこの序文の執筆を始める直前に、この日本語版が出版されたので、序文の前半では、同書に対する批判を通じて、マルクス主義とフェミニズムとの関係をめぐる導入的議論を行なっておきたい。

一九七〇年代と八〇年代前半に華々しい論争が闘わされたのは一つ目の二元論と二つ目の統一論とのあいだであった。その決着がつく前に、新自由主義とポストモダニズムの大波がやって来て、そのすべてを押し流してしまった。そして、マルクス主義フェミニズムがすっかり衰退した後に、二一世紀に入って再びマルクス主義フェミニズムが復活し始めた。それが本書の第一章で取り上げる社会的再生産理論にもとづく反資本主義的フェミニズムであった。このフェミニズムは、いわゆる第三波フェミニズムやポストモダン系の諸「フェミニズム」のような、精緻で高級なインテリ向けの知的玩具と違って、現実の構造変革を志している点で評価しうる。しかし、一九七〇~八〇年代にあれほどマルクス主義陣営のフェミニストたちを熱くさせていた、マルクス主義に還元されないフェミニズムの固有の問題、資本主義に還元されない女性抑圧の固有の構造は事実上、忘却されている。

『99%のためのフェミニズム宣言』は、男女平等を唱える女性CEOの「企業フェミニズム」に対してはあらゆる批判と侮蔑を惜しまないが、女性をレイプしたり殴ったり売買したりする労働者階級や有色の男たちに対しては同情的で、資本主義の犠牲者たる彼らの不幸に心を寄せ、彼らを監獄に入れるのはその妻に負担をかけるだけだとして反対し、彼らの犯罪を取り締まるのではなく、資本主義のあらゆる暴力の廃絶とその打倒に向けて努力すべきだと主張する。だがそのような理屈は、結局、そうした暴力から最も守られている一部の(一%の?)特権的な地位を、したがって(皮肉なことに)最も資本主義に親和的な人々を前提にしている。このようなフェミニズムは、いま実際に殴られレイプされ殺され売り買いされている女性たちにとって、いったい何の福音になるのか?

新自由主義の実践的バックラッシュとポストモダニズムの理論的バックラッシュの三〇~四〇年間は、結局、マルクス主義的な意味でもフェミニズムのラディカル性を大きく後退させたと言うほかない。『宣言』における反資本主義や反人種差別の強調は階級や人種の軸に沿ってはラディカルであるが、階層化された性別集団としての「ジェンダー」(このきわめて多義的な言葉については、その都度、意味の明確化が必要だ)の軸に沿っては結局はリベラルでしかない。

私はすでに今から二〇年以上前に『資本主義と性差別——ジェンダー的公正をめざして』(青木書店、一九九七年)を出版し、資本主義と女性差別、マルクス主義とフェミニズムとの関係について一定の見地を述べておいた。それは、先の三つの立場のいずれにも当てはまらない独自のものである。まず第一に、男性の支配と女性の従属の独自の社会構造を「家父長制」という制度概念で把握することの強みと弱みを明らかにして、それを「ジェンダー・ヒエラルキー」ないし「男性支配」という記述的概念を用いて表現することを提案したこと。第二に、資本主義はジェンダー中立的なのではなく、それ自身が性差別と女性抑圧を生み出すシステムであることを明らかにしたこと。第三に、資本主義それ自体が性差別的であるからと言って、女性解放の課題が資本主義の打倒に還元されるわけではなく、資本主義とは別に、女性の従属と抑圧の社会構造（それをどう名指すのであれ）は歴史貫通的に存在しており、したがって女性抑圧の主体は資本に還元されず、直接の受益者である「支配的性別集団としての男性」は免罪されないこと。第四に、したがって、資本主義に対する批判とは別に、男性支配と女性抑圧の問題に対する鋭い分析と批判を行なったラディカル・フェミニズムの独自の意義は依然として失われておらず、マルクス主義フェミニズムと並んで高く評価されていること、である。

通常、マルクス主義フェミニズムにあっては、男性支配と女性従属の社会構造は「家父長制」として把握されるが、そうした場合、たいてい、資本主義そのものは性差別に中立的であり、時おり家父長制と結託してそれを利用するだけだとされる（二元論）。資本主義の性差別性を強調したい人々は、資本主義と家父長制との一体性を主張することになるが（統一論）、その一体性を言えば言うほど、家父長制の独自性は薄れてしまい、第三の立場である資本主義還元論に陥ってしまう。逆に、一体性を言いながら、なおかつ女性抑圧の独自性をも忘れないようにしようとすると、二元論に接近することになる。統一論はこうして二元論と資本主義還元論とのあいだを絶えず動揺する。

『資本主義と性差別』で示された新しい立場はこのようなジレンマを根本的に克服する。男性支配と女性抑圧の独自の社会システムが資本主義とは別に存在し、かつ資本主義そのものもまたそれ自身が内在的に性差別的な（そして人種差別的な）システムなのだ。だから、『宣言』のように、反資本主義ではないフェミニズムをすべて「リベラル・フェミニズム」の分類箱に放り込むのは、根本的に間違っている。

『宣言』は、階級の軸に沿ってはラディカルかもしれないが、階層化された性別集団としてのジェンダーの軸に沿ってはけっしてそうではない。逆に、ラディカル・フェミニズムのように、必ずしも反資本主義を掲げていなくても、性別集団としてのジェンダーの軸に沿っては十分にラディカルでありうるのである。

そして、フェミニズムとは何よりも、この「階層化された性別集団としてのジェンダー」の軸に沿って構築された社会システムに対する批判と変革の思想である。だとすれば、「99％のためのフェミニズム」という発想自体が問題含みだということがわかる。それは狭すぎると同時に広すぎる。先に述べたように、それは、トップ一％に属する高度専門職・経営者層のエリート女性を無条件に排除する一方で（後で見るように、実際は大部分の非エリート層をも排除しているのだが）、トップ一％に属する部分を除くすべての男たちは、たとえ日常的に女性を殴りレイプし売買していても、連帯すべき仲間に数えられるのである。それは果たしてフェミニズムだろうか？

「99％のためのフェミニズム」がありえないのは、「99％のためのＢＬＭ（ブラック・ライヴズ・マター）運動」がありえないのと同じである。日常的に黒人を殴ったり殺している白人男性が、貧しい労働者階級出身だからといってＢＬＭの仲間に数えられるだろうか？　考えてみる必要があるのは、「99％のためのＢＬＭ」あるいは「All Lives Matter」が黒人という人種集団の独自の利害や被抑圧の独自の歴史性を否定するものだと誰もが（少なくとも左翼は）みなすのに、どうしてフェミニズムだけは「99％のためのフェミニズム」とか「フェミニズムはみんなのもの」（All Lives Matter のフェミニズム版）と好んで言われ、左派がそれに反発するどころか、女性フェミニストが率先してそれを提唱するのかである。

そこには、「女性」という性別集団に歴史的に押しつけられ、女性自身を含むすべての人に強く内面化され潜在意識に深く刻印されたジェンダー規範が作用している。女性は自分の権利や利害を優先させてはならず、まずもって（あるいは少なくとも同時に）他のすべての可哀そうな人、虐げられた人の世話《ケア》をしなければならず、自分のことは後回しにしなければならない、そうしなければ、利己的とみなされて当然であるという規範である（韓国フェミニストの言う「文化的コルセット」）。この規範は恐ろしく強力で、言葉の上では否定されても、潜在意識を通じて舞い戻ってきて、繰り返し、性別集団としての女性の利害の独自性と変革思想・運動としてのフェミニズムの独自性を（反資本主義、反人種差別、反トランス差別、等々の立派なスローガンのもと）制限するように作用する。そしてフェミニズムを主張する場合でも、それは男性を含む「99％」のためのものでなければならないとされるのである。どうしてフェミニズムだけ100％女性のためであってはならないのか？

いわゆる「インターセクショナリティ」という概念も、それを唱えたキンバリー・クレンショーにあっては、黒人運動の内部で抑圧されていた「集団としての女性」（黒人女性）の独自性を強調することが重要なポイントだったのだが[3]、いつのまにか、あらゆる人種・民族・階級を横断して存在する女性としての共通性を解体するための理論的道具として使われるようになった。マルクスが言うように、すべての支配的イデオロギーは支配者のイデオロギーである。女性を含むすべての人を今なお支配しているジェンダー規範は、支配的性別集団としての「男性」のイデオロギーである。それは解体されなければならない。

『99％のためのフェミニズム宣言』はそうした全体としての理論枠組みの点で問題があるだけでなく、個々の問題においても大いに問題含みである。ここでは本書と直接に関わりのある一つの点だけ指摘しておく。何よりそれが、資本主義的利潤原理と女性の性的従属の最も重要な結節点をなすポルノグラフィと売買春（一般に商業的性搾取）について何も語っていないことである。資本主義とセクシュアリティを主要なテーマにしたテーゼ七で論じられているのは、もっぱら異性愛的規範とＬＧＢＴＱ（そこにはもちろん男性が含まれる）の話であり、性的搾取の制度としてのポルノについても売買春についても論じられていない。セクシュアリティをめぐる被抑圧集団としての女性と資本主義との独自の関係が事実上、無視されているのである。この点に、この「99％のためのフェミニズム」の本質的にリベラルな限界が示されている。

よく知られているように、ポルノと売買春の問題をめぐっては、一九八〇～九〇年代にフェミニズムを大論争に巻き込み、二つの陣営に引き裂いた。リベラル・フェミニズムとマルクス主義フェミニズムはともに、表現の自由論やセックスワーク論（本書の主要な批判対象をなすイデオロギー）にもとづいて両者を肯定ないし擁護したのに対して、ラディカル・フェミニズムは、ポルノも売買春も女性支配と搾取の主要な形態とみなして、その廃絶を目指した。本書はもちろん後者の立場に立つが、『宣言』はそもそもこの問題について何か言うことを避けている。「反資本主義」を掲げながら、資本主義の最も悪辣で搾取的で性暴力的な産業について何も言うことがないとは驚きである。

本書の第Ⅱ部で詳しく取り上げたように、売買春による搾取に最も遭いやすいのは、貧困女性、少数民族・先住民女性、移民女性（とりわけ旧ソ連・東欧、アジア、アフリカ出身の女性たち）である。つまり、『宣言』の筆者たちが何よりもその代弁をしているかのように振る舞っている女性たちである。これらの女性たちが被るこの恐るべき被害に対する筆者たちの無関心は、彼女らの言う「99％」の欺瞞性をはっきりと示している。

＊　＊　＊

次に本書の構成と内容について簡単に述べておく。まず本書は全体として大きく二つの部に分かれている。

第Ⅰ部「再生産、平等、性暴力」は、本書の理論的枠組みとなるような議論を提供している。まず第一章「マルクス主義フェミニズムと社会的再生産理論」は、問題を主として経済社会の観点から、とりわけ労働力の社会的再生産という視点から考察する。その際、欧米で二〇一〇年以降しだいに有力な潮流となっている「社会的再生産理論（SRT）」を一つの手がかりとし、その強みと弱みの両方を分析している。この考察を通じて、マルクス主義とフェミニズムとを結ぶ一つの重要な結節点が明らかにされる。ちなみに、この序文で取り上げた『99％のためのフェミニズム宣言』の筆者たちもこの学派に属する。彼女たちが、社会的再生産という問題に限定して論じている場合には、その弱みだけでなく強みも発揮されたのだが、その範囲を超えて、フェミニズム全般を論じようとしたとき、その弱みが圧倒的に表出することになった。

第二章「日本国憲法と平等権――フェミニズムから読み解く戦後平等権論争」は、日本国憲法における平等条項のフェミニスト的解釈をテーマにしている。再生産論からいきなり憲法論に移行するのは飛躍のように思えるかもしれないが、われわれが対峙している社会的現実は、経済的なものだけから構成されているわけではなく、制度、法律、イデオロギー、文化、政治、等々のさまざまな層、さまざまな実践から構成される複合的な全体として存在している。その中で社会変革にとって、経済的なものと並んで重要なのは、社会全体の法的総括者としての憲法とその解釈をめぐる闘争なのである。いちばん土台に経済社会とその物質的再生産があるとすれば、いちばん上層には憲法とその法的規範の作用がある。フェミニズムの理論と実践にとって、憲法、とりわけその「平等条項」をめぐって解放に資するような解釈を示すことは決定的に重要である。

第三章「戦時の性暴力、平時の性暴力」は、男性支配という社会システムの核心的実践である「女性に対する暴力」と性暴力、そしてそれを正当化するイデオロギーの問題を取り上げている。女性に対する暴力ないし性暴力は偶発的な逸脱現象ではなく、「個人的なものは政治的なもの」という場合の「政治的なもの」の最たるものであり、女性労働（賃金労働と家事労働ないし再生産労働の両方）の搾取と並んで、男性支配を支える柱であり、それを絶えず生産し再生産する制度的実践である。この第三章は、戦時性暴力の諸実践から現在の性暴力の諸実践に至るまで、そこに本質的な同一性が貫かれていることを明らかにすることで、性暴力の一般理論へと接近している。

第Ⅱ部「売買春、ポルノ、セックスワーク論」は、第Ⅰ部の理論的枠組み提示を踏まえて、具体的に、資本主義と男性支配（および女性の性的従属）とが結合した二つの主要な形態であるポルノグラフィと売買春、および両者を正当化するイデオロギーであるセックスワーク論（ポルノグラフィの場合は表現の自由論も正当化イデオロギーである）を批判している。このポルノグラフィと売買春こそまさに、先に見た『99％のためのフェミニズム宣言』が無視したものである。

まず第四章「売買春とセックスワーク論――新しいアボリショニズムをめざして」は、本書の主要テーマの一つであるセックスワーク論に対する批判に正面から取り組んでいる。売買春は、資本主義的な経済的搾取と男性支配的な性的搾取との結合物である。セックスワーク論はそれを、成人同士の対等な合意と契約という擬制のもとに正当化しようとする最も洗練された、そして最も中心的なイデオロギーである。同章は、人権論の原理的立場、セックスワーク論の欺瞞と矛盾の暴露、売買春合法化国の実態、サバイバーの証言などにもとづいて多面的に批判を展開し、アボリショニスト的な北欧モデルの優位性を明らかにしている。

第五章「ポルノ被害と新しい法的戦略の可能性」は、売買春と並ぶ商業的性搾取の主要な形態であるポルノグラフィによって引き起こされる数々の性被害の実態を、できるだけ具体的な諸事例を通じて明らかにするとともに、それに対する新しい法的戦略の可能性について詳しく論じている。二〇一五年以降、日本でも世界でも、ポルノ被害の問題が大きくクローズアップされるようになっているが（日本のAV強要問題、ポルノハブ閉鎖国際署名、韓国のn番部屋事件など）、本章はこのポルノ被害の問題に本格的に取り組んだものである。筆者はこれまでこの問題について多くの論文を執筆発表してきたが、本章はその集大成をなす。

第六章「マルクス主義と売買春――セックスワーク論はなぜ間違いか」は再び売買春とセックスワーク論というテーマに戻っているが、この章では、マルクス主義との関係を一つの軸に据えて論じている。セックスワーク論が一九九〇年代以降に支配的になると、フェミニストのみならずマルクス主義者の多くもその軍門に下った。しかし、それが、若きマルクス、エンゲルスから始まって第二インターナショナル、第三インターナショナルを通じたマルクス主義の一〇〇年近い伝統を貫く基本的立場と根本的に相いれないことを明らかにする。

以上、六つの章を通じて、マルクス主義とフェミニズムとの関係、そしてセックスワーク論の問題が一定明らかになるだろう。もちろん、これらのテーマはきわめて深く広いので、本書でカバーできているのはごく一部である。今後とも研究を深めていくつもりである。

＊　＊　＊

最後に、本書に収録した諸論文の来歴について、簡単に記しておく。

●第一章……最初、『思想』二〇二〇年四月号（岩波書店）の特集「フェミニズムⅡ――労働／国家」に掲載されたものである。幸いなことに、この論文は読者から高い評価を受けることができた。今回、本書に収録するにあたって、表題を改めるとともに、若干の加筆修正を行なっている。この論文が掲載された『思想』四月号が出版された二〇二〇年三月末、世界は新型コロナウイルス・パンデミックの真っただ中で（現在もそうだが）、まさに社会的再生産の世界的規模での攪乱と途絶が起こっているときであった。この点については第一章の最後の補遺で一言触れたので、それを参照していただきたい。

●第二章……二〇一二年の一一月三〇日に明治大学で行なわれた「フェミニズムと憲法」研究会で私が提出した原稿に若干の手を加えたものである。

●第三章……初出は、『唯物論研究年誌』第四号『暴力の時代と倫理』（唯物論研究協会編、青木書店、一九九九年）であり、本書に収録した諸論文の中では最も古い。今回、本書に収録するにあたって、当時（紙幅の都合上）削除した注を一部復活させるとともに、当時の一般的な呼び方であった「従軍慰安婦」を引用文以外は「日本軍『慰安婦』」ないし「『慰安婦』制度」に書き換えた。また若干の加筆と削除を行なった。

●第四章……もともとは、二〇一九年八月一〇日に立教大学で行なわれた学習会における講演である。本書に収録するにあたって、最新の情報にもとづいて大幅に加筆修正してある。レジュメ段階のものを私のAcademiaアカウントで公開したところ、二五〇〇を超えるビュー数を得た。いかにこの種の議論が求められているかを示していると言えよう。論文の形式としては本書が初出である。

●第五章……二〇一九年一〇月から二〇二〇年一月にかけて、性産業に関する英語のアンソロジーへの論文寄稿の募集に応えて執筆したものである。このアンソロジーは結局、いまだ出版されていない。日本語としては、もちろん本書が初出である。本稿脱稿後に明らかになった被害事例ないし国際的動向については、注および末尾の補遺を参照のこと。

●第六章……二〇二〇年三月二〇日に一橋大学で行なわれた研究会での報告がもとになっている。当日話したことにかなりの加筆修正を施しているが、同時に第四章と重なる部分はかなり割愛した。本書が初出である。当日は三〇名もの研究者や活動家が参加してくれ、熱心に耳を傾けてくれた。昨今珍しく、参加者の多くは若い人たちで、私にとっても非常に刺激となった。

本書はきわめて論争的な内容となっている。マルクス主義もフェミニズムも無数の論争を通じて自己を鍛えていった。両者をテーマとする本書が論争的でないわけがない。本書の立場に対立する人々、とりわけセックスワーク論を信奉する人々にとっては、本書は唾棄すべきものでしかないだろう。大いに結構。誰からも受け入れられるようなフェミニズムやマルクス主義の著作がもしあるとすれば、それは無難で通り一遍の内容でしかないにちがいない。それは誰の神経も逆なでしない代わりに、誰のエンパワーにもならない。多くの敵対的諸関係に引き裂かれたこの社会において、誰かの憎悪と攻撃を受けることなくして、論争的テーマで何か意味のあることを語ることはできない。もしあなたの著作が多くの人々からもっぱら拍手喝采でもって受け入れられたとしたら、それは何ら物事の本質をえぐるような鋭さや対立関係を突き詰めるような徹底さを持っていなかったことの証拠だとして嘆くべきである。本書がそのような不名誉な「名誉」を受けないことを心から望む。

注

(1) この二つと並んで、人種的・民族的な支配と従属のシステムは、現代社会と大部分の歴史を構成する主要な社会システムである。この三つの主要なシステムが複雑に絡み合って現代の不平等な世界は構成されている。

(2) シンジア・アルッザ&ティティ・バタチャーリャ&ナンシー・フレイザー『99%のためのフェミニズム宣言』惠愛由訳、人文書院、二〇二〇年。原著の出版は二〇一八年であり、本書の第一章は原著にもとづいて、いくつかの主張に対する批判をすでに行なっている。

(3) Aamna Mohdin, Kimberlé Crenshaw: the woman who revolutionised feminism-and landed at the heart of the culture wars, *The*

Guardian, 12 November 2020, https://www.theguardian.com/society/2020/nov/12/kimberle-crenshaw-the-woman-who-revolutionised-feminism-and-landed-at-the-heart-of-the-culture-warsKimberlé

第Ⅰ部　再生産、平等、性暴力

第一章　マルクス主義フェミニズムと社会的再生産理論

男性がどのように女性を隷属させたか、そして搾取者が男性と女性の両方をどのように従属させたか、働く者がどのように血の犠牲を払って自らを奴隷状態から解放しようとし、そして結局、一つの鎖を別の鎖に取り換えたにすぎなかったか――これらすべてのことについて、歴史は多くのことを語ってくれる。本質的に、歴史はそれ以外のことを語らない。

――トロツキー『裏切られた革命』(1)

フェミニズムは、マルクス主義と並んで、近代社会の中で生み出された最も重要な解放思想の一つである。とりわけ一九六〇年代に出現した第二波フェミニズム以降、フェミニズム（その具体的内容が何であれ）は、あらゆる社会理論、人文・社会科学に影響を与えたし、その影響をまったく受けなかった人文・社会理論を挙げることは難しい。本章では、ラディカル・フェミニズムと並んで第二波フェミニズムの中心的担い手であったマルクス主義フェミニズムの、最新の一潮流である社会的再生産理論(Social Reproduction Theory: SRT) について取り上げる。

1　フェミニズムの歴史的流れの概観

本論に入る前に、社会的再生産理論の母体となっているフェミニズムそれ自身の全体的な歴史的流れを、ごく簡単にでも振り返っておきたい。

第一波フェミニズムから第二波フェミニズムへ

フェミニズムの歴史が、一九世紀から二〇世紀初頭における第一波フェミニズムと、第二次世界大戦後、とりわけ一九六〇年代以降における第二波フェミニズムとに分かれることは、周知のところである。しかし最近、第一波フェミニズムから第二波フェミニズムへの流れに関して、次のようなかなり単純化された見方が見られる。第一波フェミニズムから第二波フェミニズムへの転換を、啓蒙主義的な「抽象的人間」の普遍性を強調する立場（第一波）から、女性としての差異を強調する立場（第二波）への転換と把握したり、「平等志向」から「差異志向」への転換と把握する観点である[2]。しかし、このような見方はあまりにも一面的で、あまりにも抽象的である。

ごく大雑把に言えば、第一波フェミニズムは、女性の法的・制度的平等を主として追求したのであり、そのバックグラウンドにあったのは、啓蒙思想だけでなく、フランス革命や一八四八年革命をはじめとするブルジョア諸革命の実践と挫折、初期社会主義思想と労働運動の発展、そして（とくに英米では）反黒人奴隷制の思想と運動（アボリショニズム）であった。このような生きた現実と諸闘争（しばしばイギリスのサフラジェットのような非合法の実力行使も伴ったそれ）から第一波フェミニズムは生成・発展したのであり、単なる啓蒙思想の産物でもその適用でもなかった。

それに対して、一九六〇年代以降に発展した第二波フェミニズムは、法的・制度的な（形式的）平等の一定の実現にもかかわらず（典型的には女性の参政権獲得）、なお存在する男女の深刻な社会的不平等に触発されて、男女の社会的・実体的平等を求める思想と運動であった。そのバックグラウンドにあったのは何よりも、戦後におけるマルクス主義と労働運動の発展、（とくにアメリカでは）黒人の公民権闘争、（とくにヨーロッパでは）反スターリニズムの思想と運動、そして（世界的には）ベトナム反戦運動である。そして、それらの集合的結果である一九六八年革命は、第二波フェミニズムの急進化に決定的な役割を果たした。ここにおいても、第二波フェミニズムは生きた現実と激しい諸闘争から生まれたのであって、抽象的な「差異志向」の産物などではなかった。そして第一波も第二波も平等を志向していたのであって、抽象的・普遍的人間を志向していたのでも、差異を志向していたのでもなかった。

ラディカル・フェミニズムとマルクス主義フェミニズム

この第二波フェミニズムを中心的に担ったのは（とりわけ一九六八年以降）、ラディカル・フェミニズムとマルクス主義フェミニズムである。両者はともに社会システム全体（一方では「家父長制」と名指しされた男性支配のシステム、他方では資本主義システム）の根本的変革ないしその打倒を目指す革命的な思想と実践だった。第二波フェミニズムそのものは、一九六〇年代前半の新しいリベラル・フェミニズム（ベティ・フリーダンの『女らしさの神話』の出版は一九六三年）から始まったとしても、それはその後急速にリベラリズムを乗り越えて、一九六〇年代末以降、ラディカル・フェミニズムとマルクス主義フェミニズム（あるいは社会主義フェミニズム）という先鋭な革命思想・実践へと発展したのである。そして当時の時代精神からして、それ以外ではありえなかった。

この両者を分かつ基本的な対立軸は、論者によってさまざまに設定しうるだろうが、私は二〇年以上前に書いた著作『資本主義と性差別』(3)において、女性の抑圧の主たる原因を、女性のセクシュアリティの支配ないし領有に見出すのか（ラディカル・フェミニズム）、女性労働（とりわけ家事労働）の支配ないし搾取に見出すのか（マルクス主義フェミニズム）という分割線で把握した。これはもちろん、ラディカル・フェミニズムが女性労働を重要な問題として論じることを排除しないし、[4] マルクス主義フェミニズムがセクシュアリティを重要な抑圧領域として論じることも排除しない。[5] とはいえ、主としてどちらの領域における抑圧を男性支配ないし家父長制の基軸にしているのかという基準にもとづくことで、最もよくラディカル・フェミニズムとマルクス主義フェミニズムとの関係を理解することができる。

第二波フェミニズムのこの二つの主要潮流がセクシュアリティと労働をそれぞれの理論の基軸にしたのは偶然ではない。社会の全体は、素材としての自然そのものを別にすれば、労働とセクシュアリティによって、あるいはそれらを媒介にして現実に構築され再構築されていると言っても過言ではない。労働とセクシュアリティは人間の二大産出行為である。それぞれに即して、社会変革的なフェミニズム理論が構築されたことはある意味で必然的であった。

退潮から復活へ

しかしながら、一九八〇年代の半ば以降、流れが大きく変わる。急進的な革命運動・思想の後退と敗北、新自由主義的反革命の席巻、フェミニズムに対するバックラッシュの台頭、ソ連・東欧の崩壊、といったあいつぐ諸事件とともに、社会システムの変革を志向するような「大きな物語」はしだいに後景に退き、脱構築や言説理論などの「小さな物語」が支配的になっていった。二元論か統一論か、家父長制の物質的基盤は何かといった論争を華々しく展開していたマルクス主義フェミニズムも、そういう大掛かりな議論をしだいにしなくなり、ヨーロッパ思想のポスト構造主義やアメリカ政治学の規範理論などの影響を受けて、言説や差異やテキスト性やエージェンシーなどの抽象的概念を中心に議論を展開するようになった。他方、ラディカル・フェミニズムはむしろ一九八〇年代になって、キャサリン・マッキノンやアンドレア・ドウォーキンのような傑出した理論家・実践家を生み出して、その実践的・戦闘的性格を強めていったが、社会的には猛烈な攻撃とバッシングを受け、その影響は封じ込められた。

しかし今日、どちらにおいても新たな戦闘性の復活と影響力の再拡大の徴候が見られる。新自由主義とその知的バージョンであるポストモダニズムの支配の三〇年間を経て、再び反資本主義と反男性支配(ないし反家父長制)の「大きな物語」が論壇にも実践の場にも復活しつつある。たとえば、かつては主流派やリベラル派から「キワモノ」扱いされたマッキノンとドウォーキンの理論は今では世界中で多くの若いフェミニストたちによって尊敬をもって受け入れられており、昨今の世界的な #MeToo 運動においても、マッキノンはその土台を築いた理論家として高く評価されているし、(6) お隣の韓国ではシーラ・ジェフリーズやレイチェル・モランのようなラディカル・フェミニストの著作が次々と出版され、運動そのものもラディカルに展開されている。(7) そして、本章で論じる社会的再生産理論(SRT)は、マルクス主義フェミニズムにおけるそうした戦闘性の新たな復活傾向の一つの重要な現われであると言える。

2 家事労働論争から社会的再生産理論へ

社会的再生産理論(SRT)は何よりも、一九七〇年代における英米の家事労働論争の成果と限界を踏まえ、それを乗り越えてより体系的な理論構築を目指そうとするものである。したがって、まずもってこの家事労働論争について簡単にでも振り返っておく必要がある。

家事労働の性格

欧米においても日本においても、家事労働論争[8]は、一方では、労働者世帯内部で行なわれる家事労働が労働力商品という特殊な商品の価値を形成するかどうかという純理論的問題をめぐって展開されるとともに、他方では、それまで工場ないし企業を中心として研究されてきた資本主義的生産様式のダイナミズムを労働者世帯の内部にまで踏み込んでより広い視野で再構成し、それをより総体的なものとして理解しようとする試みでもあった。資本主義社会において価値と剰余価値を生産するのは生きた労働力だけなのだから、この労働力の生産と再生産（拡大再生産）は資本主義社会全体の再生産と拡大にとって決定的なはずである。したがって、この家事労働論争は、マルクス主義の政治経済学に新たな地平を切り開くものであり、社会的再生産理論もこの問題意識を強く継承している。

ここでは、家事労働が労働力商品の価値を形成するかどうかをめぐる論争についてのみ一言しておこう。私はこの問題について丸まる一冊の著作を書いたが[9]、その中で、家事労働は労働力商品の価値を形成しないとするあらゆる議論ないし論拠を徹底的に批判しておいた。労働価値説にもとづくかぎり、労働力商品を生産ないし再生産するのに社会的・平均的に必要なかぎりでの家事労働が労働力商品の価値に入らないことを証明することは本来至難の業のはずである。だが、多くの論者は、家事労働が直接に生産するのは単なる具体的有用物であるとか（だがそれらの有用物を労働者が消費してその労働力が再生産されるならば、その有用物を生産する労働は、労働力を生産する労働の一部となる）、家事労働は直接的には私的労働であるとか（だがあらゆる賃労働も直接的には私的労働である）、家庭という私的領域で行なわれる労働だからとか（だが工場もそれ自体は私的領域である）、夫と妻とのあいだには交換関係がないからとか（だが工場の場合も、その内部では交換は行なわれていない。問題は経済単位間の交換であって、同一単位内の交換ではない）、等々のごく初歩的な論拠で、家事労働価値非形成説を証明できたと思い込んでいる。英米でもほとんどがそうである。

この点に関してはSRTの人々も何も新しい知見を付け加えなかった。それどころか、たとえば、リズ・ヴォーゲルの『マルクス主義と女性の抑圧』の新版序文の中でスーザン・ファーガソンとデヴィッド・マクナリーは、家事労働論争について次のようなごく初歩的な議論で問題を片づけている。

もちろん、他のフェミニスト理論家も、労働力の再生産を通じた労働者階級の家族と資本との関係に焦点を当てていた。しかし、これらの批判者たちの多くは、誤って次のように結論づけた。家事労働(domestic labour)は、価値と剰余価値を創出する労働力を生産しているから、それもまた価値を創出する労働の一形態に違いないと。ヴォーゲルはこのような議論の誤りがどの点にあるのかをはっきりと把握している。世帯内の労働は商品化されていない。それは使用価値を生産するが、その販売を通じて資本家のための剰余価値を実現するような商品を生産していない。[10]

かなりバランスの悪い議論である。家事労働が労働力商品の価値を形成するかどうかという問題と、家事労働が資本の取得する剰余価値を含んだ商品を直接生産しているかどうかという問題とが混同され、後者の否定でもって(当たり前の話だ)、前者も否定されている。筆者たちがこの論争の核心をいかに理解していないかは明らかである。資本の取得する剰余価値を含んでいない商品を生産していないかぎり価値を生産していないのなら、自営の小生産者の労働はすべて価値を生産していないことになるだろう。なぜなら彼らの生産する商品にも、資本家が取得するような剰余価値は含まれていないからである。いずれにせよ、SRTの理論家たちは、家事労働は労働力商品の価値を形成しないという説を共有している。だが、資本主義という商品生産社会において、資本の再生産と労働力の再生産労働とのあいだの価値連関を完全に切断したままで、両者の関係を理論的に十分議論することができるのだろうか？

結局、この問題は英米では当時（そして現在も）理論的決着がつけられることなく終わり、マルクス主義フェミニズム内での論争は、資本主義と家父長制との関係をめぐるより包括的な問題へと移っていった。

二元論か統一論か

「家父長制」という制度概念[11]を、古い大家族制度や親族年長者による伝統的支配の意味ではなく、性別集団としての男性による、性別集団としての女性（およびより年少の男性）に対する近代的な支配と抑圧のシステムの意味で用いたのは、ラディカル・フェミニズムの理論的創始者の一人であるケイト・ミレットである。彼女が一九七〇年に著した『性の政治学（*Sexual Politics*）』は根本的に新しい地平を理論的に切り開くものだった[12]。そこでの「性（セクシュアリティ）」に対するとらえ方は同時代の「性革命」におけるそれとは本来は正反対のものだった。「性革命」において解放がめざされた「性」は、それ自身、暴力的でも搾取的でもない自然で平等な何か、あるいは精神分析的な意味で内的に抑圧された衝動と想定されたのに対して、ミレットは、家父長制下における「セクシュアリティ」が、資本主義下の賃労働と同じく、搾取的で不平等なものとして構成されており、また男性の支配と女性の従属を構成するものとして理解した（ただしミレット自身は当時の「性革命」の解放的可能性に期待を寄せてもいた）。したがって目指されたのは、国家や伝統的規範や保守的道徳からの「性の解放」ではなく、「性」そのものの変革であり、それを通じて生産され再生産されている男性支配の解体であった。彼女は「権力」や「政治」という言葉を新たなより普遍的な意味で用いはじめた。それは国家や種々の制度的存在にのみ関わるものではなく、社会の隅々、個人と個人のあらゆる関係に浸透し、社会内集団間（男性と女性、白人と黒人、等々）の支配と従属を形成し日々再形成する関係概念としてとらえた「〜の政治学」という言い回しはその後、ラディカル・フェミニズムに敵対的な人々を含めて広く用いられるようになった。「セクシュアリティ」に対するこの深く徹底した分析と告発は、「疎外された労働」に対する初期マルクスの分析を彷彿とさせるものである。

このような男性支配の制度的実体という意味での「家父長制」概念は、男性による女性労働（とりわけ家事労働）の支配を物質的根拠とした「経済的な」ものへと意味転換することを通じて、マルクス主義フェミニズムにも引き継がれた。[13]だが、マルクス主義（あるいは社会主義）の主敵はあくまでも資本主義である。とすれば、この家父長制という独自のジェンダー・システムと資本主義システムとの関係はどのように把握するべきかということがただちに問題になった。

この問題をめぐって、マルクス主義フェミニズムは基本的に二つの陣営に分かれた。一つは、資本主義システム（あるいは市場）はあくまでもジェンダー中立的なものであり（あるいはせいぜい家父長制を利用）、したがって資本主義システムの内部で女性を男性の下位に置いているのは、家父長制という独自のシステムだとみなした。これは後に二元論ないし二元システム理論と呼ばれ、その代表格はハイジ・ハートマン、ナタリー・ソコロフ、ミッシェル・バレットなどである。もう一つは、資本主義システムそのものが家父長制と一体であって、資本主義そのものが女性抑圧的であるとみなした。そこでは、資本主義と家父長制という二つの異なったシステムが存在するのではなく、一個の統一したシステムである家父長制的資本主義（ないし資本主義的家父長制）が存在するのである。このような立場は統一理論ないし統一システム理論と呼ばれる。その代表格は、アイリス・ヤングと、後に社会的再生産理論の先駆者として位置づけられるリズ・ヴォーゲルである。[14]

しかしこの両理論の論争は、家事労働論争よりもはるかに中途半端な形で終結した。というのも、すでに示唆したように、まさにこの論争が闘われ始めた頃（一九七〇年代末から一九八〇年代初頭）に、[15]新自由主義的反革命が起こり、種々の戦闘的な運動は大幅な後退と衰退を余儀なくされ、ポストモダニズムが急速にアカデミズムの中で広がり始めたからである。

統一論からSRTへ

しかしその後の長い断絶の後、二一世紀になって、社会的再生産理論（SRT）ないし社会的再生産理論フェミニズムと自称する潮流がしだいに有力なものとして英米のマルクス主義ないしマルクス主義フェミニズムの中で形成されていった[16]。それは、何よりも、一九八〇年代以降における新自由主義的グローバリゼーションの政治的ヘゲモニーが作り出した深刻な経済格差と貧困の蔓延、福祉国家の破壊に対する怒りと抵抗が世界的に広がった結果であり、したがってそれを背景にして左派の運動が一定の復活を遂げた結果であった。それと同時に、三〇年におよぶポストモダニズムや種々の言説理論や規範理論の知的ヘゲモニーに対して、そのあまりにも抽象的でミクロポリティクス的な傾向に対して、左派アカデミズムの中でうんざりする気持ちが広がった結果でもあった。資本主義そのものの抑圧性、その物質的・再生産的基盤、そのすぐれて実践的で実体的な種々の帰結をもっと地に足をつけた形で分析し、それを社会的実践に生かしたいという知的欲求がしだいに強くなっていったのである。

こうして形成された社会的再生産理論はまず一方では、一九七〇年代の家事労働論争における、家事労働非価値形成説の陣営の主張を受け継ぎつつ、資本の再生産にとって決定的な労働力そのものの再生産、およびその主たる場としての労働者世帯が資本主義にとって持つ重要な意義という論点をより拡張するものであった。

他方でそれは、「二元論か統一論か」という論争に関しては、統一論の方を積極的に受け継ぎつつ、家族ないし世帯という領域をも超えて全体としての資本主義が女性抑圧を内在的に生み出したならびに（また人種などの他の抑圧関係と不可分に結びつきながら）、日常的および世代的に再生産されるあり方を探求しようとした。その射程の中には当然ながら、世帯だけでなく、学校、幼稚園や保育園、病院、近隣社会、教会、監獄、孤児院、自治体、国家、メディア、大衆文化、等々も含まれる。伝統的な意味での狭い経済学的対象を超えて、これらの社会的諸装置・諸制度を理論の中に取り入れようとする傾向は、もちろん、すでに一九六〇〜七〇年代から（非マルクス主義者を含む）さまざまな理論家や歴史家によって取り組まれてきたことであるが、ＳＲＴはこの課題を、マルクス主義と社会主義フェミニズムの理論的蓄積の延長上に、そして何よりも労働力と資本の社会的再生産という基本的観点のもとに遂行しようとする。

理論的不協和音

以上の理論形成の流れからただちに言えることは、そこには、全体としての志向とそれが立脚する種々の理論的前提とのあいだにある種の不協和音が見られることである。まず一方では、そこには全体として、理論上の発展のある程度自然で必然的な軌道が見出せる。つまり、資本主義分析の対象を直接的な生産・流通過程に限定せず、労働力の再生産およびその場である世帯から出発して、より広範で総体的な資本主義の再生産メカニズムを探求しようとする方向[17]、および、資本主義それ自体をジェンダー中立的なものとみなす見方を否定して、資本主義それ自体の根深い性差別的・女性抑圧的（ないし人種差別的）性格を把握しようとする志向である。これらの全体としての方向性ないし傾向はどちらもマルクス主義の立場からもフェミニズムの立場からも首肯しうるものであり、当然の理論的発展であると思われる。

しかし、他方では、このある程度自然な発展傾向とは必ずしも調和しない特徴も見出せる。第一に、社会的再生産理論が家事労働論争における、家事労働非価値形成説に強く拘泥していることである。だが、先に少し述べたように、本当に労働力の再生産の場である世帯が資本主義にとって決定的に重要ならば、そこには当然、商品生産社会としての資本主義社会における基本的な社会的編成原理である価値の生産と分配という論理も何らかの形で浸透ないし貫徹しているはずである。第二に、ＳＲＴが、二元論か統一論かという対立軸においては統一論を強く志向していることである。だが、資本主義そのものがジェンダー中立的であるという見方を否定するのに、そして資本主義そのものの女性抑圧性を言うのに、資本主義と家父長制との不可分一体性、ないし前者への還元（序文で述べたように、社会的再生産理論は資本主義還元説に傾いている）という理論的にあまりにリジッドな体系をとる必要はいささかもない。そもそも「二元論か統一論か」という枠組み自体が狭すぎるのである。社会というのは本質的に二元的であるどころかそれ以上に多元的ないし複合的で不調和な全体なのであり、資本主義システムはその中でヘゲモニー的地位にあるシステムというにすぎない。

3　社会的再生産理論（ＳＲＴ）――その意義と限界

社会的再生産理論の意義と限界について語る前に、社会的再生産理論（ＳＲＴ）の基本的立場についてもう少し具体的に見ておこう。そのためには、ＳＲＴ派に属する論者たち自身による説明を直接引照するのがいちばんいいだろう。

ＳＲＴの基本的観点

ティティ・バタチャーリャは、最近出版された『社会的再生産理論』というそのものずばりの表題の論文集の序論の中で、ＳＲＴの特徴として次の二点を挙げている。一点目は「経済」の概念を拡張し、これまでの生産関係と市場関係の外部に存在するとされていた諸領域を対象に入れていることである。これだけなら、すでに述べたように多くの理論家が志向したことである。しかし、ＳＲＴはその際に基軸となるのは、財やサービスの生産だけでなく、労働力ないし人間そのものの再生産であるとみなす。

マルクスは、労働力が果たす基軸的役割についてはっきりと指摘している。というのも、労働力こそ資本主義的生産過程を実際に起動させるものだからである。マルクスはまた、資本主義の下の他のあらゆる商品と違って、労働力という「独自の」商品が、資本主義的に生産されないという意味で唯一のものであることをも示した。この洞察の含意は、しかしながら、マルクスにあっては十分に展開されなかった。社会的再生産理論の理論家たちはマルクス主義におけるこの沈黙から始めて、メグ・ラクストンの言うように「財とサービスの生産と生命の生産とが一個の統合された過程」であることを示す。公式の経済が財とサービスの生産の場であるのに対して、これらの諸物を生産する人々は、公式経済の領域の外部で、家族と呼ばれる「親族ベース」の場で生産されている。(18)

バタチャーリャは、ＳＲＴの特徴の二点目として、ジェンダーや人種にもとづく種々の抑圧の問題を資本主義システムの内部に統合しようとする点を挙げている。

第二に、そして上述のことから出てくることとなのだが、ＳＲＴは抑圧の諸問題（ジェンダー、人種、セクシュアリティ）を、すぐれて非機能主義的なやり方で扱う。その理由はまさに、抑圧は、資本主義的生産と構造的に連関し、したがってそれによって形成されたものとして理論化され、分析の周辺に追いやられるのでもなければ、より深部のより決定的な経済的過程への単なる付加でもないからである。(19)

しかし、資本主義的生産はどのようにして女性の抑圧を内在的に形成したのだろうか？ SRTの著名な理論家三名（先ほどのバタチャーリヤ、シンジア・アルッザ、ナンシー・フレイザー）によるアジテーション的文書『99％のためのフェミニズム宣言』の第五テーゼはこの問題について次のような説明を与えている。

多くの人々は、資本主義社会が本来的に階級社会であることを知っている。この社会は、わずかな少数派が、賃金のために働かなければならないはるかに多数の集団を搾取することによって私的利潤を蓄積することを認めている。それほど広く知られていないのは、資本主義社会が本来的にジェンダー抑圧の源泉でもあるということだ。偶然的などではなく、性差別主義は資本主義社会の構造のうちに組み込まれている。

たしかに、資本主義が女性の従属を発明したのではない。後者はそれ以前のあらゆる階級社会のうちにさまざまな形態で存在していた。しかし、資本主義は、新しい制度的諸構造によって支えられた性差別の新しい、すぐれて「近代的な」諸形態を確立した。その中心的メカニズムは、人間の生産を利潤の生産から分離し、前者の仕事〔人間の生産〕を女性に割り当て、それを後者の仕事〔利潤の生産〕に従属させたことである。この一撃によって、資本主義は女性の抑圧を再発明し、世界全体を引っ繰り返したのである。(20)

ここでの因果連関はこうである。一、資本主義が利潤の生産の領域と人間の生産の領域とを分離した。二、資本主義が女性を後者に割り当てた、三、資本主義が後者の領域を前者の領域に従属させた。こうして、資本主義が女性の抑圧を「再発明（reinvent）」した。

この因果連関で二元論と真っ向から対立するのは、「二」である。二元論者は、資本主義ではなく、家父長制こそが女性を「人間の生産」の領域に割り当てたとみなしたのだが、統一論者ないし資本主義還元論者であるSRTは資本主義がそうしたのだと主張する。だが、なぜ資本主義は女性を後者の領域に配置したのか？ 残念ながら、この第五テーゼにはこの決定的な論点に関する説明は見られない[21]。

その代わり、同書は、「人間の生産」が単に家庭や世帯にとどまるものではなく、社会全体に及ぶさまざまな諸活動を包括するものであることを指摘し、それを「社会的再生産と呼ぶ」としている。そして、階級闘争はこの社会的再生産をめぐる諸闘争をも含むものとして理解されるべきだと主張する。

この観点は、階級闘争に関するわれわれの観点をも拡張するものである。階級闘争は、公正な契約や最低賃金のような、職場での経済的獲得物にもっぱら焦点を合わせたものなのではなく、社会の多様な場所で起こるのであり、組合や公的な労働者組織を通じて起こるだけではない。われわれにとっての決定的なポイント、そして現在を理解する上でカギとなるのは、階級闘争が社会的再生産をめぐる諸闘争を含んでいることである。国民皆医療のための闘争、無償教育のための闘争、環境的公正のための闘争、そして、クリーンエネルギーへのアクセス、住居と公共交通のための闘争などである[22]。

以上の観点は重要であり、大いに首肯できるところである。ＳＲＴという学派を形成していなくても、多くのすぐれたマルクス主義理論家たちは（たとえば、アンドレ・ゴルツやデヴィッド・ハーヴェイなど）[23]、こうした諸領域における闘争を正しくも階級闘争のうちに含めるべきだと考えてきた。これはマルクス主義理論のかなりの程度必然的な発展方向であると思われる。

ＳＲＴの意義と限界（１）――資本の反再生産的本質

これまでの所論の中で、ＳＲＴの主たる特徴についてそれなりに明らかにしてきたので、多少繰り返しになるが、ここで改めてその意義と限界について理論的にまとめておこう。

まず何よりも、ＳＲＴの意義は、資本と労働力の再生産（およびそのもとで遂行される資本蓄積）を基軸にして、資本主義社会のシステム全体を批判的に分析しようとする。これは、「社会的再生産理論（ＳＲＴ）」という学派名を名乗っていようが名乗っていまいが、戦後の多くの優れた理論家が多かれ少なかれ探求してきたテーマであるが、ＳＲＴは、「社会的再生産理論」と自ら名乗ることによって、この課題を常に自覚的に自己の基本的な理論的・実践的テーマに据えようとする。

ＳＲＴの第二の意義は、ポスト六八年における進歩的諸思想の基本的傾向と一致して、女性抑圧、人種差別、ホモフォビア、新植民地主義などの社会的抑圧・差別の諸テーマを自己の理論の中に不可欠なものとして組み込むが、それを何よりも資本主義社会そのものから内的・必然的に生じるものとして把握しようとし、これらの社会的諸闘争を反資本主義運動の中に統合しようとする。

こうしたＳＲＴの意義はしかしながら、その限界と裏腹の関係にもある。第一の意義に関しては、すでに家事労働に対するこの学派の特定の立場を批判しておいたが、それだけでなく、資本と労働力の再生産という観点から資本主義全体を理論的に探る試みを「社会的再生産理論」と名づけた場合、この名称それ自体が多義的であるという点は別にしても、そこにはいくつかの落とし穴があるように思われる。一つ目は、彼女ら・彼ら自身が言葉の上では繰り返し否定している「機能主義」や「還元主義」に陥る危険性が常に存在することである。資本には確かに、マルクスが「経済学批判要綱」の「序説」で述べたように、自己システム化の傾向が存在する。そしてシステムとは通常、自己を恒常的に生産し再生産する有機的全体のことを意味する。しかし、他方では、資本は、マルクスが『資本論』の「労働日」章で述べているように、「わが亡き後に洪水は来たれ！」をモットーとするシステム攪乱的、システム破壊的存在でもあり、したがってそのかぎりでそれは、社会的に「非」再生産的で、しばしば「反」再生産的な存在でもある。マルクスの有名な文言をここで改めて振り返ってみよう。

わが亡き後に洪水は来たれ！　これが、すべての資本家、すべての資本主義国のモットーなのである。だから、資本は、労働者の健康や寿命には、社会によって顧慮を強制されないかぎり、顧慮を払わない。肉体的および精神的な萎縮や早死にや過度労働の責め苦についての苦情に対しては、資本は次のように答える。この苦しみはわれわれの楽しみ（利潤）を増やすのに、どうしてそれがわれわれを苦しめるというのか、と。[24]

ここにはっきり示されているように、資本という存在は、自己の利潤獲得と蓄積とを何よりも優先させるのであって、社会によって顧慮を強制されないかぎり、労働力の（中長期的な）再生産を、したがって資本そのものの再生産をも顧慮しないのである。そして、それを顧慮させるものこそ、労働者自身の階級闘争であり、それは何よりも国家と法を通じて成し遂げられた。こうしてようやく労働力の社会的再生産は（結果的に）可能になったのであり、それゆえ資本はその領域にも積極的に介入し、（しばしば国家を介して）それを包摂し統合し再編しようとするようになったのである。資本の自己システム化傾向と反再生産的傾向というこの二つの契機の矛盾的過程が資本というシステムなのだ。

とりわけ今日、長期にわたる新自由主義の支配のもとで、歴史的に労働者市民が獲得していたさまざまな社会福祉的、労働者保護的な諸制度、すなわち資本と労働力の社会的再生産をかろうじて可能にしてきた諸装置が次々と破壊されていっているが、このことは、資本に内在する二つの傾向のうち、後者の反システム的、反再生産的傾向を著しく強化することになったのは言うまでもない。それによって、現代資本主義は多くの矛盾と危機（二〇〇八年の世界金融恐慌など）を生み出しているが、その中でもとくにこの日本において深刻なのが、労働力の再生産危機である。日本は資本主義諸国の中でもとりわけ深刻な少子化に直面し、人口の絶対的減少、とりわけ生産労働人口の深刻な減少が続いている。このまま推移すれば、日本の人口は早晩、一億人を大きく割り込み、生産労働人口は総人口の五〇％以下にまで下がると予想されている。これは明らかに資本の再生産にとっても危機的状況であるが、資本もその代理人である自民党政府も、ほとんど何の手も打っていない。日本における階級闘争が極端に弱いせいである。

このように、資本は、それ自体としては、労働力の長期的で安定した再生産も、そしてそれにもとづいた資本の長期的な再生産も、合理的に遂行することができない存在なのである。このことは今日の地球温暖化という地球的危機に関してもはっきりと確認される。地球上の諸経済を支配している独占大資本は、この究極の危機に対して合理的に対処するすべを知らないし、真剣に対処するつもりもない(25)。

たしかに、社会的再生産理論は資本主義のこの内的矛盾をそれなりに指摘しているのだが(26)、自己の理論を「社会的再生産理論」と名づけることで、しばしば、この矛盾した二つの面（資本の自己システム化作用と反再生産傾向）の一方に、すなわち資本の自己システム化作用の方に力点を置きがちになり、資本主義の長期的再生産を（結果的に）可能としたもろもろのことも、資本による労働力再生産の必要性から（機能主義的に）説明する傾向に陥ってしまう。

その典型例を、ヴィクトリア朝時代におけるイギリスのさまざまな労働者保護ないし世帯保護的な諸立法（女性と子どもの長時間労働の禁止、子どもの教育義務化など）に関するこのSRT学派のとらえ方に見出すことができる。たとえば、先に少し引用した、ヴォーゲルの『マルクス主義と女性の抑圧』への新版序文の中では、それらの措置はもっぱら資本の長期的利益に沿った労働力の（自覚的な）再生産政策として把握されている。労働者が自己の生活や世帯を守ろうと闘ったことにも一言触れられているが、それも結局は「意図することなく、資本の長期的利益となった諸改革を加速させた」として否定的に評価されている。[27] これはやはり機能主義に陥っているとみなされても仕方ないだろう。

自らの理論を「社会的再生産理論」と名づけることの落とし穴の二つ目は、「社会的再生産」という用語には、「単純再生産」の響きがどうしても出てしまうことである。資本は何よりも無限に自己増殖していく運動体である。したがってそれは、単なる「再生産」ではなく、絶えざる「拡大再生産」を追求する。社会の相対的に安定的で慣性的なあり方と、資本の無限の拡大運動とのあいだには明らかに深刻な矛盾が存在するし、この不均衡は社会の安定性を絶えず破壊し攪乱する役割を果たす。資本がそれ自体としては、労働力の合理的な再生産を顧みない私的運動体であるというだけでなく、その絶え間ない自己増殖・拡大運動の衝動もまた、社会の安定した再生産を絶えず困難に追いやるのである。それでもなお社会（あるいは社会的に結合した諸個人）は自己を維持せざるをえず、そのため社会の諸成員、諸集団による無数の努力と多大な自己犠牲が必要となるし、しばしば国家そのものが事態に介入せざるをえなくなる。資本は、社会のこのような自己再生産努力を絶えず攪乱しながらも、それにフリーライドすることで、何とか自己を再生産してきたのである。

SRTの意義と限界（2）――他の社会的抑圧との関係

SRTの第二の意義、すなわち、女性抑圧や人種差別などの、直接的には階級的ではない種々の社会的抑圧・差別を資本主義システムにとって構造的に内在的なものとみなすという意義は、同時に、それらの諸抑圧を生み出す、資本主義以外の構造的原因についてどうしても無関心になるという帰結をもたらしやすい。統一論や還元論という枠組みに固執していない場合には、そのような限界を必ずしももたらさないが（たとえば、資本主義そのものが女性抑圧的であり、かつ資本主義とは別の女性抑圧のシステムも存在するととらえることは可能である）、家父長制ないし女性抑圧（あるいは人種差別）と資本主義とが一体不可分で、それが一個のシステムとして女性（や有色人種）を抑圧しているのだというリジッドな枠組みを持っている場合には、女性や有色人種を抑圧する他の構造的原因や構造的受益者の問題は基本的に存在しないか、それほど重要ではないとみなされてしまうだろう。

このことは何よりも、マルクス主義フェミニズムを受け継いでいるはずのこれらの人々にとって、男性支配という社会構造の独自性の看過という重大な結果をもたらす。実際、社会的再生産理論の人々は家父長制という言葉さえほとんど用いなくなっている。これらの人々も、ジェンダーにもとづく暴力やセクシュアルハラスメントやレイプを問題にするのだが（たとえば『99％のためのフェミニズム宣言』の第六テーゼはこの問題に当てられている）、それらはほとんどもっぱら資本主義社会の暴力性という観点（それは言うまでもない）からだけ問題にされ、それ自体としての問題性はほとんど問われないし、そうしたもろもろの社会的諸現象において利益を受けているのが、何よりも支配的な性別集団としての男性であるという決定的な点が抜け落ちてしまう。男性集団それ自身は（直接の加害男性さえ！）事実上免罪され、資本主義が悪いという議論になりがちである。序文でも触れたように、先の『99％のためのフ

ェミニズム宣言』の三人の著者は、レイプやＤＶや人身売買の加害者を厳しく処罰することにさえ否定的なのだ！(28)

もちろん、加害行為を処罰するだけでは問題が解決しないのはその通りであり、それ以上のことが社会的・経済的・文化的に必要なのは言うまでもない。また現在の刑事司法システムが問題だらけなのも彼女らの言うとおりであるし、法が恣意的に、しばしば人種差別的に執行されていることも、重要な問題である。だが、加害行為を加害行為としてきちんと処罰することは、それらいっさいにとっての最初の一歩なのである。それなくして、どうしてそれ以上の改革や、ましてや革命的変革が可能になるだろうか？　法と処罰の脅しでもって資本の手を縛る労働法を制定することが労働者の解放の最初の一歩として決定的に重要であったのと同じである。労働者にとって、労働日の法的規制と違反者である資本家の処罰がその解放にとっての最初の一歩であるように、女性という性別集団にとってはあらゆる性暴力の法的禁止と加害者の厳格な処罰が自身の解放にとっての最初の一歩なのである。

おわりに

以上、かなり駆け足で社会的再生産理論について見てきたが、結論として次のことを改めて確認しておきたい。

まず第一に、資本と労働力の再生産を基軸にして、資本主義システム全体の再生産を具体的に考察することはきわめて有意義だが、労働力の（ひいては社会全体の）再生産をアプリオリなものと見なさず、資本の内的傾向（反再生産性と無限の拡大傾向）とその社会的再生産とのあいだに深刻な矛盾が存在すること、そして、社会的再生産のあらゆる装置や制度に階級闘争（およびその他の社会的闘争）が貫かれているのであり、もっぱら資本の再生産の必要性によって生まれたわけではないこと。第二に、資本主義そのものが構造的に女性抑圧や人種差別を内包していることを具体的に解明することは必要だが、それらの社会的抑圧はそれ自体としても問題にされるべきなのであって、それらが資本主義の再生産に寄与しているかどうかに関わりなく、それらの社会的抑圧性と、したがってその集団的受益者の横暴とも闘うべきであること。

以上を踏まえたうえで、マルクス主義とフェミニズムの見地から、資本主義のシステムと男性支配のシステム（および人種差別のシステム）の絡み合いを非還元主義的かつ非機能主義的に分析することは、二一世紀における変革志向を持った社会科学と社会的実践家の重大な責務である。

補遺

本章でいちばん言いたかったことの一つは、資本は、それ自身のうちに自己システム化傾向と、「反」再生産的な傾向という矛盾する二つの傾向によって貫かれていること、そして新自由主義の席巻は、曲がりなりにも資本の社会的再生産を可能としてきた諸装置・諸制度（これら自体が階級闘争によって勝ち取られたものだ）を次々に破壊し、その社会的再生産過程を潜在的ないし顕在的にきわめて不安定なものにしているということであった。

本章で直接取り上げたのは、地球温暖化と労働人口の絶対減の問題だったが、ちょうどその元となった論文が発表された時に、コロナウイルス騒動によって、世界的規模で社会的再生産過程の大規模な攪乱が生じて、そうした事態に対して世界資本主義はほとんどまともに対応できていないことが明らかになった。この論文の初稿を書いたのは二〇一九年の九月なので、まったくコロナ騒動の話は出てこないが、論文の趣旨と直結するような歴史的事態が生じている真っただ中で、論文が出されたのは感銘深いことである。

ヨーロッパで最も死者を出しているイタリアは、新自由主義的緊縮政策の二〇年間の中で、国民一〇〇〇人当たりの病床数を減らし続けてきた。WHOの統計によると、一九八〇年には一〇〇〇人当たり九・六床もあったのが、一九九八年には五・八床に減らされ、二〇一七年には三・六床へと、一九八〇年の三分の一近くに減らされている。これは世界第四七位の低さである。イタリアは社会的医療の美名のもとに（つまり病人を病院に閉じ込めず、地域や家族に返していく）、病院のベッド数を減らし続けてきたため、大規模感染症が広がった場合には病床がまったく足りない状況にあり、大規模な院内感染を引き起こした。それが大量の死者につながったのである。(29) 同じく大量の死者を出しているスペインも、一〇〇〇人当たりの病床数を一九八〇年の五・三床から三・二床へと減らし、世界で五四位。そして今やヨーロッパのどの国よりも大量の死者を出し続けているアメリカはもっと少なくて、現在では一〇〇〇人当たり三・〇床で、世界六〇位である。

他方、多くの感染者を出したのに死亡率が著しく低かった韓国は、一〇〇〇人当たりの病床数が一〇・三床で世界第三位の多さである。それだけが原因ではないにせよ、病床の余裕のあるなしが、このような大規模な感染症が蔓延したときに、院内感染を防げるかどうか、医療崩壊を防げるかどうかの重大な分かれ目になったと思われる。

まさに新自由主義は、資本主義の社会的再生産そのものを潜在的にきわめて不安定で危ういものにし、そして、今回のような不測の事態が起きた場合には、文字通り資本と労働力の社会的再生産そのものを、したがって社会全体の再生産を危機に追いやるのである。

（初稿は二〇一九年九月執筆、二〇二〇年三〜四月補遺執筆）

注

（1）トロツキー『裏切られた革命』藤井一行訳、岩波文庫、一九九二年、二〇三頁。訳文は適時修正。

（2）たとえば、川口かしみ「憲法二四条の解釈について——『差異のジレンマ』の観点から再考した『両性の本質的平等』原理」、『早稲田政治公法研究』第一一四号、二〇一七年。「第一波フェミニズムは、男性と同様の参政権を求めることから始まった。したがって、この思想は、男女の差異を捨象し、女性を男性と同等に扱うことを求めるものである。それは、女性と男性を同化させることでもある。この第一波フェミニズムの特徴から、このフェミニズムはミノウの差異のジレンマの平等志向に位置づけられる」（同前、三七頁）。「このように、第二波フェミニズムでは、男性と異なる女性の特性の価値の賞賛を求める動きがあった」（同前、三八頁）。川口氏はフェミニズムの複雑な流れとその諸源泉を、最初から「平等志向」vs「差異志向」という単純な図式に無理やり当てはめようとしている。

（3）森田成也『資本主義と性差別——ジェンダー的公正をめざして』青木書店、一九九七年。

（4）たとえば、誰もがラディカル・フェミニズムの代表格として認めるであろうキャサリン・マッキノンの最初の著作『働く女性のセクシュアルハラスメント』は、職場における女性労働の置かれた不平等な地位と性別役割分業を問題にするものであった（Catharine A. MacKinnon, *Sexual Harassment of Working Women: A Case of Sex Discrimination*, Yale University Press, 1979. 邦訳は、『セクシャル・ハラスメント・オブ・ワーキング・ウィメン』村山淳彦監訳・志田昇他訳、こうち書房、一九九九年）。

（5）最初にマルクス主義の観点から女性抑圧の問題を論じたエンゲルスが、何よりも生殖というセクシュアリティの一領域を議論の基本に据えたことに示されるように、マルクス主義はけっしてセクシュアリティの問題に無関心ではなかった。アウグスト・ベーベルの有名な『女性と社会主義』（邦訳題名は『婦人論』）もまた、女性のセクシュアリティの問題に多くのページを割いている。しかし、一九六〇年代末以降にマルクス主義フェミニズムとして独自の発展を遂げる思想潮流は、やはり女性労働（とりわけ家事労働）領域における抑圧と領有を理論の基礎に据えたのである。

（6）たとえば以下を参照。Ginia Bellafante, Before #MeToo, There Was Catharine A. MacKinnon and Her Book “Sexual Harassment of Working Women, *New York Times*, 19 March 2018. 邦訳は、ジニア・ベラファンテ「#MeToo 運動の前にキャサリン・マッキノンがいた」、ポルノ・買春問題研究会『論文・資料集』第一二号、二〇一九年。マッキノン自身はこの #MeToo 運動

を、その新著『バタフライ・ポリティクス』のペーパーバック版序文の中で「暴力なき革命（revolution without violence）」と評価している（Catharine A. MacKinnon, Preface to the Paperback Edition, in *Butterfly Politics: To Change the World for Women*, with a new introduction, Harvard University Press, 2019, p. xxiv.）。ドウォーキンに関しては、二〇一九年二月に彼女のアンソロジーが出版され（Johanna Fateman & Amy Scholder eds., *Last Days at Hot Slit: The Radical Feminism of Andrea Dworkin*, Semiotext（e）, 2019.）、多くの熱烈な書評が書かれ、現代の #MeToo の時代にこそドウォーキンの思想が真の輝きと力を持っていることが若いフェミニストたちによって確認されている。

（7）韓国の先進的なフェミニスト運動については、以下を参照。ク・ジヘ＆パク・ヘジョン＆キャロライン・ノーマ「ラディカル・フェミニズムが切り開いた韓国女性運動の高揚」、ポルノ・買春問題研究会編『論文・資料集』第一二号、二〇一九年。ジェン・アイザクソン＆キム・テギョン「『私たちは花ではない、火だ』――韓国女性運動が示すラディカル・フェミニズムの可能性」、https://appinternational.org/2020/11/14/korean_movement_not_flowers_but_a_fire/

（8）周知のように日本では、英米で家事労働論争が起こる一〇年も前に家事労働論争が起きており（参照、上野千鶴子編『主婦論争を読む』Ⅱ、勁草書房、一九八二年）、そこでは後にマルクス主義フェミニズムで問題とされる主要な論点の多くが提出されている。だが、残念ながら、日本では、それらの新しい論点を敷衍して、フェミニズムの立場からマルクス主義の経済理論そのものを発展させようとする動きは生まれなかった。

（9）森田成也『家事労働とマルクス剰余価値論』桜井書店、二〇一四年。家事労働価値非形成説論者からは、いまだにこの著作に対するまともな反論がなされていない。ぜひとも挑戦していただきたい。

（10）Susan Ferguson and David McNally, Capital, Labour-Power, and Gender-Relations: Introduction to the *Historical Materialism* Edition of Marxism and the Oppression of Women, in Lise Vogel, *Marxism and the Oppression of Women: Toward a Unitary Theory*, Brill, 2013, xxiv–xxv. 奇妙なことに、この特別序文の筆者であるファーガソンとマクナリーは、ここで書かれているのと同じ過ちを犯した文献として、ジーン・ガーディナーの一九七五年の『ニューレフト・レビュー』論文を挙げている。しかし、私がすでに『家事労働とマルクス剰余価値論』で明らかにしたように、彼女は明確に、家事労働価値非形成説の立場に立っていた。彼女はその『ニューレフト・レビュー』論文で次のように結論的に書いている――「家事労働の役割に対するオルタナティブなアプローチを提起する試みを通じて、私は以下のように論じた。家内労働は、マルクスが採用した価値の定義にもとづくなら、価値を創出しない。だがそれにもかかわらず、家事労働は、必要労働を低い水準に押しとどめることによって、あるいは労働力価値を、労働者階級の現実の生活水準よりも低い水準に押しとどめることによって、剰余価値に貢献している、と」(Jean Gardiner, Women's Domestic Labour, *New Left Review*, No.89, 1975, p. 58)。この主張のどこが、家事労働が価値と剰余価値を創出するとする立場なのか？ ガーディナーによれば、家事労働は、剰余価値を増大させることに貢献しているが、それ自身は価値も剰余価値も生産しないのである。また「多く」の論者が家事労働が価値を形成するという立場だったというのも嘘である。家事労働論争に参加した人々の圧倒的多数は、英米でも日本でも、「非」価値形成説論者だった。

(11) この概念そのものに対して私はいろいろと異論があるが、ここでは繰り返さない(私個人は「ジェンダー・ヒエラルキー」か「男性支配」という用語の方を好む)。前掲『資本主義と性差別』の第二章「『家父長制』概念の諸困難」を参考にしていただきたい。なおこの問題に関して、橋本健二氏は、私の指摘に一定の賛意を示しつつも、ジェンダー・ヒエラルキーを成立させる物質的基盤を指示するものとして「家父長制」という概念は有益だとし(橋本健二『階級・ジェンダー・再生産——現代資本主義社会の存続メカニズム』東信堂、二〇〇三年、七五〜七六頁)、企業の組織も歴史的にはもともと家父長的な雇用関係から生じたという一部の人の意見(森建資『雇用関係の生成』木鐸社、一九八八年)にもとづいて、この概念の使用を正当化している。だが、第一に、ある構造が歴史的に発生するときには、その時すでに存在していたさまざまな古い諸関係を手がかりにするのは当然のことであり、そのような歴史的手がかりでもって、構造全体の本質規定とするのは科学的とは言えない。資本主義的雇用関係が同業組合制度を足がかりにしたからと言って、それを同業組合制度とは呼べないし、それが地主と農民との関係を手がかりにしていたからと言って、それを地主制度の一種と呼ぶこともできない。第二に、もし本当に企業組織が家父長制的雇用関係を手がかりにしていたことをもってそれを家父長制と呼んでいいのなら、そもそも資本主義という概念自体が不要になり、それを単に家父長制と呼んでもいいことになるだろう。

(12) Kate Millett, *Sexual Politics*, Doubleday, 1970. 邦訳は、ケイト・ミレット『性の政治学』藤枝澪子・加地永都子・滝沢海南子・横山貞子訳、ドメス出版、一九八五年(最初の訳は一九七三年)。マッキノンは、同書の新版序文において、「今日に至るまで、それは依然として、ほとんどの思考と行動よりも先を行く——はるか先を行くと言ってもいいほど——先見的なものである」と評価している(Catharine A. MacKinnon, Foreword, in *Sexual Politics*, by K. Millett, Columbia University Press, 2016, p. ix.)。ちなみに、ミレットはこの概念をエンゲルスとJ・S・ミルから学び、それを発展させた。

(13) マルクス主義フェミニストによる「家父長制」概念の受容過程については、前掲拙著『資本主義と性差別』の第一章を参照のこと。

(14) 二元論と統一論に関する論争に関しても、前掲拙著『資本主義と性差別』の第二章第二節を参照のこと。

(15) アイリス・ヤングの代表的な「統一論」論文が出されたのは一九八〇年であり（Iris Young, Socialist Feminism and the Limits of Dual Systems Theory, *Socialist Review*, no. 50/51, 1980.）、リズ・ヴォーゲルの主著『マルクス主義と女性の抑圧』の初版が出版されたのは一九八三年である（Lise Vogel, *Marxism and the Oppression of Women: Toward a Unitary Theory*, Rutgers University Press, 1983.）。

(16) 著作に限定しても、すでに引用した文献以外に、次のような文献が二一世紀になって出版されている。Kate Bezanson & Meg Luxton eds., *Social Reproduction: Feminist Political Economy Challenges Neo-liberalism*, McGill-Queen's University Press, 2006; Cinzia Arruzza, *Dangerous Liaisons: The marriages and divorces of Marxism and Feminism*, Merlin Press, 2013; Tithi Bhattacharya ed., *Social Reproduction Theory: Remapping Class, Recentering Oppression*, Pluto Press, 2017; Martha E. Gimenez, *Marx, Women, and Capitalist Social Reproduction: Marxist Feminist Essays*, Brill, 2018; Susan Ferguson, *Feminist Thinking About Work: Social Reproduction and Its Critics*, Pluto Press, 2019.

(17) たとえば、ウォーラーステインの世界システム学派もこの方向性を活発に追求している。たとえば以下の文献。Joan Smith, Immanuel Wallerstein et al., *Creating and Transforming Households: The Constraints of the World-Economy*, Cambridge University Press, 1992.

(18) Bhattacharya ed., *Social Reproduction Theory*, p. 3.

(19) Ibid.

(20) Cinzia Arruzza, Tithi Bhattacharya, Nancy Fraser, *Feminism for the 99 Percent: A Manifesto*, Verso, 2019, pp. 20–21.〔シンジア・アルッザ&ティティ・バタチャーリャ&ナンシー・フレイザー『99%のためのフェミニズム宣言』惠愛由訳、人文書院、二〇二〇年、四七頁。引用の訳は私によるもの。以下同じ〕

(21) 私自身は『資本主義と性差別』の第五章で、統一論的枠組みや還元論を共有することなく、かつ、なぜ「二」の契機が生じるのかを、以下の諸契機の合成の結果として把握した。①資本がその剰余価値生産にとってより適合的な身体性をもった男性を労働に等置し、より不適合な身体性を持った女性をそこから排除ないし周辺化したこと。②他方で、生殖を担う身体性を持った女性を同時にセクシュアリティに等値するとともに、女性をさまざまな形態で性化したこと（性的なものとしてのセクシュアル化、母親役割を担うものとしての母性化、家事労働を担うものとしての主婦化）、③資本と男性による女性の性の利用と消費の進行とそれに伴う女性の性的客体化。同時にそれが一方的な過程ではなく、資本主義のうちにはそれと矛盾する諸傾向（何よりも女性の絶えざる賃労働者化）もあり、資本主義はこの両傾向の矛盾的過程であることを明らかにした。同書が男女の生物学的身体性の差異をその理論の基礎に置いたことで、後に、生物学主義というばかばかしい批判を受けたが、男女の身体性の差異を著しく軽視する昨今の風潮を踏まえるなら、二〇年以上前の私の著作がそれを重視していたことは間違っていなかったと改めて確信している。

(22) Arruzza, Bhattacharya, Fraser, *Feminism for the 99 Percent*, pp. 24–25.〔前掲アルッザ&バタチャーリャ&フレイザー『99%のためのフェミニズム宣言』、五三頁〕

(23) フランスの優れたマルクス主義者で後にエコ社会主義の先駆者となったアンドレ・ゴルツは、すでに一九六四年に、『労働者戦略と新資本主義』（Gorz André, *Stratégie ouvrière et néocapitalisme*, Edition du Seuil, 1964. 邦訳は合同出版、一九七〇年）において、社会的再生産の重要性について論じている。デヴィッド・ハーヴェイは都市問題の研究者として、かなり早い時期から工場や職場を超えた社会的再生産装置やそれらによって構成される建造環境をその理論的射程の中に含めてきた。その中でも、原著が二〇〇三年に出版された『パリ――モダニティの首都』はその総合性において傑出した作品である（David Harvey, *Paris, Capital of Modernity*, Routledge, 2003. 邦訳は、まず二〇〇六年に青土社から出され、その後、二〇一七年に同社から新装版が出されている）。また、ハーヴェイの二〇一四年の著作『資本主義の一七の矛盾』の第一三章は「労働力と社会の再生産」である（David Harvey, *Seventeen Contradictions and the End of Capitalism*, Profile Book, 2014. 邦訳は『資本主義の終焉――資本の一七の矛盾とグローバル経済の未来』大屋定晴・中村好孝・新井田智幸・色摩泰匡訳、作品社、二〇一七年）。

(24) マルクス『資本論』第一巻、マルクス＝エンゲルス全集刊行委員会訳、大月書店、一九六八年、三五三頁。訳文は適宜修正。これとの関連で、『資本論』と労働力の再生産との関係をめぐってよく引用される以下の文言も再考する必要があるだろう。「労働者階級の不断の維持と再生産も、やはり資本の再生産のための恒常的な条件である。資本家はこの条件の充足を安んじて労働者の自己維持本能と生殖本能とに任せておくことができる」（同前、七四五頁）。これは多くの論者が指摘しているように、たしかに一面的であるが（「生殖本能」という怪しげな前提や、そのような条件の従属を可能とする多くの社会的条件の看過など）。しかし同時にそれは、資本が「わが亡き後に洪水は来たれ！」をモットーとする反社会的存在であり、自己の維持の根本条件である「労働者階級の不断の維持と再生産」さえも、その責任を引き受けようとせず、労働者自身に丸投げしようとする側面を指摘しているものと解釈することも可能である。資本が最終的に、「労働者階級の不断の維持と再生産」に「顧慮」し「干渉」せざるをえなくなったのは、あくまでも大小さまざまな階級闘争の結果なのであって、資本の長期的な社会的再生産に対する資本自身の自主的配慮のゆえではない。

(25) 気候変動危機と資本主義との関係について以下の文献を参照。ナオミ・クライン『これがすべてを変える――資本主義 vs 気候変動』上下、幾島幸子・荒井雅子訳、岩波書店、二〇一七年。

(26) たとえば、以下。Arruzza, Bhattacharya, Fraser, *Feminism for the 99 Percent*, p. 17.〔前掲アルッザ＆バタチャーリャ＆フレイザー『99％のためのフェミニズム宣言』、四〇頁〕

(27) Ferguson and McNally, Capital, Labour-Power, and Gender-Relations, p. xxx.

(28) Arruzza, Bhattacharya, Fraser, *Feminism for the 99 Percent*, pp. 29-30.〔前掲アルッザ＆バタチャーリャ＆フレイザー『99％のためのフェミニズム宣言』、六一～六二頁〕

(29) イタリアにおけるコロナ死者の多さの諸要因については、二〇二〇年三月三一日にイタリアの左派のサイトにアップされた以下の論考が非常に参考になる。'Why is coronavirus killing so many people in Italy?', lib.com (Struggle in Italy), https://libcom.org/blog/why-coronavirus-killing-so-many-people-italy-31032020.

第二章　日本国憲法と平等権
――フェミニズムから読み解く戦後平等権論争

平等法の核心は平等をつくり出すことである。そうでないとしたら、いったいそれは何のためにあるのか？

――キャサリン・マッキノン

抽象的真理は存在しない。真理は常に具体的である。
――レーニン

1　戦後憲法学と平等権

本章のもとになった原稿を書くきっかけとなったのは、二〇一二年に四巻本で出されたジェンダー法学会編集の『講座ジェンダーと法』（日本加除出版）に、性的平等（sex equality）と憲法に関する論考がほとんどなかったこと、あってもなにゆえか男性憲法学者が執筆し、はなはだしく熱意にかけた書き方をしていたことにある種のショックを受けたことである。そして日本の憲法学界の主要な著作を読み進めていくうちに気づいたのは、日本の憲法学界は単に男女平等の問題にほぼ無関心であっただけでなく、そもそも平等権についてかなりの程度無関心で、それに対する評価が著しく低かったことである。世界的には平等権こそ基本的人権の核心に据えられ、フランス革命以来、世界の人々は何よりも「平等」を求めて壮大な運動と闘いを歴史的に遂行してきたにもかかわらず、日本の憲法学者たちは平等権にひどく冷淡で、時に敵対的ですらあった。そしてその中の左派と目される護憲派は、憲法九条や憲法前文の平和的生存権および二五条以下の社会的生存権の研究には熱心に取り組んだが、平等権には――通説が形成される戦後の一時期を除いて――一貫して冷淡だった。そして後でも触れるように、「平等権」という言葉にさえ懐疑的で、単なる「平等原則」にまで後退させていた。基本的人権の核心をなす「平等権」をよりにもよって憲法学者自身が否定しているのである。

多くの（男性）憲法学者はすっかり忘れているようだが、日本では戦後憲法が制定されるまで、女性には選挙権もなく、家庭内では準禁治産者扱いであり、ほとんどの基本的人権を否定ないし制限されていた。性別による差別の撤廃を謳った日本国憲法は、女性にとっての「人間宣言」を意味した。この画期的な意義を護憲派を含む憲法学者の大多数が今日までまともに評価できずにきた結果が、戦後七〇年以上も経つというのに、日本の男女平等度ランキングが世界的に最低レベルという現状なのである。この厳然たる事実を前にしても、憲法学者たちは自分たちの歴史的な「平等権軽視」を反省するどころか、今なお時代遅れの「通説」にしがみつき、なおいっそう権利の個人主義化にいそしんでいる。本章は以上のような問題関心にもとづいて書かれている。

戦後憲法学における平等権論の変遷

平等権を定めた憲法一四条に関する議論は、戦後しばらくは、この条文の基本的解釈をめぐってかなり活発な論争が憲法学界で闘わされたが、一九五〇年代から一九六〇年代初頭にかけておおむね通説的解釈が確立されると、その後、学界の中で急速に問題関心が薄れていき、憲法学の焦点は自由権（とくに表現の自由）、憲法九条の平和主義、および二五条の生存権、あるいは一三条にもとづく「新しい人権」に移っていった。ただしこの時期にも例外はあって、和田鶴蔵氏は憲法の平等条項を最も真剣に検討しており、その内容は、性差別の問題を差異と同一性ではなく支配と従属の問題とみなす水準にかなり接近するものとなっている[1]。

一九七〇年代になると、最高裁において、尊属殺人加罰規定に対する戦後初の違憲判決（一九七三年）が下されたり、議員定数不均衡に対する違憲判決（一九七六年）が下されたりしたこともあって、再び平等をめぐる憲法論議が活発化するが、男女間の不平等をはじめとする構造的不平等とは関連づけられないままに議論が展開された。とくに尊属殺人加罰規定違憲判決の対象となった事件は、父親による娘への性的虐待事件であり、かつ「妻」への性暴力とDV事件でもあったにもかかわらず、つまりは典型的な「女性と少女に対する暴力（VAWG）」であったにもかかわらず、若尾典子氏が正しく指摘したように[2]、当時の憲法学者は誰もそのようには理解せず、後進的で特異な家庭における特異な事件であり、被告の境遇は単に特別に可哀想な特殊例であるとしかみなされなかった。当時の憲法学者は、最高裁で初の違憲判決が出されたことに「小躍り」したが、それが突きつけたより深刻な構造的問題を看過したし、今日も看過し続けている。

一九八〇年代になると、全般的な新自由主義化の傾向と軌を一にして、奥平康弘氏の「平等権＝empty（空虚）論」が発表されることで[3]、完全に平等権の軽視が憲法学界で支配的となった。こうした流れには、浦部法穂氏や横田耕一氏など他の影響力ある憲法学者も追随した。その後は、アメリカの判例研究および違憲審査基準論との関連で「平等」について論じられることはあっても、かなりテクニカルな議論に終始する傾向にあった。

一般的な憲法入門書のたぐいを見ると、平等については、憲法一四条を紹介するときに通り一遍に解説される程度であり、その記述の仕方ははなはだ熱意に欠け、書き手の関心の低さが強くうかがえるような記述になっている。憲法の成立史に関する論述を見ても、明治憲法と比べて日本国憲法が「平和憲法」である以上に「平等憲法」であることについて詳しい記述がなされることもない。そもそも「平等憲法」という言葉さえ使用されることはない。しかし、実際には、日本国憲法の核心は「平和」や「生存権」「個人の尊重」などと並んで「平等」にもあり、それは戦後憲法の魂を構成しているのである。

国際条約と日本国憲法

日本の憲法学界が護憲派・左派を含めてこれほど平等権を軽視してきたことの原因については、さまざまなものが考えられる。①戦前の日本が人種主義を核心とするナチスによる支配を受けるという歴史的経験を経ておらず、逆にナチスの同盟国であったこと、②戦後、一貫して保守政党の政権下にあったため、自由（とくに表現の自由）や平和が上から脅かされる事態に対処することに関心が一元化され、市民間の不平等に対する関心が弱かったこと、③アメリカにおけるような大規模な人種問題を内部に抱えておらず、日本国内における人種差別問題（在日コリアン差別はその一つ）が軽視されたこと、④戦後かなりのあいだ憲法学者がほぼ男性によって独占されており、女性差別の問題に無関心であったこと[4]、など。しかし、そうした傾向に批判的であるべきはずのジェンダー法学会においてさえ、憲法の平等権に対する問題関心が薄いのは、次のような原因があると思われる。

一、日本の司法（とりわけ最高裁）が憲法の平等条項を著しく制限的に解釈するだけでなく、総じて立法裁量をほとんど無制限に認めているがゆえに、現実の不平等を変革するうえで憲法の規範力がほとんど発揮しえない現実があること。二、その一方で、女性差別撤廃条約やそれにもとづく女性差別撤廃委員会（CEDAW）の多くの勧告などは日本政府や立法府にも強い影響を及ぼし、不十分ながらも法改正を実現する力になってきたこと。三、憲法学界自身が司法と同じく、憲法の平等条項をきわめて制限的に解釈し、それをほとんど無力でemptyなものにしてしまったために、国際条約や国際的勧告が求めるような男女平等の水準を憲法によって基礎づけることができないとみなされていたこと。

しかし、国際条約・勧告におけるきわめて高いレベルの平等論に最も強い理論的影響を及ぼしてきたのは、日本の憲法よりもはるかに貧弱な平等規定しか憲法で定めていないアメリカ合衆国におけるフェミニストたちであったのであり、彼女らは合衆国憲法修正一四条の「法の平等保護(equal protection of law)」条項(マッキノンが言うところのたった「四つのワード」)を最大限、拡張的に再解釈することで、「女性に対する暴力」を平等問題に引き上げることができたのである。ところが日本の憲法学者は、合衆国憲法よりもはるかに現代の国際水準に近い内容の平等条項を持っていながら、それをあえて制限的に解釈することで、それを合衆国憲法並みの水準に貶めてしまった。彼らは、この画期的な平等条項を活用して国際的な平等推進の先頭に立つどころか、学界内における内輪の議論に終始し、国際的に後衛に甘んじてきた(憲法九条の場合と正反対)。そのため、本来は日本国憲法でも十分正当化できるはずの現代フェミニズム的な平等論を、国際条約・宣言を通じて逆輸入せざるをえなくしてしまったのである。そのため、日本のジェンダー法学者は、自分の国の憲法ではなく、国際条約・勧告・宣言等をもっぱら法規範にせざるをえなくなった。

このような状況を克服し、日本国憲法における平等条項の可能性を最大限広げ、憲法解釈を刷新するだけでなく、日本における性的平等(sex equality)の運動に日本国憲法という法的支えを取り戻すことが必要である。

憲法解釈の諸基準

憲法を構成するのは前文や個々の条文そのものだけではなく、その解釈もである。できるだけ遺漏なく具体的に規定しなければならない実定法と異なり、規範法である憲法は多かれ少なかれ一般的・抽象的に書かれており、したがって、それに対する解釈は、そこに実際に書かれていることと同じぐらい重要な意味を持つ。したがって、憲法は条文そのものとそれに対する解釈の二本立てで成り立っている。

解釈の最終決定者は司法であり、最高裁だが、その解釈内容は歴史的に変わりうるものであり、したがって、その変更に影響を与えうる位置にある憲法学者は、憲法の条文を、その制定目的における理念をできるだけ前進させる形で解釈しなければならない。平等条項に関して言えば、「平等法の核心は平等をつくり出すこと」であり、したがって「社会的平等を実際につくり出すことにつながるような法解釈を行なう」ことが必要になる。(5) これを「目的志向的解釈」と呼ぶことができるだろう。

憲法学者は往々にして、条文に厳格にのっとった「客観的解釈」が正しい解釈だと考えがちであるが、実際にはそうではない。平等を推進するという「目的志向的解釈」は、一見、恣意的で外在的に見えるが、次の二つの意味でそうではない。

一、日本国憲法自身がその前文において「平和を維持し、専制と隷従、圧迫と偏狭を地上から永遠に除去しようと努めている国際社会において、名誉ある地位を占め」ることを宣言し、「この憲法が国民に保障する自由及び権利は、国民の不断の努力によって、これを保持する」ことを宣言しているのであり、憲法自身が目的志向的なのである。したがって、憲法が宣言するこれらの目的をできるだけ実現するような方向で憲法の諸条項を解釈することは、日本国憲法にとって外在的なのではなく、憲法にとってすぐれて内在的なのである(このような正当化論は、合衆国憲法ではより難しい)。

二、現実の社会そのものが不平等であるかぎり、確固たる目的志向性を持たないかぎり、無意識にその不平等な構造をなぞるだけの解釈をすることになり、それこそ恣意的で外在的な解釈をすることになる。不平等な社会の中に平等志向の憲法が存在するのだから、そうした不平等な現実を平等に向けて変革するという志向に自覚的にもとづいて憲法を解釈しなければ、容易に現実追認の解釈に、したがって反憲法的な解釈に陥ることになる。

したがって、憲法解釈において指針となるべきは、①平等や市民的自由や平和や種々の人権保障を志向している日本国憲法全体に内在的かつ整合的な形で解釈すること（憲法内在的論理）、②現実に存在する不平等を踏まえて、そうした不平等をできるだけ減じ、平等を推進することに資する方向で解釈すること（事実内在的論理）、③そして今日においては憲法的価値と合致する種々の国際的な人権条約・宣言・決議・勧告等が存在するかぎりにおいて、そうした国際的水準をも包含できるような形で解釈すること（国際条約内在的論理）。学説上、国際条約は憲法に優越するわけではないが、憲法的価値と矛盾しないかぎりにおいて、自国が批准している国際条約の条文や種々の宣言・決議・勧告に整合的に憲法を解釈することは、当然の責務である。以上の観点に立って、日本国憲法の平等条項を具体的に解釈していこう。

2　憲法一四条一項の意味Ⅰ——「平等」とは何か

まずもって、日本国憲法の一四条一項で言うところの「平等」とはどういう意味なのかが問われなければならない。

アリストテレス的平等論——同一性と差異

アメリカのフェミニスト法学者キャサリン・マッキノンが繰り返し指摘しているように、法の世界において「平等」とは、アリストテレス以来、「同一性と差異」の問題とみなされてきた（日本でもまったく同じ)。すなわち、「等しいものは等しく扱い、異なったものは異なったように扱う」ことが平等であり、「等しいものを異なったように扱うこと」と「異なったものを等しく扱うこと」が不平等だとされてきた。しかし、このアリストテレス命題は、①そもそも当時にあって、女性の二級市民的地位と奴隷制とを正当化するための平等論にすぎないのであり、現代史においてもそれは、ナチスのニュルンベルク法や旧南アフリカのアパルトヘイトを正当化するために用いられてきたこと、②それは、平等権をemptyな権利とみなしたピーター・ウェステンが指摘するように(6)、まったく同義反復的なものであって、実体のある内実を何ら持たないこと、この二つの点からして、およそ現代の「平等論」としては意味をなさない。

それが何らかの意味を持つとすれば、すでに人々を何らかの基準で区別する法が存在する場合に、その法はそれが規定する範囲の人々を同等に扱うべきであるということでしかない(法適用上の平等)。しかし、「法」というものはそもそも、何らかの基準でもって区別したり同一扱いしたりするものなのだから(たとえば、スピード違反して逮捕された者には平等に反則切符を切る、というように)、この平等論は、「法の支配」の言いかえにすぎないのであり、英米法で言うところの「デュープロセス」そのものの言いかえにすぎない。ウェステンがそのような平等は「empty」であると指摘するのも当然であって、ウエステンの「平等＝empty な権利」論は、まさにこの種のアリストテレス的平等論にこそあてはまる。

この平等論は、何をもって「等しい」とするのか、「等しく扱う」とは何を意味するのか、何をもって「異なっている」とするのか、「異なった扱い」とは何を意味するのか、について何も語らない。それは事実上、社会においてすでに支配的地位にある人々が設定する基準に従って、それらの人々の利益に合致するように他の人々を区別し、処遇する、ということでしかない。

アリストテレスのこの平等論の前段(「等しいものは等しく」)は一般に「形式的平等」と言われ、後段（「異なったものは異なったように」）とせよ」になると今度は「相対的平等」だと言われもしよう。たしかに、「等しい」とする基準を自然的人間そのものにするならば、「等しいものを等しく扱う」の意味は、すべての人間を平等に扱うという「形式的平等」論になるし、「異なったもの」の基準を、社会に現実に存在する不平等のもとで劣位に置かれた人々（たとえば貧困者や女性）の利益に一定配慮するものにするならば、それは「相対的平等」にもなるだろう。

しかし、そうした結果は、アリストテレス命題そのものから出てくるのではなく（その命題そのものは女性の二級市民化と奴隷制とを正当化するためのものだったのだから当然である）、その命題にとって外在的な基準をあてはめることでかろうじて引き出しえたものにすぎない。レーニンが言うように「抽象的真理は存在しない」のであって、アリストテレス的命題はその抽象性ゆえに、真理ではありえないのである。

またこの平等論が用いる「等しく扱う」／「同一に扱う」、あるいは、「異なったように扱う」／「区別して扱う」という用語は、国家や法、あるいはそれに近い何らかの公的存在が市民ないし国民を「同一に」あるいは「異なって」扱うというニュアンスを強く持つ。たとえば、夫が妻を殴るという行為や、白人が黒人をリンチするという行為は、この用法からすると平等や不平等の問題とは見られないだろう。なぜなら、「夫」や「白人」は単なる一私人にすぎないし、「殴る」という行為や「リンチする」という行為は、「同一扱い」や「区別扱い」という言い方にはそぐわないからである（この問題は、平等原則か平等権か、憲法が私人間効力を持つか持たないか、といったすべての問題にも共通する）。

実体的平等論——支配と従属

キャサリン・マッキノンはこのような従来の平等論に異議を唱え、この「同一性／差異」命題から

「支配／従属」命題へと平等論のパラダイムを移行させた(7)。「不平等」とは、等しいものを異なって扱うことでも、異なったものを等しく扱うことでもない。不平等とは、ある集団を何らかの自然的・社会的属性にもとづいて別の集団の下位に、従属的地位に置くことであり、したがって「平等」とは、この支配・従属の構造の是正ないし廃絶を推進することである（その過程において、当然にも、社会的基準そのものの変革が追求される）。つまり「平等／不平等」という概念は、「同一性と差異」という平面的な二次元上に存在している何かではなく、「支配と従属」、「上位と下位」、「優等と劣等」という立体的な三次元上の構造を指す言葉なのである。実際、差別に反対して闘ってきた人々は、別に不合理な区別に怒っていたのではない。ある系統的行為が自分たちを人間以下の存在に、二級市民に、従属的存在に貶めるものであるからこそ、それに怒り、自尊心を傷つけられ、それを根絶しようと努力してきたのである。これらの人々は理論的にではなくとも、実践的にマッキノンの理論にもとづいていたのである。

そして、この不平等の構造は、法が誰かを何らかの基準で扱う以前に社会そのものの中に厳然と存在するのであり、この社会的な不平等が法律上の不平等を規定するのであって、その逆ではない。

この階層的構造は社会の中の部分集合として存在しているだけではなく（たとえば、教師と生徒、医者と患者、上司と部下、親と子のように）、社会そのものを、階級、性別、人種などにもとづく諸階層構造を通じて不平等に折り曲げている。その折り曲がった社会において、その表面をなぞるだけでは、この不平等を追認するだけにすぎない。紙そのものがまっすぐで平坦であれば、その紙の上をなぞればまっすぐ進める。しかし紙そのものが折り曲がっていれば、折り曲がってしか進めない。空間そのものが歪んでいれば、直進する光でさえ歪んでしか進めない。

それゆえ、法は、その条文上、この不平等をあからさまに再現することによって（差別的な条文）、この不平等に加担することができるだけでなく、単に「中立的」

であっても）この不平等に加担することができる。不平等に対して形式的に中立的な法は、往々にして不平等に加担する法となる。その典型例は、民法における性別中立的な同姓婚規定である。婚姻した男女が婚姻後に男性の姓を名乗っても女性の姓を名乗ってもいいという規定は、性別中立的だが、両性にとって平等ではない。なぜなら、日本社会に存在する圧倒的な女性差別的現実ゆえに、この中立的な規定のもとで、戦後七〇年近く経っても、結婚した夫婦が夫の側の姓を名乗る割合が戦前とほぼ同じ九六％前後だからである。

以上のような平等論にもとづくなら、女性に対する男性の暴力や、黒人に対する白人のリンチは、平等論に関わらないものであるどころか、不平等の核心に位置づけられるものになるだろう。暴力を通じて特定の集団のメンバーを黙らせること、屈服させること、従属させることは、集団的な支配と従属を生産し再生産する最もあからさまな行為だからである。

マッキノンはこのような平等論を「実体的平等（substantive equality）」[8]と呼んでいる。これは日本的文脈で一般に言われている「実質的平等」とは区別しうる概念である。「実質的平等」という概念はあくまでも、「平等」そのものを「同一性」ないし「同一扱い」として規定したうえで、そのような同一性が実質的に（つまり結果において）実現されることを求める概念だからである。だが、構造としての不平等がそのまま維持されていても、結果においておおむね同一になる場合はしばしばある。たとえば、①結果の平等を特別に保障する制度を導入することで、結果が同一になる場合（フランスのパリテなど）、②不平等そのものが一般化する場合（賃金水準が大規模に低下して、男女がおおむね同一水準の低賃金になる場合）、である。①は、実体的平等に向けた一契機としての「実質的平等」であるとみなすことができるが、②はそもそも「平等」ではない。マッキノンが言うように、「不平等を一般化しても平等にはならない」のである。

このような「実体的平等」論は、法学の世界以外の学問分野にいる人々にとっては、実は非常に受け入れやすい。経済学においても（ただし新古典派を別として）、政治学においても、哲学においても、この社会が根本的に不平等に構築されていることは常識の部類に属するからである。にもかかわらず、法学の世界においては、この平等規定は画期的なのであり、それは法学を勉強すればするほど実感できる。

以上のような平等論に対しては、次のような異論が生じうる。それは、平等の問題を特定の不平等問題に限定してしまい、すべての国民ないし市民が公平に扱われるべきだという一般的な意味での平等論からずれてしまうのではないか、という異論である。しかし、われわれが主張しているのは、平等を限定することではなく、平等という概念の核心は何か、である。その核心を理解した上で、その周辺ないし表面部分においては、形式的な意味での平等も十分に意味を持つ。たしかにすべての市民は、不公平に、あるいは不合理な区別にもとづいて扱われるべきではないし、そのことは憲法において保障されるべきであり、実際に保障されている。だが、これは歴史的に問題になってきた平等と不平等の核心に位置する問題ではないということである。

3　憲法一四条一項の意味Ⅱ——具体的な条文解釈

周知のように日本国憲法の一四条一項は、「すべて国民は、法の下に平等であって、人種、信条、性別、社会的身分又は門地により、政治的、経済的又は社会的関係において、差別されない」と規定している。では、先に見たような平等解釈（実体的平等論）は、はたして日本国憲法の一四条の解釈として正当だろうか？　いかに立派な平等論を構築しても、それが憲法解釈として妥当しないならば、無意味と言わないまでも、やはりその威力は著しく弱くなってしまう。結論から言うと、[illegible]

一四条は、合衆国憲法の「法の平等保護」よりもはるかに実体的平等基準にもとづく解釈に新和的な内容となっている。

憲法内在的論理と事実内在的論理

まず一四条一項の前段には「すべて国民は法の下に平等であって」とある。この前段だけであっても、合衆国憲法の場合のように、解釈の積み重ねによって実体的平等基準を読み込むことは不可能ではない。しかし、その場合、もっぱら解釈者の側のこのような読み込みに依拠することになる。つまり、この前段の規定の抽象性ゆえに、それは実体的解釈を排除するものではないが、そうした解釈をとくに有利にするものでもない。女性や黒人に選挙権さえ認められていなかった時代の他の国の諸憲法にもそうした規定が存在することからして、なおさらそう言える。

おそらく憲法の最初の草案の起草者たち（GHQの担当者）も同じ危惧を抱いたはずである。起草者たちは、自国の米国憲法にもある抽象的規定では満足せず、この規定に直接続けて、後段の規定を書き入れた。「人種、信条、性別、社会的身分又は門地により、政治的、経済的又は社会的関係において、差別されない」と。

この後段の規定は、抽象的にすぎる前段の規定の核心的意味を具体的な（不平等の）現実を念頭に置いて表現しなおしたものだと言える。なぜ、「人種」「信条」「性別」などが列挙されているのか？それは単なる事例などではありえない。この憲法が生まれた直接的背景が第二次世界大戦であったことを考えれば、それは明らかである。第二次世界大戦で起きたことは何か？それはナチスによるユダヤ人大虐殺や日本軍による他民族侵略と隷属化であり（人種！）、政治的意見に対する弾圧と政治的反対派の抑圧（信条！）であった。そして、ナチスの体制も日本の軍国主義の体制も「男らしさ」を過度に強調した「ウルトラ・マスキュリン」な体制であり、それぞれの国内において制度的性差別を抱え、またその侵略において大規模な性暴力を引き起こした（性別！）。

これらはみな、等しいものを恣意的に区別したというレベルにある偶発的行為ではなく、特定の集団を意図的かつ系統的に隷属させ、奴隷化し、あらゆる権利と尊厳を奪い、生命さえ奪うという完全に現実的かつ実体的な制度的諸実践であった。つまり、それは支配と従属の制度的・組織的行為であった。このような悲劇を二度と繰り返さないという決意のもとに日本国憲法は起草され制定された。それがこの後段の意味である。しかもこれらの抑圧や虐殺は、国家による抑圧以前に存在した差別にもとづいていた。ユダヤ人差別は一〇〇〇年以上前から存在していた。ナチスはそれを利用したのであり、ナチスがユダヤ人差別をつくり出したのではない。

しかもそれは、「人種」「信条」「性別」など歴史的に典型的な支配と従属の集団的属性を具体的に挙げているだけでなく、「政治的、経済的又は社会的関係において、差別されない」と、差別されうる具体的な諸領域、諸関係を指示している。その領域はすべてにわたっており、法や政治に限定されていない。社会のあらゆる諸関係において差別されないという規定は、社会のあらゆる諸領域・諸関係において差別が存在していること、すなわち社会的構造として不平等と支配・従属が存在しているという現実を踏まえたものである。

以上のことからして、憲法一四条一項については、実体的平等基準で解釈することが最も素直で、かつ憲法に内在した解釈であると言うことができる。

この解釈は、この条文の内容のみならず、憲法全体の構成からしても正当化される。憲法は、さまざまな社会権的規定（社会的生存権、労働三権、教育を受ける権利、婚姻と家庭内の平等権、等々）を積極的に定めており、いずれも合衆国憲法にはないものばかりである。このような規定が存在するのは、法に国家の行為以前に存在する種々の不平等を憲法と国家の法を通じて是正するためであるのは明らかである。また憲法はその前文において、「専制と隷従、圧迫と偏狭」が世界に存在することを認識し、それを「地上から永遠に除去しようと努め」ることを宣言している。この点からしても、憲法が、法以前に存在する構造的な種々の社会的不平等や暴力や抑圧を除去することを（そしてそれを推進する過程を）「平等」と規定しているのは明らかである。

国際条約内在的論理

以上の、憲法内在的論理および事実内在的論理だけでも、憲法一四条一項を実体的平等基準で解釈することは十分正当化されるが、「女性に対する暴力」を女性差別の核心的行為であるとしている国連機関の種々の勧告や宣言、とくに「女性に対する暴力撤廃宣言」（一九九三年の国連決議）にもとづくなら、なおさら正当化される。同宣言ははっきりと次のように規定している。

> 女性に対する暴力は、男性が女性を支配および差別し、女性の完全な発展を妨げる結果となった男女間の不平等な力関係を歴史的に明らかに示すものであること、および、女性に対する暴力は、女性が男性に比べて従属的地位に置かれることを余儀なくさせる重大な社会的構造の一つである。

この記述が明白に実体的平等基準にもとづいたものであるのは明らかである（ちなみに一九七九年の女性差別撤廃条約はリベラル色が濃厚であり、その差別論は実体的基準よりもアリストテレス的基準に近かったが、その後、女性差別撤廃委員会（CEDAW）の勧告はしだいに実体的なものになっていく）。この国際機関・条約の精神に照らしても、憲法一四条一項を実体的平等論に即して解釈することが妥当であると言える。

4　一四条一項の解釈をめぐる種々の論点Ｉ――「立法者拘束説」と「非拘束説」

次に、この平等条項をめぐって戦後の憲法学界で起こった種々の論争について検討しよう。この検討を通じて、先に示したような解釈が正当なものであることがいっそう明らかになるだろう。

一四条一項の解釈に関して、戦後まもなく起こった有名な論争の一つとして、この条項は立法者を拘束するのか拘束しないのか、つまり、この規定は立法の内容上の平等を規定するものなのか（立法者拘束説）、それとも法の内容を問わずただその適用上の平等を規定するにすぎないのか（立法者非拘束説）という周知の論争が存在する。この論争はすでに決着がついたとされ、立法者拘束説が正しいとされている。すなわち、法そのものの内容が平等でないならば、それを平等に適用しても不平等にしかならないのだから（宮沢俊義氏の言）、憲法一四条一項前段の趣旨に反するというものである。これを数学の初歩を使って説明すると、マイナス（不平等な法）とプラス（平等な適用）とをかけても、マイナス（不平等）にしかならないのであり、結果がプラス（平等）になるためには、プラス（平等な法）とプラス（平等な適用）とをかけなければならない、ということである。

非拘束説の真の意味

しかし、この論争が内包していたもっと重大な論点は、この論争において完全に看過されていた。それは、この立法者非拘束説が実は、論争のどちらの陣営も前提していた平等観、すなわち「同一性としての平等」論（平面的・抽象的平等論）そのものに依拠しつつ、実体における不平等に現実的に対処しようとしたために生じた苦しい解釈であった、ということである。いわゆる立法者非拘束説を唱えた人々は愚か者でもなければ、平等な法を嫌悪する差別主義者でもなかった。むしろその逆であった。

非拘束説の主張のポイントは、一四条一項の前段と後段との関係をどう理解するかにあった。平面的・抽象的平等論に立つなら、平等とは同一に扱うことである。ところが、法とはそもそも、人々の中に一定の基準にもとづいて区別を持ち込み、その区別にもとづいて人々を異なって（その区別の範囲内では等しく）扱うことにもとづいている。たとえば刑法は、何らかの犯罪を犯した（と推定される）人を犯罪を犯していない人と区別して、逮捕や裁判や処罰という異なった扱いをしようとする。したがって、立法者非拘束説に立つ人々は、憲法一四条一項前段をそのまま法全体にあてはめたのなら、すべての実定法が成り立たないと考えた。それゆえ彼らは、この前段規定は、法が規定する種々の（合理的）区別にもとづいて異なった扱いを受ける人々の内部で、さらに（不当に、ないし恣意的に）区別された扱いがあってはならないことを宣言するものであるとみなしたのである。

たとえば、同じ状況下で同じ犯罪を犯しているのに、ある人は（とくに情状酌量の余地がないのに）無罪放免され、他の人は（とくに合理的理由がないのに）重く罰せられるというようなことがないようにするべきだという原則を宣言したものであると解釈した。法律は国民に平等に課せられるべきであり、法執行者の気まぐれや好悪、政府高官との人的つながりなどの恣意的理由で恣意的な区別がなされてはならないという「法適用上の平等」を宣言するものであると主張したのである。

しかし、憲法一四条がそれだけのことを意味するにすぎないのなら、それは単に法治国家そのものの根本的ルールを表現するにすぎないことになる。法治国家とは何よりも、法が恣意的に課せられたり執行されたりしないということを意味するのだから、これは「法の支配」そのものを表現するものであり、まさにそのような意味での「平等権」はウェステンが言うところの「empty」な権利であるということになろう。法によってある基準にもとづいて等しいとされた人々が等しく扱われ、異なっているとされた人が異なって扱われるのは当然のことであって、それを否定することは「法の支配」そのものを否定することである。

そこで次に非拘束説論者は、一四条一項の後段に注目する。そこでは、人種、信条、性別、社会的身分、門地が列挙され、それらによって国民は差別されないとある。彼らは、これらを理由にした区別は、それ自体が恣意的な区別になるので、法はそれらの基準によって国民を区別して扱ってはならないのであり、一四条一項の後段はそういう意味であると主張した（いわゆる「絶対的平等」論）。つまり、彼らは前段と後段とがそれぞれ異なった権利を規定するものであり、前段が法適用上の平等権を、後段が列挙された基準での差別をされない権利を定めたものだと解釈したのである。だが、このような解釈は、結局、平等を「同一扱い」に等置した上で、それとは整合しない憲法の記述（および現実の状況）を何とかして合理的に解釈をしようとした努力の産物だということである。

したがって、この説に対する批判は、本来は、この解釈が当然の前提としている平等概念、すなわち「同一性としての平等」概念を批判して、「支配・従属関係の廃絶としての平等」こそが憲法一四条一項で語られている平等なのであり、したがって、一四条一項の前段をそのまま適用すれば実定法全般が成り立たなくなるという心配はまったくの杞憂であると言わなければならなかった。そして、そうした新しい平等論にもとづいて、前段と後段との有機的関係を指摘しなければならなかった。

非拘束説に対する的外れな批判

しかし、当時の憲法学者は立法者非拘束説と同じ平等観を信じて疑わなかったので、非拘束説に対する批判はまったく的外れなものになった。まず批判者は、前段の解釈に関して不平等な法を平等に適用しても平等にはならないと批判する。この批判の内容自体は至極当然であるが、そんなことは立法者非拘束説派にもわかりきったことである。非拘束説派は、不合理な差別を公然と行なう法（アパルトヘイト法やジムクロウ法）が存在しても別にいいと言っているのではない。むしろ、そのような馬鹿げた差別的法はすでに存在しないという前提で言っているのである。だから、不平等な法を平等に適用しても平等にならないという批判は、正しいが的外れなのである。

　次に、立法者拘束説は後段の解釈に関しては、なるほど、「人種、信条、性別、社会的身分、門地」によって国民を区別して扱うことは、たいてい恣意的であり、したがって差別になるだろうが、常にそうであるわけではないと反論する。彼らがとくにその例として出すのは「性別」による区別である。戦後憲法の下でも、多くの法律が性別による区別をともなっていた（その多くは今日でも残っている）。それらをすべて撤廃するのは非現実的であるし、憲法の趣旨にも合わないと批判者は言う（実際そうだ）。そこで批判者（拘束説論者）は、憲法一四条は前段も後段も法の適用だけでなく法の内容を含めて平等を言うものであり、そこでの平等は、「等しいものは等しく扱い、異なったものは異なって扱う」という「相対的平等」にもとづくものだと主張した。つまり彼らは、平等とは同一性のことであるという前提を共有した上で、その同一扱いは「相対的なもの」であると「薄めた」のである。

　こうして、立法者非拘束説が、平等を「絶対的平等」として内包的に薄めることなく、その適用対象の範囲を一四条一項の後段に列挙される区別に外延的に制限したのに対して、立法者拘束説は、平等の概念そのものを「相対的」なものとして内包的に薄めた上で、その代わり、適用対象をすべての区別へと外延的に広げたのである（後段の列挙については、基本的に単なる事例の列挙だとみなした）。ちなみに、阿部照哉氏は、この両説について平等の量的制限（立法者非拘束説）と質的制限（立法者拘束説）という対照の仕方をしているが[9]、その趣旨はここでの内包的・外延的という対照の仕方と同じである。

さて、「立法者拘束説」すなわち「相対的平等説」にあっては、法の適用だけでなく法の内容に関しても全般的に、アリストテレス的原理である「等しいものは等しく、異なったものは異なったように扱う」という基準を適用するわけだが、人々をそうやって相対的に区別する際の基準が明らかにされなければ、この命題は容易に差別肯定の論理になってしまう。この説の代表者である宮沢俊義氏は、その基準を「人間の尊厳という民主主義の理念」だと言う。[10] つまり、この理念に反する区別は不合理な差別であって一四条で禁止され、そうではない基準は合理的であって、したがって一四条に反しないという。

こうして宮沢説（これは今では通説である）は憲法一四条の基準をもっぱら一三条的な人格権的基準にもとづかせる。たしかに、平等権は人格権と深く結びついているので、一四条における区別の基準を一三条の尊厳規定に求めることは、一定の意味がある。しかし、問題の解決を全面的に一三条に委ねることで、結局、「同一性としての平等」という観念は無傷のまま維持されることになり、平等論それ自体における内在的基準はなおざりにされてしまった。

こうして、戦後憲法の平等論をめぐる最初の本格的な論争となったこの「立法者非拘束説」論争は、その本来の解決に行き着くことなく、逆に、アリストテレス的平等論を戦後憲法学に確固として確立するという負の遺産を生む結果になったのである。

5 一四条一項の解釈をめぐる種々の論点Ⅱ——金城清子氏の提起をめぐって

戦後すぐに行なわれた平等権をめぐる論争は他にもあるが、ここではもっと後の時代に論争となった議論を取り上げよう。すでに述べたように、戦後すぐの平等権をめぐる一連の論争を経て、一定の通説が確立された後も、平等権をめぐる憲法学界の議論は低迷した。そうしたなか、新たに論争のきっかけを作る一石を投じたのがジェンダー法学者（当時はそんな言葉はなかったが）の金城清子氏であった。

平等権は自由権か社会権か

金城氏は、憲法一四条が単なる「平等原則」を言うものではなく、平等権を規定するものであることを主張する文脈の中で、その権利性を強調するために、憲法一四条の平等権は、「差別からの自由」を意味する自由権的意味を持っているだけでなく、男女格差を積極的に国家の施策によって是正することを求める請求権的ないし社会権的性格をも内包している、すなわちそれは実質的平等をも内包すると主張した。この主張に対しては、金城氏自身の予想にも反して猛烈な反論が憲法学界の重鎮たちからなされた。このときのことを金城氏は後年、次のように回想している。

> 平等権は自由権であるというのが、かつては日本の憲法学の通説であった。一九八四年に全国憲法研究会で、〔私は〕国家が平等の実現に積極的にかかわる必要があり、平等権は社会権として保障していかなければならないと主張したことがあった。その時の、伝統的な憲法学からの反対論は激烈であった。国家権力は悪であり、憲法学の基本は、国家権力をいかに制限するかにある。それなのに、人権の保障のために、国家権力の積極的な介入を要請するなどということは、本末転倒もはなはだしいというのである。当時でも、経済的弱者の生存権などの社会権はすでに日本の憲法学でも、人権のカタログのなかに掲げられていたにもかかわらずである。当時の日本では、国際人権法も、フェミニズム法学もなく、筆者の考え方を補強してくれる論理は皆無であった。[11]

当時の状況を多少誇張している面があるにせよ、この証言は、当時の（そして現在の）主流憲法学界の立場性をはっきりと物語っている。憲法一四条に規定される「平等」をそもそも「実体的平等」と見る立場からすれば、言うまでもなく、同条項を「形式的平等」に限定することはナンセンスであり、この「形式的平等」説が憲法学界の多数説であることは、日本の主流憲法学界の非平等主義的姿勢を如実に示すものである。

また、一四条より以下の諸条項において、明らかに実質的平等に関わる諸規定が存在するのだから、それらの諸権利を包括する位置にある憲法一四条が実質的平等をも内包するのは明らかである。また司法においても、憲法一四条が「実質的平等」を意味するものであるとする判例も実際に存在するのだから（たとえば在宅投票権をめぐる判決）、金城氏の主張のほうがはるかにまっとうであるのは明らかである。

しかしながら、金城氏は、このように正当にも憲法一四条を形式的平等に限定しない解釈を示したにもかかわらず、「平等」の意味そのものについてはアリストテレス的基準を無批判に受け入れていた。そのため、そこで言う「実質的平等」も、実質的に男女を同一扱いする（あるいは、金城氏が強調しているように男女の機会を実質的に同一にする）施策を求めるという意味にならざるをえず、性暴力の根絶に積極的に取り組むという意味での「請求」ではなかった。そのため、批判者から、そのような「実質的機会の平等を求める」という意味での平等権はすでに社会的生存権や教育権や労働三権として憲法によって別途規定されているのであり、あえて憲法一四条に即して社会権的な平等権を強調する根拠はないという反論を許すことになってしまった(12)。

金城氏の議論は結局、独自の権利としての平等権の意義を確立することができず、それを「自由権」（形式的平等）と「社会権」（実質的平等）とに分割してしまう傾向を免れていない。自己の共有する何らかの集団的属性（自然的であれ社会的であれ）を理由にして支配されたり差別されたりしない権利、すなわち平等な社会的地位そのものを保障するものとしての平等権は、それ自体としては自由権の範疇に入るのでも社会権の範疇に入るのでもない。それは時に国家からの自由を必要とするし（法が直接差別的な規定を持っている場合には）、また時に国家からの積極的介入をも要請するのだが（現実の不平等が深刻である場合には）、それ自体は自由権に入るのでもなければ社会権に入るのでもなく、両者にまたがり、両者を媒介する独自の権利範疇なのである。

平等権か平等原則か

金城氏の議論でより強く批判の対象とされたのは、氏が「平等原則」よりも「平等権」を強調したことである。一九七〇年代およびそれ以前は、「平等権」と「平等原則」とはあまり自覚的に区別されずに、かなりちゃんぽんに使われていた。しかし、金城氏が憲法一四条は単に「平等原則」を定めただけではなくて、「平等権」を定めたのであると強調したことで、この二つの区別と連関という問題が憲法学において自覚的論争の組上にのぼることになった。そして、当時ないしその後、多くの憲法学者が金城批判を行なったことは、[13]はしなくも、日本の憲法学界が「平等権」という概念に恐ろしく否定的であることを暴露する結果になった。批判者たちは、「平等原則」で十分であって、それと「平等権」とを区別して後者を強調することに意味はないと主張した。

だが、ある事柄が、単に「原則」であるだけでなく、明確にすべての市民ないし国民に保障された「権利」ないし「人権」であると規定するほうがより強固で正当な基盤を持つことになるのは明らかである。だからこそ、そもそも、「権利」ないし「人権」という言葉が発生したのであり、そして今日、それらの言葉がきわめて強固に定着しているのである。

その理由は明らかだろう。「原則」はかなり融通無碍なものであり、「原則」は常に例外を伴う。またそれは個々の市民の手からは離れて存在する法ないし国家のルールというニュアンスを強く持っている。

あることが単なる「原則」ではなく、国民に保障された「権利」ないし「人権」なのだと観念されることで、それをより強く主張することができるし、そう簡単に侵害されない強固性を帯びるのである。それはなぜか？　それは、「権利」ないし「人権」には、そもそも「正当性」および「正統性」という観念が不可分に結びついており、またそれは個々の国民ないし市民に保有されている、あるいは人々に内在している何かであるという観念と結びついているからである。それに対して「原則」は、本源的に正当である場合もあれば、単なる技術的ルールである場合もある。そしてそれは、個々の国民ないし市民が保有する何かではなく、国家の側の規範、ないし法の運用ルールであるにすぎない。比喩的に言えば、「原則」が「権利」として概念化されることで、それは空中を漂う曖昧な何かから、地上ないし個人に深く食い込む固定された実体的なものになるのだ。

したがって、平等権の場合だけ「平等原則」で十分であると主張するのはきわめて首尾一貫しない恣意的な議論である。平等権を平等原則と言いかえても何の問題もなく、それで失われるものは何もないなら、他のあらゆる権利についても、「〜原則」と言い換えるべきだろう。社会的生存権ではなく、国民生活への国の配慮原則とでも言い換えるべきだし、平和的生存権は外交の平和原則とでも言い換えるべきだろう。参政権は国民の政治参画原則とでも言い換えるべきだし、自由権は、国家権力が国民の自由に不当に干渉しない原則とでも言うべきだろう。つまり、平等権を平等原則と言いかえても何ら問題がないのなら、そもそも権利概念そのものが無用になるのである。このような議論は、平等権を否定するものであるだけでなく、権利概念そのものを否定するものであり、日本国憲法を含む現代憲法そのものを否定するものである。よりにもよって憲法学者が、権利概念そのものとそれを保障する憲法そのものを否定するような論理を安易に展開するとは実に驚くべきことである。

先に述べたように、「原則」というのは、それが原理的に正当性を帯っている場合にも、単なる技術的ルールである場合にも存在しうる。では、原則が原理的に正当性を持っているのはどういう場合だろうか？　それは明らかである。それがある正当で重大な権利を保障するのに必要な原則である場合である。すなわち、平等原則はそもそも「平等権」から発生し、それによって根拠づけられるのであって、その逆ではないということである。平等原則が重要であるのは、それが平等権によって要請される原則だからである。したがって、このことからして、「どちらでもいい」論者がよく言う、平等原則ではなく平等権と言わないと裁判規範性などに関して根拠づけられない何かがあるのかという問いは意味をなさない。なぜなら平等権こそが平等原則を根拠づけているからである。それゆえ、平等権でもって言えることのいっさいは平等原則でも言えるのは当然であり、そのことをもってどちらでもいいというのは、鏡は本体を正確に写しているのだから本体は必要ないと言うのと同じである。

平等権によって本源的に根拠づけられるのではない平等原則が何かあるとすれば、それはまさにウェステンが「empty」であるとした同義反復的な均等原則、すなわち「等しいものは等しく扱い、異なったものは異なったように扱う」という原則だけであろう。

さらに、この問題に関しても憲法内在的に解釈する必要がある。憲法一四条はいったいどこに位置するのか？　それは、「第三章　国民の権利及び義務」という章の中に存在する。すなわち、国民の権利を定めた中に登場するのであり、しかも、具体的な権利が列挙されはじめる第一三条（個人の尊重と幸福追求権）の次に登場するのである。つまり憲法は、一四条の平等権を、「国民の権利」として二番目に挙げているのであり、きわめて高い位置づけと意義を付与しているのは明らかである。憲法がここまで高い位置づけを明示的に与えている「権利」をあえて「原則」と言いかえるのは、明示的に戦力保持を禁止している九条二項を自衛のための戦力は許されると「解釈」するのと同じぐらい反動的で退行的な解釈であろう。

6　一四条一項の解釈をめぐる種々の論点Ⅲ——平等権は「empty」な権利か？

以上見たように、金城氏の提起は憲法学界に深く染み込んでいた男性優位主義的でエリート主義的な平等認識をはからずも浮き彫りにすることになった。そして、この提起が起こした余波は、まさに平等権をめぐる根源的な問いを引き出すことになった。それが、平等権はウェステンの言う「empty（空虚）」な権利なのかという問題である。

奥平氏や浦部氏をはじめとする主要な（しかも「左派」の）憲法学者はみな次のように言う。平等権というのは実体のない「empty な権利」である、なぜなら平等の侵害というのは、ある人々に与えられている何らかの実体的権利（たとえば投票権）が他の人々には否定されている場合に生じる事態なのだから、それはその実体的権利の侵害とみなせばいいのであって、それに追加して「平等権の侵害」と言う必要はない、何らかの実体的権利が侵害されていないのに単に差別扱いをされただけで侵害される権利というのは単なる「主観的権利」にすぎない、と[14]。

この主張は、主流憲法学の平等観をはっきりと示していて興味深い。この議論は、まず第一に、他に侵害される実体的権利がなければ平等権の侵害がそもそもない（あるいは単なる主観的なものである）とする論理であり、本質的に「分離すれど平等」論と同じレベルの議論である。第二に、他の実体的権利が侵害されている場合にはその実体的権利の侵害問題だけを主張すればいいという論理は、具体的な歴史と現実を見ない空論である。まず、第一の点から見てみよう。

黒人差別が深刻なアメリカ南部において、黒人施設と白人施設というように人種隔離がなされていた時代に、それを正当化するために用いられた論理が、この「分離すれど平等」論である。「分離すれど平等」とは何か？　それは、白人と黒人とを分離していても、それぞれの施設（たとえば電車の車両や学校）が同等であるならば、それはただ白人と黒人とを「分離している」（区別している）だけであって、黒人のいかなる実体的権利も侵害していないから「平等」であり、分離されることで黒人が傷つくとしても、それは単なる主観的なものにすぎず、憲法によって救済されるべきものではない、とする理論である。

この主張は要するに、「平等権」以外のいかなる実体的権利も侵害されていない場合には平等であるという自己反駁的・自己矛盾的議論である。この命題のままだと矛盾がはっきりするので、彼らは、したがって平等権なるものは存在しないのであり、それはemptyであって、単なる原則、あるいは単なる主観的な権利にすぎないと言うのである。

マッキノンはその「ブラウン判決はどう書かれるべきであったか[15]」という論文の中で、こうした議論を徹底的に批判している。彼女がこの論文を書いたのは、人種隔離された学校を違憲と判断した有名なブラウン判決が、「分離すれど平等」論を批判しながらも、その批判を徹底することができず、「同一性」としての平等論を採用していたため、単に分離するだけでも黒人の子どもたちを傷つけ、自尊心を引き下げ（つまり「主観的権利」の侵害論）、学力を低下させ、十全な教育を受ける権利を侵害している（他の実体的権利の侵害論）という論理を立てたからである。人種分離が黒人の子どもたちを傷つけるのは、単に主観的な受け取りの問題ではなく、その分離が実際には、「人種隔離」であり、黒人を白人よりも劣等な人種であると位置づけ、そうした劣等な地位を社会的に強制する行為だったからである。客観的で現実的な不平等の実践が自尊心を傷つけているのであって、それは単に主観的なのではない。また、実際に人種分離された学校施設は物質的にも貧弱であり、黒人の教育権を実体的にも侵害していたが、それは学校の人種隔離をその不可欠の構成要素とする人種的不平等の構造がそうした権利侵害をもたらしたのであって、平等権の侵害とは別に何か他の実体的権利が単独で侵害されたのではない。

人種的に分離された教育施設の本質は、単なる分離ではなく、黒人に対する不平等な地位の社会的強制なのであり、まさに実体的権利としての平等権そのものの侵害にあるのである。ブラウン判決はこの核心に接近しながらも、そこに達することができなかった。それゆえマッキノンは、もし自分がブラウン判決時の最高裁判事であったらどういう判決文を書いたかというテーマのもとに、あの論文を書いたのである。

以上のことから明らかなように、奥平、浦部両氏を筆頭とする主流の左派憲法学者たちの「平等権＝empty」論は、本質的に「分離すれど平等」論と同じなのである。違うのは、「分離すれど平等」論を唱えたのが二〇世紀前半における（つまり一〇〇年近く前の）アメリカの人種差別主義者であったのに対して、今日、同じ論理を繰り返しているのが、二〇世紀後半から二一世紀にかけての日本の左派憲法学者であるという点だけである。

他方、ほとんどすべての憲法学者が共有している「等しいものは等しく」云々の平等論は実際にemptyであり、同義反復である。彼らは、「分離すれど平等」レベルの平等論を唱えつつ、「だから平等権はemptyなのだ」とうそぶいているのである。

ところで、日本の反動的司法といえども、しばしば、このような「分離すれど平等」論を超えた平等認識を示している。その典型例が、かの有名な日産自動車の男女別定年制を民法九〇条の「公序良俗」違反と判決した一九七三年の最高裁判決である。まず、それ以前の地裁判決において、男子の定年を五五歳、女子の定年を五〇歳と定めた就業規則について、次のように述べられていた。

被告会社の男子従業員と女子従業員の定年年齢の差は五年に過ぎないが、その差の大小にかかわらず、このような差を設ける合理的理由の存在は必要なのである。その差が小であるからといって、合理的理由があるということにはならない。逆説的に言うならば、その差がわずかであればあるだけ、それを必要とするだけの強力な理由の存在が要求されるのである。[16]

この判決が示しているのは、男女の定年の差が小さければ小さいほど、かえって、それを正当化する強固な理由が必要になるのであり、したがってそうした強固な理由が存在しないならば、それは不当な差別だというものである。定年差が小さければ小さいほど、ということはすなわち、平等権以外に侵害される他の実体的権利（ここでは五五歳まで働く権利）が小さければ小さいほど、ということである。もし平等権以外の実体的権利の侵害だけが重要ならば、定年差が小さければ小さいほど、女性の側が侵害される権利は小さくなるはずであり、したがって重要ではない、ということになるだろう。しかし、この東京地裁判決はそのようには判断しなかった。むしろ逆の判断をした。これはつまり、差別されること自体によって侵害される実体的権利、すなわち平等な社会的地位を保障するものとしての平等権がそれ以外の実体的諸権利とは別に確固として存在しており、しかもそれが重要な権利であることを語っているのであり、したがって、他の権利侵害の度合いが小さくなればなるほどむしろこの平等権それ自体の存在が、したがってそれの侵害が重要になると判断しているのである。

さて、この地裁判決を受けた最高裁の判決は、この点をなおいっそうはっきりと物語るものになっている。実を言うと、この地裁判決以降に会社側が男女の定年をそれぞれ五歳引き上げて、男性を六〇歳に女性を五五歳にしていた。さて、平等権以外の実体的権利の侵害だけが重要であるという立場に立つならば、この五歳引き上げによって、少なくとも最初に差別を訴えた時点で侵害されていた権利はすでに回復されていることになる。なぜなら、最初に裁判を提起した時点では男性も五五歳までしか働けないのであり、その時点で女性従業員が侵害されていた権利は五五歳まで働く権利でしかなかったからである。そして今では女性は五五歳まで働けるようになった。もはや裁判をする必要はなくなったはずである。会社側もそう考えて、一審を不服として上告しておきながら、定年を五歳ずつ引き上げたのである。だが原告はそう考えなかったし、最高裁もそのような判断を下さなかった。最高裁はこう述べている。

上告会社の就業規則中女子の定年年齢を男子より低く定めた部分は、もっぱら女子であることのみを理由として差別したことに帰着するものであり、性別のみによる不合理な差別を定めたものとして民法九〇条の規定により無効であると解するのが相当である。(17)

つまり最高裁は、女性の定年年齢が男子より五年低いことによって六〇歳まで働くという実体的権利が侵害されたことに重きをおかず、そうした差を設けること自体が不合理な差別であって、したがって公序良俗違反であり無効であると判決しているのである（憲法一四条ではなく民法九〇条を持ち出している点については、後述する「私人間効力問題」を参照）。これは言い換えれば、男性従業員よりも差別されていること自体が重大な（そして実体的な）権利侵害であるとみなしていることを意味する。原告も（そして保守的であるはずの）最高裁も、差別されない権利を単なる主観的権利だとして軽視しはしなかったのである。

平等権と実体的権利

次に第二の点を見ておく。奥平氏は、平等権が侵害される時は他の何らかの実体的権利も侵害されるのだから（たとえば黒人だけ投票権を否定される場合には、投票権が侵害されている）、その侵害された実体的権利だけを問題にすればいいのであり、それに加えて平等権の侵害を持ち出すのは無用であると主張する。つまり、平等権の侵害の主張は、屋上屋を重ねるものだというわけだ。

しかしこれは一般に、何らかの権利が侵害された時、他の権利も同時に侵害されている場合には、それについても主張するのは権利論からしても当然であり、法廷での戦略上も必要であろう。実際に複数の権利が侵害されたのなら、その侵害された権利のすべてを列挙するのはあまりにも当然である。私が暴漢に襲われて怪我をして、仕事をやめざるをえなくなったとしたら、身体の不可侵性という権利（人格権の一部だ）が侵害されたというだけでなく、勤労する権利（生存権および労働権だ）も侵害されたと主張するだろう。どちらか一方の権利の侵害だけを言えば告発できるのだからどちらか一つだけで十分だというのは、まったく馬鹿げた権利論である。「三本の矢」どころか、矢は常に一本でなければならないらしい。

だが奥平氏の主張は、単に馬鹿げているというだけではなく、もっと深刻な問題をはらんでいる。なぜなら、たとえば黒人であるという理由で投票権が否定されている場合、その権利侵害の本質は、けっして投票権の侵害そのものではなく、平等権の侵害だからである。その人が投票権を奪われたのは偶然でもなければ、恣意的でもなく、他ならぬ黒人であるという理由からなのだから、この権利侵害の本質は人種差別であり、平等権の侵害なのである。この差別が、この権利侵害がなければその人は何の支障もなく投票できたはずだ。したがってまた、その人の投票権だけを形式的に実現しても問題は真には解決しないことがわかる。平等権そのものが回復しないかぎり、今後も別の形で種々の権利が侵害され続けるだろう。

たとえば、私が先に挙げた例である、暴漢に襲われた場合を考えてみよう。もし私が暴漢に襲われた理由が、たまたまその暴漢の目についた不幸な偶然であるのだとすれば、私が主張しうる権利侵害は身体の安全や勤労の権利などだけであろう。だがそうではなく、たとえば私が同性愛者であるから、あるいはアジア人であるから襲われたのだとしたら、どうか？ その場合、怪我という権利侵害の深刻さや仕事を失ったという権利侵害の深刻さはどちらも、差別そのものの深刻さを示すものに他ならない。したがって、その人の怪我が治り、別の仕事を見つかりさえすれば、権利回復されるということにはならないだろう。差別があり続けるかぎり、いつどこで同じような被害に遭うかもしれず、また同じ集団に属する他の誰かが同じような権利侵害を受け続けるからだ。

したがって、奥平氏のように、平等権以外の実体的権利の侵害だけを主張すればいいという議論は、この権利侵害の本質、その社会的系統性と普遍性、その歴史的根源と持続性とを、したがってその真の深刻さを決定的に無視し、否定するものである。それは、権利侵害が起きるその根源を無視して、その結果だけを、しかもその一部だけを問題にするものである。

平等権の侵害は、ある決定的な点で他の個別的権利侵害と異なる。それ以外の権利侵害は、直接に侵害される権利のみを侵害する。しかし、平等権を侵害することは、それが国家の行為によってなされるのであれ、私人の行為によってなされるのであれ（もちろん前者の場合のほうがより深刻だが）、人間としての、市民としての、人（person）としての地位そのものを否定する行為であるから、市民ないし人間としてその人が本来有しているいっさいの権利をも同時に否定することができるのである。それは、ハンナ・アーレントが言う「権利を持つ権利」を否定する行為である。それは、あれこれの人格権を侵害するのではない。人格権そのものを否定し、人格であることを否定する。それは、あれこれの主〓権を侵害するのではない。それは生存する権利そのものを否定する。したがって、平等権にあらゆる実体的諸権利の根であり、土台であり、発生源である。まさに、根を枯らせば、幹も枝も葉も花も実もすべて枯れるのであり、平等権が否定されれば、すなわち平等な人間性が否定されるなら、そこから派生するあらゆる諸権利も（形式的であれ実体的であれ）否定されるのである。その意味で、平等権は実体的ではない権利であるどころか、最も実体的な権利であると言ってもよい。

そして問題は、直接に権利侵害されたその人の問題にとどまらない。黒人のタクシー運転手ロドニー・キング氏をリンチした白人警官たち[18]は、単にこの運転手のあれこれの権利を侵害しただけではない。この行為を通じて、彼らはすべての有色人種の平等権をも侵害したのである。だからこそ、この映像を観たアメリカの（ひいては全世界の）黒人たちは怒りを感じ、立ち上がったのである。ある個人の平等権を侵害する行為は、社会に存在する不平等の構造という運河と無数の水路を通じて、その構造の下方にいるすべての人に被害をもたらす。それはちょうど、川の上流で毒を垂れ流す行為と似ている。その毒を撒いたのが国家だろうと、一私人（たとえば企業）であろうと、その川の下流にいるすべての人が被害をこうむるのだ[19]。

このように問題が構造的で歴史的であるからこそ、国連は差別問題を繰り返し条約や宣言や勧告で取り上げているのである。なぜ、誰であれ人を殴るのはやめましょうという決議を挙げるのではなく、「女性に対する暴力撤廃」の決議を挙げるのか？　このことは奥平理論では絶対に説明できない。奥平理論では、たまたま誰かが殴られた事件も、妻が家庭内で夫に系統的に殴られる事件も完全に等価である。むしろ、女性に対する暴力だけをことさらに問題にすることは、奥平理論にもとづけば「男性差別」と糾弾されかねないだろう（実際、女性専用車両をめぐって多くのミソジニストはそう主張している）。

「法の支配」と基本的人権の内在的要請

さらに奥平氏は、基本的人権（奥平氏は基本的に自由権だけをそこに数えている）というのはそれ自体で一種のコスモスを形成しており、その基本的人権の享受の点で差別されてはならないというのはこの基本的人権そのものの内在的要請であるから、憲法一四条の出る幕はないとも主張する。[20]

この論理は興味深い。ウェステンが「等しいものは等しく」云々の「形式的平等」論について適用した論理を、奥平氏は、より実体的な基本的人権の享受における不平等にもあてはめているわけである。

ウェステンの主張は、法の一般的な同一扱いと区別扱いに関してはあてはまる議論である。法は当然にも、何らかの基準にもとづいて人々を区別し、その区別の範囲内で人々が同じであれば（たとえば同じ轢き逃げ犯であれば）、同じように扱われる（逮捕され起訴される）のは当然である。この要請は「法の支配」そのものに内在する要請である。ところが、実体的な基本的人権に数えられている諸権利に関しては、このウェステンの論理はしばしば適用されてこなかった。一見すると、法一般よりも、基本的人権として想定されている諸権利のほうが、その普遍妥当性に関する内在的要請、すなわち差別なしに享受されるべきであるとする内在的要請はより強固であるように見える。なぜなら、「基本的人権」という名称からして、それは「基本的（fundamental）」であって、しかも人間であるかぎり享受されるべき「人権（human rights）」なのだから。にもかかわらず、より単純で技術的な法的規定よりも、この「基本的人権」として包括される諸権利のほうが、その普遍妥当性を歴史的に否定されてきたのである。実際、歴史上、ある特定の集団にのみそうした諸権利が保障され、別の集団には否定されてきたのであり、それはけっして偶然的でも恣意的でもなかった。

なぜ法一般の同一扱いと区別扱いに関しては法の内在的要請ということで処理していいのに、「基本的人権」として今日観念されている諸権利の享受に関しては――言葉の上ではそちらのほうが普遍妥当性をいっそう保障されているように見えるのに——それがあてはまらないのだろうか。それはつまり、社会的不平等の強固な構造が存在し、その構造において利益を得ている人々、すなわちその構造の中で支配的地位を占めている人々が、国家権力を含む権力を行使することができ、法そのものを歪め、自分たちに権利と利益が特権的に配分されるよう仕向けてきたからである。つまりこれは、奥平氏が否定しようとした当の平等の問題そのものに行き着くわけである。

たとえば、国家権力が、交通ルール違反者を恣意的に区別して、ある違反者を法の規定に反してより重い罰を課し、別の違反者を無罪放免するという事態を真剣に想定することができるだろうか？　もしそういうことが実際にあったとすれば、重罰を課された人は実際にはたとえば政府に反対する活動家であったとか、無罪放免になったのは権力者の身内であったというような、あるいは重罰を課された者は貧乏人で、無罪放免になった者は大金持ちで与党に献金していたというような、現実の不平等構造に関わる場合か、警察や司法そのものが完全に腐敗していて、最低限の法的公正さささえまともに実行できない場合だけであろう。曲がりなりにもまともな法治国家を前提とするかぎり（もちろんそうでない国家は実際に存在するし、今では日本もそうなりつつあるが）、そうした不平等構造とはまったく無関係に、法がまったく恣意的・偶然的に適用される事態を想定するのは非現実的であるし、少なくとも憲法問題としては重要ではない。したがってここではウェステンの想定（法そのものの内在的要請としての平等扱い）が妥当する。

ところが、歴史においては、憲法で種々の立派な権利を謳っておきながら、その享受において根本的な諸差別が存在し続けたのであり、そのような差別はすべての国に見られるほど普遍的であり、しかも簡単には克服できないほど強固なのである。なぜか？　法一般に関してはそのような「恣意性」は少なくとも普遍的には存在しないのに、なぜ基本的人権とされている諸権利の享受に関してはそういうことが普遍的に起こってきたし、今も起こっているのか？　その答えは簡単である。そのような「恣意性」は、社会的な不平等の構造によって要請されたのであり、したがってけっして「恣意的」ではなく「法則的」だからである。「普通選挙権」が標榜されながら、かつては女性や黒人の選挙権は系統的に奪われてきたし、今日でも在日コリアンの場合のように奪われ続けている。基本的人権の麗しき「コスモス」性やその「内在的要請」なるものにもかかわらず、こうした事態が普遍的かつ歴史貫通的に起きているからこそ、憲法一四条のような平等権規定が必要だったのである。「抽象的真理は存在しない。真理は常に具体的である」。

　だが、もっと問題を深く考察してみよう。そもそも、何らかの要求が「基本的人権」としての資格を得ることができたのは、平等権のおかげなのであり、その平等を現実のものにしようとした無数の人々の努力のおかげなのである。だから、奥平氏のように、「基本的人権」の存在をアプリオリに前提した上で、その普遍妥当性が内在的要請だから独自の権利としての平等権は不要であるというのは、因果関係がすっかり逆転した転倒した論理なのである。

　たとえば、投票権なるものが、男女問わず、あるいは白人黒人を問わず普遍的権利である（つまりは基本的人権である）という認識そのものが、歴史的には平等権から、あるいはより厳密に言えば社会的平等をめざす被抑圧民衆の闘争から生まれている。かつては投票権は普遍的権利などではなく、政治をつかさどる特殊な高い能力を持った専門家か「富と教養をもった人々」の特権でしかなかった。政治も投票も権利ではなく、特殊な職務であり技能だった。それを普遍的権利にしたのは実体的な平等権の成立であり、それを要求した人々の闘争であった。今日ではすでに投票権が普遍的権利であるという認識が定着してしまっているために、そうした「普遍性」を可能とした生みの親たる「平等権」はもはや必要ないと言われているわけである。何という恩知らずだろうか。だが、れた特権でしかなかったもろもろの行為をより普遍的な「権利」にし、ついには「基本的人権」へと引き上げたのは平等権なのである。

そして、いったんある事柄が「基本的人権」の資格を得ることができれば、すでに述べたように、「基本的人権」という名称のもつ普遍性からしてすべての人に享受されるべきであるという内在的要請が生じるのは、ある意味で当然である。だが、そのような内在的要請は、それが基本的人権の地位を獲得する以前にはなかったのだ。

平等権と社会的生存権

さらに奥平氏は、日本国憲法は合衆国憲法と違って社会的生存権（以下、生存権と略記）やその他の社会権が憲法で保障されているので、アメリカのように生存権のような社会権を正当化するのに平等権に依拠する必要はないのだと主張し、「あえてもう一回ボールを蹴り直して、憲法一四条まで戻すのは、無意味なこと」であると述べている(21)。

アメリカで平等権が社会権を正当化するために用いられているという事実はまさに、平等権が（憲法一三条の人格権と手を携えつつ）社会権をはじめとする他のすべての権利の根拠規定であり、その正当化の論理となりうるより本源的な権利であることを示唆するものであり、したがって、平等権の重要性をはっきりと示すものであるのだが、それが奥平氏の手にかかると、平等権が無用である理由にされるのである。平等権と人格権は、木にたとえるのなら、根や幹に相当する権利である。この両者があることで、木は枝を伸ばし、葉を茂らせ、花を咲かせ、実をつけることができるのである。ところが、奥平氏は（そして他の多くの憲法学者も）、もう実がついているのだから幹は重要でないとみなして、幹を切断しようとする。何と立派な園芸家であることか！

しかし、実際には繰り返し「ボールを蹴り直す」ことが必要なのである。現在ある憲法が永遠に不滅だと思っているのなら笑止千万だ。今日、憲法は文字通り危機に陥っている。新自由主義のもとで生存権をはじめとする社会権は日々切り縮められ、侵害されている。そういう状況のもと、単に憲法に生存権が書いてあるから生存権を守れ、というだけでなく、なぜ生存権がそもそも重要なのかを、平等権（と人格権）にまでさかのぼって歴史的にも現実的にも説明し繰り返し正当化する必要性はますます重要になっている。このことを否定するのは、新自由主義者の水車に水を送ることを意味するだろう。

7　一四条一項の解釈をめぐる種々の論点Ⅳ——憲法の私人間効力

最後に憲法の私人間《しじんかん》効力をめぐる論争を取り上げよう。この論争それ自体は、憲法全般の効力について論じるものであるから、平等論だけに関わる論争ではなく、現代憲法そのものに、そして立憲主義をどのように理解するかという憲法観そのものに関わる問題である。それにもかかわらず、この問題も結局は、平等ないし不平等をどのように把握するかということと深く関係しており、平等論が論争の核心に位置している。

まずこの論争の大まかな構図について説明しておく。憲法は基本的に国家および法の諸原則を定めたものであり、国家と市民との関係において国家を名宛人にして国家の諸行為を厳格に縛ることで市民の権利と自由を保障する基本ルールであるとみなされている。この点については多くの人が異論のないところであろう。問題は、憲法の役割をこの点にのみ限定するのかしないのか、すなわち、憲法がたとえ第一義的には国家を縛る基本ルールであることを認めたとしても、それだけに還元できないのであって、現代社会においては、すべての国民の基本的人権をも保障するものであるのだから、私人間においても憲法が効力を持つのではないかという議論が当然にも出てくる。

実際、多くの人権侵害は国家によってではなく、私人（たとえば民間企業や民間教育機関など）によってなされるのであり、その際に、憲法はどのような役割を果たすのかということが問題になる。日本国憲法を素直に読めば、憲法の役割が国家を縛るだけでなく、一般にすべての国民の基本的人権を保障しているのだから、私人間でも憲法の諸規定は何らかの形で効力を発揮すると解釈するのがごく自然で、論理的にも必然的であるように思えるが、近代立憲主義のドグマに深くとらわれている憲法学者たちは、市場の自立性を信奉する新古典派経済学者と同じく、自分たちの業界的常識を振りかざして、そうした自然な解釈を否定しようとする。こうして、憲法の私人間効力をめぐる論争が勃発したのである。

主要な三つの説

基本的な説は、通説に従えば次の三つである。

一、無効力説……憲法は私人間にはまったく効力を持たないとする説であって、現在では高橋和之氏が最も精力的に主張し、しだいにその支持者が増えている一九世紀的憲法論にもとづくものである。

二、間接効力説……憲法学界の通説であるとともに、司法が採用している論理であり、憲法の規定（とくに憲法一四条）は直接には私人間に効力を持たないが、種々の実定法は憲法に制約されるのであり、その法律にもとづいて、とりわけ私法に関しては民法九〇条にもとづいて、憲法の効力が間接的に私人に及ぶとする説である。先に紹介した日産自動車女子若年定年制を無効とした判決においても、直接憲法一四条を持ってきてそれを無効としたのではなく、憲法一四条によってその内実が解釈される民法九〇条の「公序良俗」規定に違反するという論理でもって無効を宣言している。

三、直接効力説……憲法は単に国家を縛るだけでなく、普遍的に国民の基本的人権を保障しているのであり、それを侵害する行為がたとえ私人によってなされたとしても、それは憲法の規定にもとづいて審査されうるのであり、またそのような憲法の規定を実体化するための法律を立法府が積極的に制定することを要求しうる、という説である。日産自動車の差別を訴えた原告をはじめ、実際に企業内での差別を訴えた労働者たちは、民法九〇条を持ち出すのではなく、直接に憲法の規定を持ち出しており、これらの人々は事実上、直接効力説に立っていたことがわかる。

　同じく、女性差別撤廃条約や女性に対する暴力撤廃宣言やその他の類似の国際条約もまた、私人間の暴力や差別行為に関しても国家が取り組む責任を明示しており、国家が不作為である場合（すなわちそうした暴力や差別を是正する法律が存在していないか、形式的に存在していても適切に執行されていない場合）には、国内で必要な努力をした上でだが、個人通報制度を通じて、国際司法機関に被害者が直接訴える権利を認めており、直接効力説的な発想をしているのは明らかである。だが、戦後憲法の直後にはこの説は比較的多かったが、一九世紀的な近代立憲主義の復活とともに、しだいに衰退し、現在では少数説になっている。

社会の不平等と憲法の効力

　さて、われわれの実体的平等論からするなら、いかなる説が妥当とみなされるだろうか？　まずもって、第一の説である「無効力説」は問題になりえないだろう。そもそも、近代立憲主義、ないしそれにもとづくこの私人間無効力説は、西欧社会において、不平等のヒエラルキーがただ国家と市民一般との間にしか認識されていなかった時代の産物である。もし市民社会が完全にフラットな存在で、それを構成する諸市民の誰もが同程度の権力と地位を持っているのなら、私人間で何らかの権利侵害があったとしても、それを自力救済するのは容易であろう。たとえば、まったく同等な地位にある自分の友人どうあいだで何かトラブルが生じた場合のことを想定すればよい。

つのした行為は憲法違反だ！」などと訴えるのではなく、その友達とのあいだで話し合いなどを通じて私的に解決するだろうし、あるいはどんなに話がもつれても、せいぜい不法行為で民事訴訟に訴えるだけだろう。

もしどの市民もここで想定されているような対等な関係にあるとしたら、そういう社会においては、市民間のトラブルは基本的に話し合いなどを通じて自力救済され、その市民を圧倒するような何らかの権力は国家しか存在しないのだから、この国家による権利侵害さえ憲法上規制されれば、市民の権利は十分に保護できることになる。したがって近代立憲主義において憲法の私人間無効力説が国家の最高法規としての憲法の意味を無化することがなかったのは、社会が国家と市民一般という二つの層だけから構成され、両者の間にあるヒエラルキーだけが唯一の不平等の構造であるという社会的・イデオロギー的擬制のおかげであった。

そしてこの擬制は、富や権力も持たない諸階層（労働者、女性、有色人種、先住民、等々）がそもそも「市民」に数えられていないという根源的排除にもとづいていた。これらの人々はそもそも「市民」ではなかったのだから（しばしば「人間」でもなかった）、市民間の構造的不平等も問題にならなかったのである。

だが実際には、近代立憲主義が支配的であった時代も、そして現代においても、社会は国家と市民一般という二つの層で構成されているのではなく、少なくとも、国家－強い市民（市民の中の相対的権力者）－弱い市民（市民の中の相対的無権力者）という三つの層によって構成されているのであり、市民内部のヒエラルキーは、国家と市民一般との間にあるヒエラルキーに勝るとも劣らぬ堅固さを有しているのである。社会がこのような不平等な構造をとっているときに、憲法の効力が国家および市民一般に向けられた法に対してのみ及ぶと仮定するならば、市民の中の下位に位置づけられている人々の人権が上位の市民によって侵害された場合には何ら救済されないことになる。なぜなら、自力救済できるほどの権力を下位の人々はそもそも持っていないからである。

しかも、市民の中の強者、権力者は、その強い地位のおかげで、国家に対する支配力をしばしば発揮することができるし、実際に発揮しているので、実は、国家との関係に関しても、下層市民よりもはるかにその権利が国家に侵害されることが少なく、かつ侵害された場合により保護されやすい。逆に、下位に位置づけられた人々は、その低い地位ゆえに、国家からの権利侵害によりさらされやすく、かつ国家による侵害からの保護によりアクセスしにくい。つまり、近代立憲主義とそれにもとづく憲法の私人間無効力説によるなら、最も憲法による保護を必要とする人々には憲法という浮き輪が最も与えられず、彼らの背中に乗ることで海の上に顔を出していられる人々にのみ浮き輪が与えられることになる。

以上から明らかなように、憲法の無効力説はそれ自体がまさに、不平等を推進するものであり、不平等な社会構造の一翼を担うものに他ならない。

間接効力説の問題

では間接効力説はどうか?[22] これは、近代立憲主義の建て前を維持しつつ、かといって現実の不平等という圧倒的な社会的現実を無視するわけにもいかないので、近代立憲主義を維持するという理論的体裁をとりながら実質的に憲法の恩恵を下層市民にも享受させようとするものである。それはちょうど、「平等=同一性」という体裁を維持しつつ、現実に存在する実体的不平等を緩和することに資する形で現実の差異を考慮しようとした「相対的平等」論と同じである。しかし、根本的に間違った前提を共有しているので、どうしてもそれは中途半端に[illegible]、理論[illegible]。

たとえば、間接効力説論者は「下位に位置づけられた市[illegible]権利を擁護したければ、そのための具体的な立法（たとえば労働基準法や男女雇用機会均等法のような）を制定すればいいのであって、それこそが議会制民主主義の趣旨に合致する態度だろうと言う。あたかも、直接効力説論者がそういう努力をいっさいせずに、ただ直接に憲法だけを頼りに司法救済を求めているかのようである。実際には、下位に位置づけられた人々の権利を守る運動をしている人々は常に、権利保護の立法をつくる努力もしている。しかしながら、不平等の構造そのものが、そのような立法努力を著しく困難にしているのである。ちょうど「表現の自由」権の優越性を主張する議論として、表現の自由（この場合は実際には「表現の自由」一般ではなく、時の政権を批判する自由のことだが）が侵害されたら、立法過程そのものが歪むので、立法による救済が不可能になり、それゆえその自由は優越的に保障されなければならないという論理が取られているのと同じく、いやそれ以上に、市民社会の中に存在する不平等の構造は、最初から立法過程を強者に有利なように歪めているのであり、したがって、下位の人々にとっては立法による救済が最初から著しく困難になっているのである。そういう場合に、直接憲法に頼って司法による救済の道を理論的に閉ざすことは、強い市民によって海の下に顔を沈められている人々を黙って見殺しにすることと同じである。彼ら・彼女らはそもそも立法過程を利用しうる前に、海から顔を出す可能性が与えられなければならない。

さらに、直接憲法を頼りにして司法救済に訴えることは、立法過程を促進する役割も果たす。司法が、たとえば一九六〇年代のアメリカのウォーレン・コートのように進歩的な場合はなおさらそうだが、たとえそうでなくても、司法に訴えることそれ自体が世論を喚起することになり、その問題への関心を高め、立法過程を促進することになる。典型的には、嫌煙権運動がそうだ。嫌煙権を求めて司法に訴えた原告はすべて裁判で敗訴したが、それにもかかわらず、世論を動かすことに成功し、当時の日本社会を分煙社会へと前進させることができた。

　間接効力説の問題はさらに、直接効力説を批判する論理が結局、無効力説と同じ近代立憲主義に、すなわち強者の論理に立脚せざるをえないことである。無効力説派も間接効力説派も、直接効力説に対する批判の論理はおおむね同じである。

平等権に媒介された「私人間効力説」

　以上見たように、憲法の私人間効力をめぐる三つの説のうち、第一の説はとうてい採用しがたく、第二の説ははるかにまっとうだが、それでも中途半端であることが明らかになった。どちらも、二〇世紀後半以降の現代憲法の構造と精神に十分合致しない。では、結局、第三の説が正しいのだろうか？　だが単純にそう言うことはできない。なぜなら、先ほど述べたように、ほぼ対等な関係にある市民間においてトラブルが生じた場合には、市民同士の話し合いなどで解決するのが本来の筋だからである。この「直接効力説」が憲法の普遍的な私人間効力を想定していると解釈されているかぎりでは、この説も一面的であると言わざるをえない。したがって、憲法の直接効力説は、平等権を媒介にして具体化するとともに限定する必要がある。

　憲法は一般的には間接的にのみ私人間に効力を発揮するが、市民社会内部に国家と市民との関係にも類似した歴史的で構造的な権力関係（会社と従業員、男性集団と女性集団、支配的民族・人種と少数民族・人種など）が存在する場合には、そして、その権力関係にもとづく権利侵害が十分に深刻で普遍的である場合には、ちょうど市民が国家権力の横暴と権利侵害から憲法によって保護されなければならないように、弱い立場の市民は、国家に類似した私的権力からの横暴と権利侵害から憲法によって保護されなければならない、とみなされるべきである。

このように直接的効力の範囲を平等権にもとづいて限定す[illegible]「直接効力論」は受け入れがたいと考える人々にも説得力を持つだろう。立憲主義の考えでは、そもそも憲法が（とりわけそれが保障する基本的人権のリストが）必要だったのは、国家権力による権利侵害から市民を守るためであった。その憲法的目的にもとづくなら、市民内部に国家権力にも似た権力関係が存在する場合には、そのような権力的存在による権利侵害からも市民を守ることに憲法を用いることはまったく正当かつ妥当だということになるだろう。

ここで注意すべきは、憲法の直接的効力性が正当化される場合として、単に市民社会内部における歴史的で構造的な権力関係の存在を要件としているだけでなく、そこで起こる権利侵害が十分に深刻で普遍的である場合ということも要件としていることである（ここで言う権利侵害の「深刻さ」と「普遍性」とは相互前提関係でもあり、その逆に相互代替関係でもある。普遍的であるほど被害は深刻であると言えるし、逆にそれ自体があまりにも深刻である場合には普遍性はあまり考慮されなくてもいいだろう）。このような限定を置くのは、憲法が第一義的には国家権力を拘束するものであるという立憲主義的立場を尊重するためである。

近代立憲主義と現代立憲主義

さて以上を踏まえて、近代的な立憲主義と現代的な立憲主義との区別と連関を簡単に考察しておこう。近代立憲主義の根拠は、国家が貴族や国王や特権的官僚に支配されていた時代に、権力を持たない一般市民の利益のために憲法によって国家権力を制約する必要性であった。だがこのような近代立憲主義の根拠は、民主主義の発展によって掘りくずされる。国家権力の当事者が市民の民主主義的選挙によって選ばれたならば、彼らはもはや市民とは異なる存在ではないはずであり、憲法によって国家を厳重に縛る根拠は、なくなりはしないが、著しく弱まるはずである。「なくならない」というのは、民主主義的選挙で選ばれた政治家たちであっても（あるいはその選挙制度が小選挙区制のように歪んだものであればなおさら）、政権担当者になったとたんに専制的な体制を追求するようになる可能性は一般的には否定できないし、実際にしばしば起こっている事態だからである（この日本で実際に起こっているように）。またたとえ市民間の権力が総じて同等でも、たまたま少数派や多数派になることはあり、多数派になったものが少数派を迫害する可能性も十分にあるからでもある。J・S・ミルがその有名な『自由論』で重視したのも、権力そのものによる横暴よりも、むしろこの市民内の多数派による少数派の迫害の可能性であった。国王や貴族を持たないアメリカ合衆国でも建国当初から立憲主義が重視されたのも、このような政権担当者（とくに連邦政府の）や多数派による「専制」の可能性が現に存在していたからであった。とはいえ、国王や貴族などの支配していた時代よりも、立憲主義の火急性が政治的民主主義の発展によって弱まるのは否定しがたい。

だが、この近代立憲主義が無視していたある事情が、別の意味で、この立憲主義に新たな根拠を提供し、新たに生命を吹き込む。すなわち、市民内部に現に存在する（あるいは資本‐賃労働関係のように新たに発生した）強固な不平等の社会的構造がそれである。この不平等の構造が存在するかぎり、民主主義はその理念どおりには機能しない。逆に、（形式的な意味での）民主主義が発展すればするほど、より純粋に市民社会内部の権力関係が政治権力に反映するようになるだろう。すなわち、政治権力は、市民社会における権力者（資本家、富裕層、知的エリート、支配的人種・民族、支配的性別集団、等々）や構造的多数者（たとえば与党が圧倒的に強い国における与党支持者など）の利益を反映したものになり、その権力構造を維持し強化するものになるだろう。したがって、民主主義の発展にもかかわらず、憲法によって国家権力を制約しなければならないのは、まさに民主主義が不平等のゆえなのである。

またこの根拠が正当化するのは、この市民社会内部の不平等構造を維持するか強化するような国家権力の介入に対する制約のみであって、その逆の目的を持った権力介入を排除するものではない。それどころか、市民社会内部の不平等構造を是正するために、あるいはそれの被害者を救済するために、憲法は積極的な役割を果たさなければならず、そうした方向に向けて国家権力の介入を促さなければならない。なぜなら、まさにこの不平等の構造ゆえに、その不平等の被害者は自力救済することも、あるいはその政治的表現である立法救済することも困難だからである。

近代立憲主義が、私人間の権利侵害に関して自力救済や私的自治を重んじているのは、すでに述べたように、市民同士の権力や権利が同等であることが前提になっているからである。そうした市民内権力が明らかに圧倒的に不平等であるとみなされる場合には、近代立憲主義のもとでさえ少なくとも先進国においても、立法による特別の保護（典型的には労働者の保護）が認められてきたし、現代的な憲法においてはそのことが憲法の条項にきちんと明記されてもいる。もちろん、有権者がこの不平等の構造を是正するために、被害者を保護する立法の成立を積極的に選択するのなら、それは大いにけっこうなことである。だが、そのような立法が存在しないか、存在しても適切に執行されていない場合には、被害者は憲法に、したがって司法に頼らざるをえない。そうでないとしたら、近代立憲主義の進歩的側面を正当化する論拠そのもの（市民社会内部の不平等構造の存在とその是正の必要性）の効力を否定することになる。

したがって、現代立憲主義は、一方では、市民社会内部の不平等の構造を維持したり強化するような国家権力の行動を憲法によって縛らなければならないことを要求し、これと同じ論拠から、他方では、市民社会内部の不平等の構造を是正したりその被害者を救済するための国家権力の介入を積極的に要請するものである、ということになる。

おわりに――平等論の可能性

以上の論点以外にもなおまだ多くの論点が存在する。たとえば違憲審査基準をめぐる論点（アメリカの判例を参照にしつつ、憲法一四条にもとづく差別認定において「合理性の基準」と「厳格審査」の基準との二段の基準、およびその中間たる「厳格な合理性の基準」の区別）、公的平等と私的平等の問題（憲法一四条は公的領域における平等だけを規定したものか、それとも私的領域における平等をも含むものか。私の立場は、憲法一四条は私的領域を含む全領域における平等を規定したものであり、それは憲法一四条の条文からも、それが起草された当時の状況からも、また憲法全体の構成からも、立証可能である）、など。だがここでは割愛させていただく。

以上見たように、平等権は日本国憲法全体を貫く最も重要な柱の一つであることがわかる。一般に幸福追求権と「個人の尊重」を定めた憲法一三条（人格権規定）と平等権を定めた憲法一四条とは「包括的な基本的人権」として総括されている（もっとも、平等権に否定的な人々は、憲法一三条のみを包括的人権にカウントする）。われわれはこの二つの基本的人権に加えて、現代においては、憲法前文と二五条以下に体現されている平和的・社会的生存権(23)をも包括的な基本的人権に加えるべきであると考える。人格権、平等権、生存権という三つの基本的人権こそが日本国憲法の（そして総じて現代的憲法の）保障する三大人権である(24)。

そしてその中でも平等権は、現代社会の構造そのものの洞察にもとづいた権利規定であり、最も現実変革的なダイナミズムを内在化した権利概念であると言える。平等権は、全社会構造、不平等な構造の根本的変革なしには本当の意味では実現しえないからである。そして、今日においてこうした新自由主義と排外主義とが席巻する社会は、最も（階級、人種、性別の）不平等を昂進させ悪化させる社会なのであり、新自由主義や排外主義やミソジニーとの闘いにおいて、平等権はその最前線に位置している。その射程は、個人を超えて集団と社会を指し示し、現在を越えて未来を指し示し、また憲法前文に示されているように、国家内関係をも超えて国際関係にも伸びている。このような時間と空間の大きな広がりの中で平等権を考えなければならない。

さらに、フェミニズム的な実体的平等論は、憲法の他の諸条項や種々の諸要求をより深く理解し、より深く正当化する上でも重要な意味を持っている。マッキノンはすでに、これまで単なる自己決定論あるいはプライバシー権の問題として扱われていた中絶の権利を性的平等権の見地から再考察し、プライバシー権よりも強固な正当化論を提供している。セクシュアルハラスメントが違法化されたのも実体的な意味での性的平等論のおかげであった（日本ではしばしば忘却され無視されているが）。

このようにして、平等論の可能性を追求し拡張していくこと、そしてもちろんのことそれを実現していくことが重要である。

（初稿は二〇一二年執筆）

注

（1）和田鶴蔵『憲法と男女平等』法律文化社、一九六九年。同『日本国憲法の平等原理』三和書房、一九七一年。ただし（当時においてはいたし方ないが）性暴力については差別問題として取り扱っていない。

（2）若尾典子『ジェンダーの憲法学――人権・平等・非暴力』家族社、二〇〇五年。

(3) 奥平康弘「『基本的人権』における『差別』と『基本的人権』の『制限』——『法の下の平等』を考える」、『名古屋大学法政論集』一〇九号、一九八六年。

(4) もちろん例外はあって、「平和的生存権」という言葉の生みの親とされている星野安三郎氏は早くから女性差別問題にも強い関心を寄せていた。

(5) キャサリン・マッキノン『女の生、男の法』上、森田成也・中里見博・武田万里子訳、岩波書店、二〇一一年、七五頁。訳文は修正。

(6) たとえば以下の文献。Peter Westen, The Empty Idea of Equality, *Harvard Law Review*, Vol. 95, No. 3, 1982.

(7) 多くの文献があるが、代表的なものとして以下を参照。キャサリン・マッキノン『フェミニズムと表現の自由』加藤春恵子・奥田暁子・鈴木みどり・山崎美佳子訳、明石書店、一九九三年。

(8) あるいは、よりわかりやすく「構造的平等」ないし「社会的平等」と呼んでもいいかもしれない。

(9) 阿部照哉「平等原則の適用」、『文献選集日本国憲法五　平等権』三省堂、一九七七年、一〇四頁。

(10) 宮沢俊義「法の下の平等」、同前、五八頁。

(11) 金城清子「日本におけるジェンダー平等の受容と展開——ジェンダー法学成立の条件」、ジェンダー法学会編『講座ジェンダーと法』第一巻、日本加除出版、二〇一二年、一三頁。

(12) もちろんこのような反論そのものはナンセンスである。ある権利を正当化しうるより普遍的な権利概念があるのなら、それを根拠にプラスして何の問題があろう？　ある権利を正当化する根拠は一つだけでなければならないなどという原則でもあるのか？　むしろ、ある権利を正当化する根拠は多ければ多いほどいいはずだ。

(13) たとえば、浦部法穂『憲法学教室〈全訂第二版〉』（日本評論社、二〇〇六年）、野中俊彦「平等原則と平等権」『ファンダメンタル憲法』（有斐閣、一九九四年）、戸松秀典『平等原則と司法審査』（有斐閣、一九九〇年）など。

(14) ちなみに、ジェンダー法学界の「重鎮」である辻村みよ子氏もこの見解に追随している。氏は、「平等権の実体的権利性につき、否定的見解が妥当と思われる」と述べて、浦部氏の『憲法学教室』を挙げている。辻村みよ子「女性の権利と『平等』」、『論争憲法学』日本評論社、一九九四年、二一五頁。

(15) キャサリン・マッキノン「ブラウン判決はどう書かれるべきだったか——人種問題への平等アプローチ」、『女の生、男の法』下、岩波書店、二〇一一年。

(16) 阿部照哉・野中俊彦『平等の権利』法律文化社、一四一頁で引用。
(17) 同前、一四二頁で引用。
(18) 今日的文脈では、何の罪もないブレオナ・テイラーを銃でハチの巣にした白人警官たちや、ジョージ・フロイド氏を窒息死させた白人警官たちを例に挙げることができるだろう。
(19) もちろん、このように間接的に平等権を侵害された人が、直接、自己の権利侵害を司法に訴えることが困難な場合もある。その場合には、別途それを可能とする特殊な立法が必要だろう。アンドレア・ドウォーキンとキャサリン・マッキノンが起草した反ポルノ公民権条例はそうした試みの一つである。このように司法救済と立法救済とは相互に促進ないし補完しあう関係にある。
(20) 前掲奥平『基本的人権』における『差別』と『基本的人権』の『制限』」、二六一～二六二頁。
(21) 同前、二五五頁、二六三頁。
(22) 「間接効力説」の代表格として君塚正臣氏の以下の論考を参照。君塚正臣「性差別と私人間効力」、『講座ジェンダーと法』第四巻、二〇一二年。
(23) 今日では、大規模な原発災害の教訓や地球温暖化の危機から、健康で安全な環境のもとで生活する権利としての「環境的生存権」もそこに含めることができるだろう。「環境的生存権」については、たとえば以下を参照。中里見博「原発に対抗する環境的生存権」、『日本の科学者』二〇一三年一二月号。
(24) 人格権に属する諸権利は主として自由権的なものであり、生存権に属する諸権利は主として社会権的な権利概念だが、両者の中間に位置する平等権は、すでに本文の七四～七五頁でも指摘したように、両者にまたがり、両者を媒介する独自の権利範疇としてとらえるべきである。

第三章　戦時の性暴力、平時の性暴力
──「女性に対する暴力」の二〇世紀

兵士による民間人への残虐行為がつねに国家としての行為であるという点で、戦時はおおむね例外である。しかし、男たちは平時にしていることを戦時にもしているのであり、ただそれがよりはなはだしいだけである。
──キャサリン・マッキノン(1)

はじめに

二〇世紀はホブズボームによれば「極端な時代」である。二度にわたる世界戦争、ファシズムとスターリニズム、アウシュヴィッツとグラーグ、二度にわたる核兵器の投下、戦後の冷戦と核軍拡競争、各地で繰り広げられる熱い戦争の数々、朝鮮戦争、ベトナム戦争、中東戦争、そして冷戦終結後に頻発する民族紛争と内戦、そして旧ユーゴの民族浄化……。これらの紛争ないし戦争ごとに、無数の死体の山が築かれ、それは百、千の単位ではなく、数万、数十万の単位であり、時には数百万、数千万の単位で死者が数えられた。

しかし、これらの大量の死者が、民族別・国別に数えられることはあっても、性別ごとに数えられることはほとんどない。兵士の死者のほとんどが男性であったとしても、民間人の死者はどうなのか？二〇世紀という「極端な時代」における戦争の特徴は、戦死者の多くが兵士ではなく民間人であることにある。専門の軍隊と軍隊とが国境近くの戦場で決着をつけるという一八〜一九世紀型の戦争は、一国ないし数ヵ国がまるまる戦場となる二〇世紀型の戦争に取って代わられた。この戦争においては、前線と後方との間にほとんど差はなく、国民が総動員され、相手の軍隊のみならず、その軍隊を支える全国民が敵となり、したがって攻撃と殲滅の対象となった。

科学が著しく発展している今日においても、男女を区別して攻撃する武器は発明されていない。戦争の決定過程から構造的に排除されている女性と子どもが、総力戦においては、最も無防備な犠牲者となる。その性別ゆえに兵役を免れた女性が、後方で無差別爆撃や敵兵士による虐殺の餌食になるとしたら、兵役免除の特典は、逃げ惑いながら殺される地獄行きの切符と化すだろう。

しかし、問題は死者の数ばかりではない。戦争は常に大量の「女性に対する暴力」、とりわけ性的な形をとった暴力と虐待を生み出す。戦場と化した都市や村での集団レイプ、兵士を慰安するための強制売春ないし性的奴隷制（日本軍の「慰安婦」制度、ナチスによる強制売春）、そしてそれ自体が性的快楽である大量殺戮（ドイツ軍がユダヤ人女性に対し、日本軍がアジア人女性に対し）、終戦直後の占領軍によるレイプ（ドイツではソ連軍兵士が、日本では米軍兵士が）。最近でも、旧ユーゴにおける「民族浄化」が対立する相手民族の女性に対する集団レイプをともなったことは記憶に新しい(2)。戦争と性暴力とは切っても切り離せない関係にある。そのあまりにも密接な関係は、戦争に性暴力がともなっているのか、それとも性暴力に戦争がともなっているのか、しばしば当事者にとってわからなくなるぐらいである。

二〇世紀という「極端な時代」における戦争・紛争・内戦の悲惨さは、いくら強調しても強調しすぎることはない。しかし、そのような戦争・紛争・内戦が公式にはない状態があたかも至福な時であるかのように言うのは、あまりにも一面的だろう。男性の歴史家や政治家たちは、年表に書き込まれる具体的な大事件にのみ注意を向け、いわば大文字の戦争や紛争にのみ関心を集中させるが、しかし、平時であれ戦時であれ、たえまなく日々日常的に起こっている事件には注目しない。それらの事件を総合すれば、中規模の戦争並みの死者や犠牲者が出ているというのに、それらの事件は「極端さ」の中には含まれない。それらの事件は、「平凡」で「取るに足りない」ことだとみなされる。

チャップリンの『殺人狂時代』は、この男性哲学を芸術的に表現した作品である。家族を養うためという名目のもと、次々と富豪の女性と結婚し殺害して財産をせしめるチャップリン扮する主人公は、死刑場に向かう直前の監獄の中で、「一人殺せば犯罪者だが、何百万も殺せば英雄だ（one murder makes a villain, millions a hero）」という有名なセリフを吐く。これは、何人もの女性を殺す行為は戦争犯罪に比べればたいしたことではない、ということを意味している。この映画の直接の意図は大規模な戦争犯罪を告発することだが、その告発の道具として女性の生命と尊厳の希釈化が行なわれているのである。

本章では、戦時と平時を貫いて存在する「女性に対する暴力」、とりわけ性的なそれに焦点を合わせ、その実態とその正当化イデオロギーの分析を通じて、「戦争は別の手段をもってする政治の延長である」というクラウゼヴィッツの格言が「性の政治」でこそいっそうよくあてはまること、そしてその逆命題、すなわち「平時の政治が別の手段をもってする戦争の継続である」ことをも示す。

1　戦時における性暴力と日本軍「慰安婦」問題

戦場での兵士による性暴力の問題をジェンダー中立的に説明する議論が今なお存在する。その種の議論によれば、兵士がそのような性暴力を起こすのは、兵士が軍隊の中で徹底的に非人間的に扱われ、モノとして扱われているために、日本軍「慰安婦」や敵国の女性を性的モノとして扱うことで、主体回復を行なおうとするからだと説明される。この種の説明は一見したところ説得力があるが、しかし肝心な問題を見過ごしている。主体回復を行なう契機がなぜ女性に対する暴力なのか、とりわけなぜそれが性的なそれなのかについて、この議論は説明しえていない。兵士の非人間的な取り扱いは、その兵士の良心をマヒさせ、抑制を取りのぞき、暴力の形態をより残酷かつ大規模なものにする契機であったとしても、なぜ暴力の矛先が女性であり、しかもなぜそれが性的であるのかを説明しない。

クラウゼヴィッツが言うように、戦争が別の手段をもってする政治の継続ないし延長であるとするなら、戦争において繰り広げられる女性に対する暴力、とりわけ性暴力は、平時における女性に対する暴力ないし虐待（性的なものを含む）の、別の手段をもってする継続である。それは、国家権力と軍隊という別の手段でもって（そして非常事態と挙国一致と他民族蔑視の雰囲気の中で）、平時における性暴力をより極端に、より大規模に、より残忍に、より無差別に、より徹底して遂行したものである。国内における女性の地位が低ければ低いほど、あるいは、平時において男性たちが女性を「性的な客体（sexual object）」として扱っていればいるほど、戦時における兵士の慰安と主体回復は、女性に対する暴力および性暴力として表現される。それは、何よりも、平時において、日常において、男性の主体性が女性に対する支配として、とりわけ性的支配として構成されているからである。

戦前の日本軍による「慰安婦」制度をめぐって、それを告発する側とそれを擁護する側との間で激しい闘いが繰り広げられている。この問題は、天皇制、侵略戦争、植民地主義、民族差別、性差別といったさまざまな問題が複雑に絡み合っているが、擁護する側であるいわゆる「自由主義史観派(3)」がとりわけ固執するのは、その性的側面である。彼らが性的側面を強調するのはもちろん、普遍的に存在する性暴力と性差別の問題を浮きぼりにしたいからではなく、その逆に、性的なものは個人的だから、ことって道徳的問題であり、したがって国家賠償の問題ではないし、教科書に書くべき問題ではないと言いたいがためである。自由主義史観派は、軍隊は関与しておらず民間業者がやっていたにすぎないとか、兵士と「慰安婦」との間にロマンスが存在したとか、当時の日本には公娼制度が存在したから現在の道徳観で判断すべきではないと言うことで、この問題を単に私的な問題ないし道徳的な問題にすり替えようとしている。だが、当時の日本において公娼制度が存在したということは、まさに、制度化された性的虐待が国家的に公認されていたことを意味するのであり、自由主義史観派の言い分は、平時の性的虐待でもって戦時の性的虐待を正当化しようとする試みに他ならない。

「慰安婦」問題に熱心に取り組んでいる女性運動の側は、このような自由主義史観派とはまったく正反対の観点から問題の性的側面に着目し、戦時と平時の連続性に着目する。日本軍が戦地でやったことは、日本の支配的男性が日常的にやっていたこと（あるいは現在もやっていること）をより極端に、より残酷に、より大規模に、したがってより恥知らずに行なったものである。自由主義史観派が「慰安婦」制度を正当化するために持ち出した公娼制度は、当時の支配的男性の全体を裁く罪状に転化する。たとえば、「慰安婦」問題に精力的に取り組んでいる鈴木裕子氏は次のように述べている。

> 「慰安婦」政策・制度は、日中戦争・アジア太平洋戦争において、旧日本軍が組織的に関与して考案したものである。……旧日本軍における性奴隷政策ともいうべき「慰安婦」政策が軍指導部によってかくもすみやかに導入されたのは、「慰安婦」政策に先行する、日本国内での性奴隷制である公娼制度の存在があずかって大きかったと思う(4)。

また、フェミニスト哲学者の大越愛子氏も次のように指摘する。

いかに日本の軍隊が世界に類のない強圧的なものであり、内部暴力体制の下で兵隊の心がすさみ切っていたにせよ、あれほどすさまじい性暴力を戦場の女たちや、「従軍慰安婦」たちに加えたのは、それを罪と感じることなく容認する性風土を、彼らが内面化していたからに他ならない(5)。

そして、もちろん、「慰安婦」の中でもとりわけ、朝鮮人「慰安婦」をはじめとするアジア人女性の「慰安婦」の待遇が非人間的で暴力的で恥知らずだったのは、それが、平時における日本人男性の民族差別、アジア人蔑視、帝国主義的傲慢さの、別の手段をもってする継続だったからである。

さらに、戦後におけるこの問題への支配的男性の対処の仕方もまた、通常の性暴力に対する「普通の男性」の対処の仕方の延長であった。日本政府は、提訴した朝鮮人「慰安婦」に対して国家的責任を認めて国家的賠償を行なうのではなく、責任の所在をあいまいにした上で、「平和国民基金」という見舞い金で決着をつけようとした。若桑みどり氏は次のように鋭い指摘を行なっている。

この間のいきさつも、筆者のみるところでは男性中心社会において普遍的にみられる醜聞処理の手法が典型的に出ていると思われる。提訴者の求めていることは、戦時における女性の人権の侵害について事実関係の調査と責任の所在の追求であり、国家がおこなった犯罪の国家による認識であり、その結果として行なわれる公式の謝罪と補償である。あらゆる人権的犯罪がそうであるように、提訴者の求めているものは基本的に自分を尊厳をもった人間として認め、「名誉の回復をおこなうこと」なのである。元「慰安婦」の人間としての尊厳を回復するにはどうすべきか、これが論議されなければならないのだが、その視点は最初から政府案にはない。

「女を買う側」に立っており、その醜行について公式に謝罪できるどころか、その醜行を認めることすら[illegible]あるからそれはせず、他人を介して金を支払い、ことを穏便に処理し、相手を黙らせ、事件が忘却されるのをまっている。これに口実を与えるのが補償は法的にもう終わっているという官僚的発想である。(6)

こう述べたあと、若桑氏はさらに日本の支配的男性全体に問題を突きつける。

> 国家は、それを構成している個々の人格以上の行動をとることはできない。女性の人権について、特にそれが性的問題にかかわった場合に、高い見識を示す行為をこの国がもつことがないのは、この国の支配的な男性たちがそれをもっていないからである。(7)

「慰安婦」問題を戦時における特殊な問題として平時から切り離すかぎり、あるいは、それを戦前における軍国日本の異常な行動としてのみ理解するかぎり、この問題の真の理解と解決は得られない。この問題は、戦後も含めて、平時における「女性に対する暴力ないし虐待」をも照射しており、それと結びついている。

2 平時における「女性に対する暴力」I――ドメスティック・バイオレンス

日常生活におけるレイプ、ドメスティック・バイオレンス、売買春、セクシュアルハラスメント、ポルノグラフィ、近親姦、フェミサイド（女性が女性という理由で殺されること）(8)、代理母などの問題に取り組んできた第二波フェミニズム運動はしだいに、これらの「女性に対する暴力ないし虐待」が、偶発的なものではなく、系統的・組織的なものであり、「女性に対する戦争（war on women）」と言ってもいいような普遍性と持続性を有していることに気づきはじめている。[9]すなわち、戦争が別の手段をもってする政治の延長であるように、女性にとっては、平時の政治（「性の政治」）もまた別の手段をもってする戦争の継続なのである。この場合の「政治」はもちろんのこと、常識的に理解されているような議会や行政や法律の領域のみを指しているのではなく、「個人的なものは政治的である」という意味での「政治」である。

戦争という暴力が、普通の暴力と区別される特徴とは何だろうか？　それは基本的に、前者が国家の意志によって他の国家の成員に対して遂行される組織的な暴力だという点にある。だが、この側面をとりあえず無視するならば、戦争における暴力は他の普通の暴力と区別されるどのような特徴を持っているだろうか？　それはまず何よりも、暴力の規模の圧倒的な大きさであり、ついで、それがきわめて持続的で系統的で組織的であること、法律というものがほとんど効力を持たないこと、被害者が助けを求めても誰も助けてくれないこと、加害者が罰せられないこと、絶え間ない恐怖と絶対的な絶望、等々であろう。だが、平時における「女性に対する暴力」の実態を知れば知るほど、それが戦時における暴力に著しく近いことがわかってくるのである。

とりわけ、銃の所持が認められているアメリカにおいては、手段の面から見てさえ、戦争における暴力と平時における暴力との間に大きな差は見出せない。アメリカでは毎年、二〇〇万件ものドメスティック・バイオレンスが報告されており（実数はその倍以上と見られている）、一五〇〇人前後の女性がパートナーによって毎年殺されており、その多くは銃で殺されている。[10]たとえば、ある国の国民が別の国の国民ないし軍隊によって毎年一五〇〇人も殺されているのであれば、[illegible]

規模の面から見てさえすでに、「女性に対する暴力」は一種の戦争である。

では、他の特徴についてはどうだろうか？　すなわち、持続性、系統性、組織性といった点はどうだろうか？　アメリカの最も有名なラディカル・フェミニストであるアンドレア・ドウォーキンは、自分自身もかつては「バタード・ウーマン（夫ないし恋人の日常的暴力にさらされている女性）」であり、その時のことを次のように語っている。

夫に殴られ続けている時、私は最後には死を待つだけになっていたし、死にたいと思っていた。次の一撃で死ねるのであれば嬉しいと願っていた。殴られて気を失った後で意識が戻るたびに、最初に感じたのは、まだ自分が死んでいないという悲痛さだった。神に、私の命を終わらせてくださいと何度祈ったことだろう。夫は火のついた煙草を私の乳房に押しつけ、乳房は火傷のあとだらけになった。さらに彼は梁板で私の足を殴り、歩けなくさせた。(11)

ドウォーキンはあるフェミニストに助けられて夫のもとを脱走する。その様子は、敵の軍隊によって占領された土地から脱出する避難民さながらである。

逃げるということは、殺されるのを回避するために一回逃げ出せば完結するものなどではけっしてなく、長期にわたって逃げ続け、隠れ続けなければならないのである。夫がどこからともなく突然に姿を現し、人々のごったがえす真昼の路上であろうと、あなたを殴り、殺してやると脅迫し、恨みのこもった罵倒をあなたに浴びせて、死ぬほど怯えさせるし、あなたが住所を転々と変えても、必ず見つけだして乗り込んできて、汚れたげんこつ――あなたの血と痛みとが染みついて汚れているげんこつ——で殴りまくるからである。私が夫と暮らしていた家を逃げ出したのは一九七一年の年末のことで、私はこの時二五歳数ヵ月の年齢だった。そして、翌一九七二年の一一月に、それまで五年間暮らしてきたある国を、夫の追跡から逃れるために去った(12)。

問題は暴力のすさまじさだけではない。こうした暴力がほとんどの場合、何ら社会的に規制されず、加害者は処罰されないということである。周囲の者も見てみぬふりをし、警察も動かない。昨今はフェミニストとサバイバー（暴力を生き抜きそこから脱出した女性）たちの地道で英雄的な運動のおかげで、ようやく多くのシェルターがつくられ、警察も時おり夫を逮捕するようになったが、しかし大多数のドメスティック・バイオレンスは今なお野放しである。

隣人はあなたの悲鳴を聞くが、彼らは何もしない。次の日から、あなたは彼らの眼には透明人間になる。あなたが何年も悲鳴をあげ続けたとしても、それは、彼らがあなたを透明人間として見る期間が何年か続くというだけのことである。隣人も友人も、そして家族も、あなたの痣と傷を見ているのに、何もしない。彼らが、男とあなたの間に入って暴力を止めることは絶対にない。あなたが男から逃げても、彼らはあなたを男のもとに送り返す。殴られるのはあなたが悪いからだとか、あなたはそれが好きなんだとか言って、彼らはあなたを説きふせるし、さもなければ、それが現に起こっているという事実を彼らは否定する。……あなたが男に怪我を負わされて医者のところや病院へ行ったとしても、彼らはあなたの話を聞こうとしないし、助けてもくれない(13)。

以上のような事情は、基本的に日本においても変わらない。

性に対する暴力」の実態調査によると、夫や恋人などのパートナーから身体的暴力を受けたことがあると答えた女性は三三％もの高率にのぼった。性的暴力の経験者も二〇％もいた。銃が非合法である日本においては、ドメスティック・バイオレンスが実際に殺人にまで至るケースはアメリカよりはるかに少ないとはいえ（それでも三日に一人の割合で妻が夫に殺されている）、警察や司法の側の取り組みや社会の理解はアメリカと比べて一〇年以上遅れているために、バタード・ウーマンを取り巻く沈黙と絶望の壁はむしろきわめて高いと言うべきだろう。日本におけるドメスティック・バイオレンスの実態は、最近日本で立て続けに出版されているDV関連書においてつぶさに見ることができる。(14)

3　平時における「女性に対する暴力」Ⅱ――レイプ、売買春、ポルノ

平時における女性に対する戦争状態を構成しているのは何もドメスティック・バイオレンスだけではない。レイプ、売買春、ポルノグラフィは、性的な形態をとった「女性に対する暴力」の、相互に連関しあった三つのエレメントである。

アメリカのラディカル・フェミニストとしては草分けの一人であるロビン・モーガンは、「ポルノは理論、レイプは実践」というスローガンを唱えたが、(15)これはもちろん両者の間の単純な因果関係を表現しているわけではない。それが表現しているのは、構造的・集合的な因果関係である。タバコを吸う者がすべて肺ガンになるわけではないし、車を運転する者がすべて死亡事故を引き起こすわけではないが、しかし喫煙と肺ガン、自動車の氾濫と死亡事故の多さとの間には、構造的・集合的な因果関係が存在する。ロビン・モーガンが主張したのも同じことである。レイプをはじめあらゆる性的虐待行為をしきりに教唆するポルノグラフィが大量に製作され販売され消費されている現代社会の中で、女性の地位や生

命や安全が保証されると考えるのは、反ユダヤ主義の宣伝があふれ返っている社会でユダヤ人の地位と生命と安全が保証されると考えるのと同じぐらいナンセンスである。(16)

とはいえ、モーガンのスローガンはより精緻にされる必要がある。まず第一に、レイプは一般に（すなわち男性社会の常識においては）女性器へのペニスの貫通を核心に置いているが、ポルノによって誘発される性犯罪はそれに限定されていないからである。狭義のレイプに至らない強制わいせつや痴漢、セクハラ、子どもへの性的虐待もまたポルノによって奨励され、助長され、誘発される。したがって、「レイプを含むあらゆる形態の性暴力ないし性的虐待」と表現した方がより正確であろう。

第二に、理論としてのポルノと実践としてのレイプを媒介するものとして、訓練としての買春があることも見ておく必要がある。性的快楽と支配および暴力とを結合させるポルノグラフィは、その結合を生身の女性を通じて実感させる買春行為を著しく助長させ、そして、買春を通じて十分に支配と虐待の訓練を積んだ男たちは、しばしば、実際の性犯罪という野戦行為へと足を踏みだす。売買春を正当化するイデオロギーとして、それがあるおかげで健全な婦女子がレイプされずにすむ、というのがあるが（そしてこれは戦時中の「慰安婦」制度を正当化するイデオロギーでもある）、このイデオロギーは、女性を「売春婦」と「健全な婦女子」に二分する性差別的分割統治の手法であるというだけでなく、男性を性暴力へと実践的に方向づけ訓練するという買春の機能を看過するものである。

第三に、ポルノグラフィは単に理論であるだけでなく、マッキノンやドウォーキンが繰り返し主張しているように、それ自身が性的虐待やレイプをともなった一つの実践である。(17)同じく、買春もまた、単に訓練であるだけでなく、それ自身が性的虐待行為である。ポルノで知ったことを、男たちは後腐れない売春婦を使って試してみるのである。

第四に、逆に、レイプや買春自身も単に実践や訓練であるだけでなく、一つの理論であり、他の男たちにとってのモデルであり、方向づけである。男たちは、別の男たちによる実際のレイプや実際の買春の経験を聞き、見、知ることで、それらの行為そのものを学び、それへの強い衝動を持つようになる。それは戦場においてもそうで、兵士たちは、他の兵士たちによるレイプからレイプを学ぶのである。

第五に、しばしば実際のレイプや買春行為からポルノが制作される。日本軍兵士たちは中国において戦場や慰安所で女性たちをレイプし、そしてそれらの写真を撮っていた。平時においても、レイプ犯は被害者の写真を撮りたがるし、商業ポルノにおいてもしばしば被害者への強要とレイプを通じてポルノが制作されている。

このように、レイプを含む性暴力、買春、ポルノは、それぞれが理論となり訓練となり実践となって、お互いに密接に結びつきながら、戦時におけるような恐怖状態を女性の側にもたらす。その一端を当事者の証言を中心に見ておこう。

まずは、父親によって性的虐待を一〇年間にわたって受け続けた女性の証言である。

　私の父親は私を、八歳から一八歳までの一〇年間、性的に虐待しつづけました。性的いたずらの最初の段階では、父親は私に性行為を強制させる方法としてポルノグラフィックな素材を用いたのです。……

　父はポルノグラフィをいくつかの目的で用いていました。まず第一に、彼は教育用の道具としてそれを用いました。セックスについて私に教え込むため、そして私にどうしてほしいかを教え込むための手段としてです。父は私に写真を見せ、その行為を詳しく説明しました。「これがフェラチオだ」「これがお前のする性交だ」等々。第二に、父は、自分の虐待行為を正当化するために、私たちの行為が普通のことであることを納得させるためにそれらの写真を用いました。写真の中の男たちが女にしていることなのだから、それを私にしてもOKなのだという考えなのです。第三に、父は私の抵抗を打ち砕くためにポルノグラフィを用いました。ポルノグラフィは、女というものが男の性的満足のために存在するモノでしかないことを語っていました。大人の女や少女がセックスのために存在しているということをポルノグラフィが示しているとしたら、私にどうして父の要求を拒否することなどできたでしょうか(18)？

次は、ポルノグラフィを見ていた男たちに一三歳の時に集団レイプされた女性の証言である。この証言は、マッキノンとドウォーキンらの努力で実現したミネアポリス市での公聴会での証言である。

私が一三歳の時、ガール・スカウトの一員として北ヴィスコンシンにキャンプに来ていました。今から一〇年前の一一月のことです。午後の中ごろ、私はキャンプの外にある森の中を歩いていたら、三人の鹿狩りの男たちに会いました。彼らは雑誌を読んでいて冗談を言い合っていました。

私が歩いて遠ざかろうとすると、男の一人が叫びました、「本物がいるぞ！」。私は鹿のことを言っているのだと思い、とっさに頭を下げ、走って逃げようとしました。しかし、あたりを見回すと鹿などおらず、私のことを言ったのだと理解しました。私が走りだすと、彼らも走って追いかけてきました。森は松葉でおおわれていて、私はつまずいてこけ、捕まってしまいました。……

彼らは服を脱ぐように言いました。私は言われたとおりにしました。震えるような寒さでした。一一月です。服を脱ぐと、彼らは横になるよう言い、一人目が始まりました。一言もしゃべるな、物音をたてたら殺すからな、頭をぶちぬくぞ、と彼らは言いました。……

ことを終えると彼らは歩いていってしまいました。……下に視線を落とすと、彼らが

のがポルノ雑誌であることがわかりました。それは裸の女性が表紙に載った雑誌でした

ポルノグラフィは子どもの性的虐待やレイプを生むだけではない。その制作過程においてしばしば残酷な暴力と強制が行使される。『ディープ・スロート』というハードコア・ポルノ（喉にクリトリスがある女という設定の映画）の主演女優として七〇年代に一世風靡したリンダ・ラブレース（リンダ・マルシアーノ）は、同じ公聴会に出席して、捕食者であったトレイラーに騙されて家出させられ、帰りたいと言った瞬間に彼が豹変し、暴力で監禁されて、ポルノスターにさせられたことについて次のように証言している。

私は自分のことを話すべきだと思います。私はポルノグラフィに反対して発言する資格のある人間であるとなぜ思うのか、その理由を話したいと思います。本日の私の名前はリンダ・マルシアーノです。リンダ・ラブレースは、二年半の囚われの身の時期につけられていた名前です。その名前を知らない人々にとっては、リンダ・ラブレースは、いわゆる「被害者のいない犯罪」の被害者なのです。……

捕食者であるトレイナー氏によって使用され虐待されたラブレースは、身体的・精神的・性的虐待を通じて、そしてしばしば銃口をつきつけられ死の脅しを通じて、ポルノグラフィに出演することを強制されました。リンダ・ラブレースは、自ら望んだわけでもないのに、七〇年代のセックス・スターになりました。……

彼が私をポルノ映画に出演させるために用いたものは、四五口径オートマティックとM一六セミオートマティック・マシンガンから、私の家族を殺すという脅しまでさまざまでした。[20]

だまして連れてきて、監禁し、暴力で言うことをきかせ、繰り返し身体的・性的虐待を加え、逃げれば殺すと脅し、強制売春をさせる、このパターンはまさに元「慰安婦」の人々の身に起きたことそのものである。

次は元被買春女性で現在は売買春根絶とポルノグラフィ反対の運動を行なっているラディカル・フェミニストの証言である。

私が最初に売春させられたのは一三歳の時でした。アメリカの一九六〇年代は、多くの少女が家出をしましたが、私もその一人でした。家出をしたその夜にレイプされ、その次の夜には輪姦され、三日目の夜に、ショックのあまり茫然と町をさまよっていて、ある男の人と知り合いになりました。彼に相談に乗ってもらおうと思い、自分の身に起こったことを全部話したところ、彼は自分の家に泊めてあげてもいいと言いました。彼は親切で、食事もご馳走してくれ、私の心配をしている振りをしました。彼は同時に私にドラッグを打ち、売春について熱っぽく語り、私のヌード写真を撮りました。

数週間後、彼は私をあるピンプ〔ポン引き〕に売りました。当時私は自分の身に何が起こったのかわかっていませんでした。どうやって売られたかというと、彼はある男に私を紹介し、その男は私を誘惑しようとしました。抵抗すると、彼は私をレイプし、これから俺のために売春婦として働くのだと言いました。いやだと言うと、私は何度も殴られ、性的に虐待されました。言うとおりにしなかったら私と家族の命はないと脅しました。……

なじみの買春客に、大人の女性と子どもの両方のポルノグラフィを大量に持ってた。思春期前の子供の緊縛写真まで持っていました。彼は劇場の経営者で、また一般に普及していないうちからビデオ装置を自分の家に備えつけており、平均して週に一度、およそ一年間にわたって、私ともう一人の女性のポルノビデオを撮り続けました。[21]

このように、ポルノ、売買春、レイプ、子どもへの性的虐待は相互に密接に結びつき、女性に対する性的虐待のシステムをつくり出している。そして、それは、これまで引用してきたような、とくにあからさまでとくに暴力的な形態においては、戦時下における性的虐待そのものに近い相貌を帯びるし、より間接的で微温的でより「平和的」な形態においても、システムとしての男性支配を構成しており、戦時であれ平時であれ、より極端で暴力的な性的虐待と結びつき、その温床となっているのである。

4 正当化イデオロギーの構造的相似性

戦時における性的虐待と平時における性的虐待との連続性は、以上のような実態の面からだけでなく、それを正当化するイデオロギーの相似性によっても明らかとなる。

たとえば、性的リベラル派の瀬地山角氏は、虐待ポルノ映画『ディープ・スロート』を評して、フェラチオに対する人々の忌避観を解いた点で社会的効用があったと平然と述べているが、[22]これは、日本軍「慰安婦」は兵士の士気を維持した点で社会的効用があったと言うのとどう違うのか？ あるいは、バクシーシ山下の一連の暴力的レイプ・ビデオをそのカタルシス効果ゆえに賛美している宮台真司氏は、[23]兵士による強姦の防止を理由に「慰安婦」制度を擁護するのと、どう違うのか？

性的リベラル派の売買春擁護論は自由主義史観派の「慰安婦」制度正当化論と構造的によく似ている。

もちろん、「慰安婦」に対して加えられたあからさまな暴力と強制さえも全面否認する自由主義史観派の欺瞞と犯罪性は圧倒的である。しかし、正当化の論理の方に注目するなら、両者の構造的な相似性が浮かび上がってくる。保守派が戦時における性的虐待を国家と公的秩序の名において正当化するとすれば、リベラル派は平時における性的虐待を個人の自由と自己決定の名のもとに正当化する。両者の関係は、対立というよりもむしろ分業なのである。

自由主義史観派は言う、「慰安婦」制度を性奴隷制などと言うのは、「慰安婦」を貶め差別することであり、彼女らの主体性を認めないことである、と。性的リベラル派（セックスワーク論者）もまた、売買春の性差別性・暴力性を強調するのは、セックスワーカーを貶め、差別することであり、彼女らの主体性を認めないことである、と言う[24]。

また自由主義史観派は言う、反対派はつねに特別に悲惨な例ばかりを持ち出すが、実際には多くの「慰安婦」は楽しく仕事をしていたのだ、と。同じく性的リベラル派も言う、フェミニストは売買春の悲惨な例ばかりを持ち出すが、多くのセックスワーカーは楽しく仕事をしているのだ、と[25]。

自由主義史観派はさらにこう言う、兵士たちは明日とも知れぬ命であり、本当は兵士こそが弱者であり、むしろ「慰安婦」の方が優位に立っているのだ、と。同じく性的リベラル派も言う、男の方が弱い立場であり、むしろ性を売る女の方が優位に立っており、したがって彼女らは立派に自己決定権を行使しているのだ、と[26]。

自由主義史観派は次のようにも言う、「慰安婦」は戦場での強姦の防止や可哀相な兵士の慰安など多くの社会的効用を発揮したのであり、そのような仕事に「慰安婦」は誇りを持っていた、と。性的リベラル派も言う、セックスワーカーは強姦を防止したりめぐまれない男たちを慰安したりという多くの社会的効用を発揮しているのであり、そのような仕事にセックスワーカーは誇りを持っている、と[27]。

さらにまた、自由主義史観派が、当時の日本人男性の性欲のあり方を前提にして「慰安婦」制度を正当化するのと同じく、性的リベラル派も現在の日本人男性の性欲のあり方を前提にし肯定した上で売買春制度を正当化する(28)。

性的リベラリズム、あるいはセックスワーク論にもとづくなら、「慰安婦」制度を根底的に批判することはできない。それはせいぜい、その実際の運用の仕方がまずかった（つまり、しばしばあからさまな暴力と強制をともなった）と批判するのが関の山であろう。たとえば、宮淑子氏は言う。

象徴的なのが、従軍慰安婦問題である。戦時下、日本軍によって強制連行され、逃げることもできなかった性奴隷である従軍慰安婦の存在と、自発的に自由意思でセックスワーカーになった女性の存在とを同一視し、「性の商品化」の脈絡で、性暴力の被害者の脈絡で、語るフェミニストたちのなんと多いことか(29)。

つまり問題はあくまでも日本軍の強制連行であり、「慰安婦」制度そのものではない。日本人「慰安婦」の中にはお国のために志願した者もいたが(30)、宮氏の議論によれば、これらの「志願者」は「自発的に自由意思でセックスワーカー」となった「慰安婦」であり、彼女らを兵士が性的に使用することは、何ら性的な虐待ではなく、対等平等な性的自己決定権の行使だということになってしまうだろう。狭義の意味での強制（自由主義史観派の言う「強制」）がないかぎり、それは自発的で自由な行為であり、そこにはいかなる暴力性も差別性もない、というわけだ。これは、狭義の強制の犠牲者とそうでない者とに二分し、両者を対立させ、分断する論理である。前者は可哀相な被害者だが、後者は自由なセックスワーカーである、というわけだ。

興味深いのは、まったく同じことを小林よしのりも言っていることである。小林は、日本軍「慰安婦」問題に中心的に取り組んでいる吉見義明氏を攻撃して次のように述べている。

実は吉見教授、かなり極端なマルクス主義フェミニズムの信奉者で、売春する女性は、例外なく男の性暴力と経済的格差の被害者だ、と思い込んでいる。(31)

「マルクス主義フェミニズム」云々は、小林の無知をさらけ出すものでしかないが（マルクス主義フェミニストのほとんどはセックスワーク論に屈服している）、基本的にここで述べられていることは、宮氏らの性的リベラル派の言い分とそっくりである。つまり、狭義の強制によるのでないかぎり、売春は自由な自己選択であり、そこには抑圧性も被害者性もない、ということである。

戦時における「慰安婦」制度と平時における売買春制度との構造的結びつきは、こうしたイデオローグの言い分の類似性だけから確かめられるだけでなく、実際に買春する側の自己正当化の論理にも見てとることができる。つまり、日常における買春行為を正当化する人々ほど、そして実際に頻繁に買春している男たちほど、「慰安婦」制度も肯定し、自由主義史観派の言い分に同意する傾向が強いのである。たとえば、ある大学の三年生一四〇人を対象に買春についてのアンケート調査をした池田恵理子氏は、そのアンケートにおける回答の分析を通じて次のように述べている。

買春アンケートと「慰安婦」問題のレポートを並べて読むと、気がつくことがある。男子学生の中で少数だった売買春肯定派の多くが、「慰安婦」問題に関しては、「自由主義史観」派の主張に同調しているのである。

告者はいないのだ」、慰安婦の記憶違い[illegible]」「金ほしさ」と捉える学生たち。彼らの言い分には「慰安婦＝公娼」論によって被害女性をおとしめようとする「自由主義史観」派の影響をみることができる。

「小林よしのりの〝慰安婦に強制連行はなかった〟という論理には説得力がある。軍の関与というが〝良い関与〟ではなかったか。彼女たちは高額の報酬を得ていたのではないか」と言う学生は、買春のアンケートでも小林よしのりを代弁する。性犯罪を抑止する〝プロ〟の女性として、「慰安婦」をソープランド嬢になぞらえるのである。これら「本人同士同意のうえの売買春を、どうして他人がとやかく言う必要があるのか」と考える男子学生は、「慰安婦」問題に関しては次のように書いている。

「僕は男だから他人に犯されることによる心の痛み、打ち明けられない孤独感、寂しさ、悔しさを一生理解することができないし、同情することもできません」

「慰安婦の人たちが何を欲しているのか理解できない。もし彼女たちに日本が補償するとしたら税金で賄われるだろう。僕は非常に利己的な人間で、自分の身におぼえのないことで金をもっていかれることには、納得がいかない[32]」。

ここで男子学生が代弁しているのは、小林よしのりだけではなく、性的リベラリズムの発想全体なのである[33]。

おわりに

「極端な時代」としての二〇世紀は同時に、「女性に対する暴力」の吹き荒れた時代であった。しかし、その中でフェミニズムとサバイバーの運動が生まれ、多くの成果を勝ちとってきた。もはや女性たちは殴られて沈黙するだけの存在ではない。だが、暴力根絶の道はまだまだ遠く、保守陣営とリベラル陣営の双方からフェミニズムへの激しい攻撃とバックラッシュが巻き起こっている。おそらく人類の文明と同じ長さの歴史を持つ性差別を根絶するための闘いは、文字通り人類史的課題である。それが、第二波フェミニズム運動が生まれてわずか三〇数年で解決されるなどと期待するのは愚かなことだろう。

来世紀末に二一世紀を振りかえるであろう未来の世代の女性たちは、あらゆる性差別と「女性に対する暴力」を、過去の野蛮な時代の産物としてのみ知ることになるのか、それとも、なお自分たちの境遇として実感することになるのか、その帰結を左右する少なからぬ一端を、現在の世代が担っているのである。

（初稿は一九九九年執筆）

注

（1） Catharine A. MacKinnon, Crimes of War, Crimes of Peace, *On Human Rights*, ed.by Stephen Shute & Susan Hurley, Basic Books, 1993, p. 94.〔キャサリン・マッキノン「戦時の犯罪、平時の犯罪」、ジョン・ロールズ他『人権について――オックスフォード・アムネスティ・レクチャーズ』中島吉弘・松田まゆみ訳、みすず書房、一九九八年、一一六頁。訳文は既訳によらない。以下同じ。〕

（3）本章の元となった論文が書かれた時 [illegible]」動する主要なグループだったが、今ではこの言葉は死語になりつつあり、より広範な人々やグループが歴史偽造に参加している。しかし、この論文が書かれた当時の状況を踏まえて、引き続き「自由主義史観派」という言葉を本文で用いることにする。

（4）鈴木裕子『戦争責任とジェンダー――「自由主義史観」と日本軍「慰安婦」問題』未来社、一九九七年、一一六頁。以下の文献も参照。藤目ゆき「『慰安婦』公娼論批判」、『女たちの二一世紀』第一六号、一九九八年。

（5）大越愛子『闘争するフェミニズムへ』未来社、一九九六年、二〇九頁。

（6）若桑みどり「従軍慰安婦問題・ジェンダー史の視点から」、中村政則ほか『歴史と真実――いま日本の歴史を考える』筑摩書房、一九九七年、一七五頁。

（7）同前、一七五〜一七六頁。

（8）「フェミサイド」という言葉を普及させたのは、アメリカのラディカル・フェミニズムのダイアナ・ラッセルで、二〇二〇年に亡くなった。その世界的規模については、二〇一九年一一月二五日付けのＡＦＰの以下の記述を参照。「国連薬物犯罪事務所（ＵＮＯＤＣ）の二〇一八年の報告書によると、二〇一七年にフェミサイドの犠牲となった女性および少女は約八万七〇〇〇人に上った。このうち、加害者が身の回りの人物だった割合は五八％で、内訳は配偶者やパートナーに殺された女性は約三万人、家族に殺されたのは約二万人だった」(https://www.afpbb.com/articles/-/3255787)。

（9）以上の問題に関する欧米文献は無数にあるが、とりあえず以下の文献を参照。Diana Russell, *Sexual Exploitation: Rape, Child Sexual Abuse, and Workplace Harassment*, Sage Publications, 1984; Pauline B. Bart & Eileen Geil Moran ed., *Violence Against Women: The Bloody Footprints*, Sage Publications, 1993.

（10）二〇一七年のデータで見ると、アメリカでパートナーによって殺された女性の数は一五二七人で、そのうち九二六人が銃で殺されている。Laura M. Holson, Murders by Intimate Partners Are on the Rise, Study Finds, *The New York Times*, April 12, 2019.

（11）アンドレア・ドウォーキン『女たちの生と死』寺沢みづほ訳、青土社、一九九八年、一〇〇頁。ちなみに、ドウォーキンはこの著作の前著（未邦訳）の題名をずばり『戦地からの手紙』としている。Andrea Dworkin, *Letters from a War Zone*, Lawrence Hill Books, 1993.

（12） 前掲ドゥオーキン『女たちの生と死』、四〇〜四一頁。

（13） 同前、九八〜九九頁。

（14） たとえば、以下の文献を参照。吉廣紀代子『殴る夫、逃げられない妻』青木書店、一九九七年。日本弁護士連合会両性の平等に関する委員会・子供の権利委員会編『家族・暴力・虐待の構図』読売新聞社、一九九八年。梶山寿子『女を殴る男たち——DVは犯罪である』文藝春秋、一九九九年。鈴木隆文・石川結貴『誰にも言えない夫の暴力——ドメスティック・バイオレンス』本の時遊社、一九九九年。日本DV防止情報センター編『ドメスティック・バイオレンスへの視点』朱鷺書房、一九九九年。また、DV問題の入門書でも専門書でもないが、ある有名作家による絶え間ない暴力にさらされていた元妻の以下の手記は、この問題を考える上で必読である。西舘好子『修羅の棲む家』はまの出版、一九九八年。

（15） Robin Morgan, Theory and Practice: Pornography and Rape, *Take Back the Night*, ed. by Laura Lederer, William Morrow & Co., 1980.

（16） マッキノンとドウォーキンによる反ポルノ公民権条例に噛みついたある男性知識人は、次のように述べている。「ある馬鹿が、ヒトラーの『わが闘争』を読んでユダヤ人を殺したからといって、この本の販売を法律違反にすべきだろうか」（ジョナサン・ローチ『表現の自由を脅すもの』飯坂良明訳、角川選書、一九九六年、二八頁）。だがこれはまったくの問題のすりかえである。比較すべきは何十年も前に出版されたヒトラーの『わが闘争』ではなく、今現在において、ユダヤ人は劣等民族であり集団的に抹殺すべきだと主張する本や雑誌やビデオが毎日、何十、何百万も売られ消費されていたとしたら、どうなのかである。それでもユダヤ人の生命と安全にとって問題はないと言えるのか？

（17） マッキノンとドウォーキンのポルノグラフィ論については以下の文献を参照せよ。キャサリン・マッキノン『フェミニズムと表現の自由』加藤春恵子・奥田暁子・鈴木みどり・山崎美佳子訳、明石書店、一九九三年。アンドレア・ドウォーキン『ポルノグラフィ——女を所有する男たち』寺沢みづほ訳、青土社、一九九一年。また以下の二人の共著も参照。キャサリン・マッキノン&アンドレア・ドウォーキン『ポルノグラフィと性差別』中里見博・森田成也訳、青木書店、二〇〇二年。

（18） Katherine Brady, Testimony on Pornography and Incest, *Making Violence Sexy: Feminist Views on Pornography*, ed. by Diana Russell, Teachers College Press, 1993, pp. 43–44.

Catharine A. MacKinnon
1997, pp. 101–102.

（20） Ibid., pp. 60–61. リンダ・ラブレースの事件については、以下も参照。Gloria Steinem, The Real Linda Lovelace, *Making Violence Sexy*, pp. 23–31. マッキノン「リンダの生とアンドレアの仕事」、前掲『フェミニズムと表現の自由』。

（21） Evelina Giobbe, Surviving Commercial Sexual Exploitation, *Making Violence Sexy*, pp. 37–40.〔イブリナ・ジオッベ「商業的性的搾取からの生還」、『買春に対する男性意識調査』報告書、男性と買春を考える会、一九九八年、九〇〜九三頁〕

（22） 瀬地山角「よりよい性の商品化をめざして」、江原由美子編『フェミニズムの主張』勁草書房、一九九二年、七七頁。ちなみに、同じ論文集に陳腐な売春肯定論を寄稿していた橋爪大三郎がその後、小林よしのりの陣営を支持する側に回ったことは象徴的である。

（23） 上野千鶴子・宮台真司「メディア・セックス・家族」、『論座』一九九八年八月号での宮台発言。なおこの対談に対する批判として、拙稿「上野・宮台対談に見る性的リベラリズムの隘路」、『論座』一九九八年九月号。

（24） たとえば、宮淑子「性の自己決定とフェミニズムのアポリア」、宮台真司編『〈性の自己決定〉原論――援助交際・売買春・子どもの性』紀伊國屋書店、一九九八年。

（25） 「売春を『性の商品化』という枠組みで語ろうとしたり、『性の奴隷』『強姦』『性暴力』として語ろうとするひとたちは、必ず、悲惨な状況のデータを入手して語ることが多い。たとえば、アジア人女性への強制売春や、子どもへの人身売買や性的搾取（子どもへの買春）などである。……そうしたスタンスからは、売春はすべて強制の結果だという断定や、お金をもらって奴隷的な立場に置かれたら、何をされるかわからないという発想が引き出されていくことは間違いない」（宮前掲論文、八八〜八九頁）。

（26） 「今日行なわれている売春行為の大半は、『売る女＝弱者』『買う男＝強者』というイメージからはほど遠く、こうした通念はむしろ、買わない限りセックスができない性的弱者の存在を、覆い隠してしまう」（宮台真司「自己決定原論――自由と尊厳」、前掲『〈性の自己決定〉原論』、二六四頁）、「そのオジさんたちは若い女子高生にひれ伏し、小遣いをくれる存在なのだから、女子高生の方が優位性を保てる関係である」（宮前掲論文、九六頁）。

（27） 「こうした身体障害者、精神障害者など、性的な出会いのないひとたちに、性のカウンセリングをしたり、心の傷跡を癒やす作業をしたり、回復させる作業をしたりするセックスワーカーたちは、自分の仕事に誇りを持っており、自尊心を持っており、けっして被害者ではない。『性の自己決定権』の主体者であるということである」（宮前掲論文、九〇～九一頁）。この引用文でもはっきりしているが、宮氏は「被害者」というカテゴリーをきわめて個人主義的、主観主義的に理解している。そして、どうやら「被害者」というのは「自尊心も誇りも持っていない存在」だとみなしているようだ。これこそ被害者差別・被害者蔑視であろう。

（28）「『愛と性は一致しなければならない』と声高に叫ぶフェミニストたちが、セックスのとき、ただ〝マグロ状態〟で受け身な対応をしているとしたなら、男たち、夫たちを『買春』に向けている原因だともいえるではないか！」（宮前掲論文、一〇二頁）。つまり、宮氏は、フェミニストも現在の支配的男性の性的欲望のあり方を積極的に受け入れて、彼らを満足させるべく性的に奉仕しなければならないと言いたいのである。また宮台真司氏は、多くの文献の中で、ポルノによって特殊な性欲を固着させた男たちが自らの性欲を満たすためには売買春制度が必要であると述べている。ポルノが特殊な性欲を固着させているというのが事実なら、本来はポルノ批判に向かわなければならないはずなのに、逆に売買春を正当化する論理に転化してしまっている。戦前の公娼制度でもって「慰安婦」制度を正当化した自由主義史観派の論理と何とよく似ていることか。

（29）宮前掲論文、一〇三～一〇四頁。ここで批判されている「フェミニスト」をぜひ名指ししてほしいものだ。私の知るかぎり、「性奴隷である従軍慰安婦と、自発的に自由意思でセックスワーカーになった女性の存在とを同一視」したフェミニストなどいない。ただ、戦時における「慰安婦」制度と当時における公娼制、そして現在も綿々と続いている売買春の制度（「自由」売春を含めて！）とが密接に関連し、構造的連続性を有していると指摘しているだけのことである。これは、それぞれの制度を同一視するものでも、その当事者たちを十把一からげにするものでもない。

（30）吉見義明『従軍慰安婦』岩波新書、一九九五年、八八～八九頁。日本人「慰安婦」については、以下も参照。「戦争と女性への暴力」リサーチ・アクション・センター編／西野瑠美子・小野沢あかね責任編集『日本人「慰安婦」――愛国心と人身売買と』現代書館、二〇一五年。森田成也「二重の不可視化を越えて――書評『日本人「慰安婦」』」、『情況』一一月号、二〇一五年。

（31）小林よしのり・竹内義和『教科書が教えかねない自虐』ぶんか社、一九九七年、二七頁。

（32）池田恵理子「引き継がれる買春意識」、『女たちの二一世紀』第一六号、アジア女性資料センター、一九九八年、二五頁。この時点ではアジア女性資料センターは明確に反売買春の立場だったが、創設者の松井やより氏が二〇〇二年こ

（33）　セックスワーク論と売買春一般についての詳しい批判的考察は、本書の第四章と第六章に譲るとして、とりあえずは、以下の文献を参照。Dorchen Leidholdt & Janice G. Raymond eds, *The Sexual Liberals and the Attack on Feminism*, Pergamon Press, 1990.（一部訳が前掲『買春に対する男性意識調査』にある）；*Michigan Journal of Gender & Law*, Vol. 1, 1993.（売買春問題のシンポジウムでの報告が多数掲載されている）。森田成也『資本主義と性差別』青木書店、一九九七年、第五章注三四。志田昇「売春肯定論への疑問――宮台真司の近著を読む」、唯物論研究協会編『唯物論研究年誌』第三号『教育・共同・平等』青木書店、一九九八年。浅野千恵「ネオ・リベラリズムと性暴力」、『現代思想』一九九九年一月号。杉田聡『男権主義的セクシュアリティ――ポルノ・買売春擁護論批判』青木書店、一九九九年。

第II部　売買春、ポルノ、セックスワーク論

第四章　売買春とセックスワーク論
――新しいアボリショニズムをめざして

私が経験したことや目撃したことのうちに正当化できるものは何もなかった。売買春は、ほとんどの人が想像している通りのもの、すなわち暴力的で危険なものだ。

――アイルランドの売買春サバイバーの証言(1)

本章をはじめとする第Ⅱ部では、第Ⅰ部での理論的枠組みの提示を踏まえて、マルクス主義が主としてその批判と克服の対象としている資本主義と、フェミニズムが主としてその批判と克服の対象としている男性支配（あるいは家父長制）との、最もあからさまで直接的な結合形態である売買春とポルノグラフィに対する分析と批判、その克服の道筋を示す(2)。本章ではまずもって売買春を取り上げる。

1　売買春をめぐる世界の状況

まず最初に売買春をめぐる世界の状況について簡単に概観しておきたい。現在、大きく言って売買春をめぐって二つの政策・法体系が世界で主要な流れになっている。一つは、「北欧モデル」と呼ばれるもので（「平等モデル」、「アボリショニスト・モデル」とも呼ばれる）、売買春ないしより広くは商業的性搾取の廃絶をめざす政策・法体系である。もう一つは「包括的非犯罪化」と呼ばれるもので（「全面的非犯罪化」「完全非犯罪化」とも呼ばれる）、売買春そのものだけでなく、ピンプ行為[3]や売春店の経営、路上売春など、売買春に関わるほとんどすべての法規制を撤廃して自由化するべきであるという立場である。合法化と基本的に同じだが、合法化の場合は、合法化と引き換えにさまざまな法規制（営業の様態や場所や時間の規制など）を伴うのに対し、包括的非犯罪化はそうした規制もできるだけなくしていこうという立場である。しかし、包括的非犯罪化国とされている国（後で紹介する）でも、規制はさすがにゼロではありえないので、非犯罪化と合法化とのあいだに本質的な区別をつけることはできない。したがってここでは、非犯罪化／合法化としてセットでとらえておきたい。

三つの古い法体系

北欧モデルと包括的非犯罪化へと二極分化していく以前には、主に三つの法体系が存在していた。一つは禁止主義と呼ばれるもので、典型的にはアメリカ合衆国に見られる。これは売買春そのものを禁止し、売り手も買い手も処罰するという法体系である。二つ目は、古いタイプの合法主義ないし規制主義で、戦前の日本やビクトリア朝時代のイギリスのような公娼制度が典型だが、売春女性を国家に登録した上で、店と女性を国が定める地域に集中させ、そこで管理売春を行なわせるという形態である。三つ目は、一九四九年採択の国連の「人身売買及び他人の売春からの搾取の禁止に関する条約」（人身売買禁止条約）にもとづいて、戦後の日本をはじめ多くの国で採用されているもので、売春行為および買春行為そのものは処罰の対象にしないが、売春店の経営や路上売春（ないしその勧誘）、ピンプ行為、売春業者に場所や資金を貸す行為などを処罰の対象にする法体系である。これは売買春の廃絶を基本的に目指しているという意味で、廃止主義（アボリショニズム）のなど、いくつかの欠陥があり、古いタイプの廃止主義であると言うことができる。

禁止主義のシステムでは、買い手と売り手がどちらも犯罪者と扱われて、逮捕と処罰の対象となるが、実際には売り手である女性（実際にはしばしばピンプによって売らされている）が逮捕され処罰される場合の方が圧倒的に多く、きわめて不平等に運用されていた。一九八〇年代になって、これは売り手である女性（一九七〇年代末ごろにセックスワーカーという「美しい」言葉が作られた[4]）に対する人権侵害ではないかという議論がアメリカを中心にしだいに大きくなってきた。また、二つ目の古い合法主義は、事実上、国家の管理ないし許可のもとでの性奴隷制とも呼ぶべき状態が存在していたため、これもまた人権論の見地からは大いに問題であった。その中で女性たちは借金漬けにされ、ほとんど抜け出せない状況に置かれた。三つ目の古い廃止主義は国際人権規範に合致する最もまともな法体系であったが、路上売春ないしその勧誘行為が処罰の対象となっていたので（後で見るように、日本では勧誘行為が禁止）、やはり売春当事者の女性が処罰の対象となるという問題があった。その一方で買い手たる男性は何の処罰も受けなかった。こうして、一九八〇～九〇年代には三つの古い法体系がいずれも批判にさらされ、それらに対するオルタナティブとして、二つのまったく異なる、むしろ正反対の政策体系が登場してくる。それが先ほど述べた北欧モデルと包括的非犯罪化モデルである。

二つの新しい流れ

まず最初に北欧モデルについて説明しておく。なぜ「北欧モデル」と呼ばれているかというと、最初にこの法体系を導入したのがスウェーデン（一九九八年制定、一九九九年施行）で、その次にノルウェー（二〇〇九年）[5]という北欧の国々だったからである。[6]このアプローチは、最後にもっと詳しく述べるが、一方で、売り手である被買春女性を非犯罪化して、保護・支援の対象とし、他方で、買春者、ピンプ、業者などを処罰の対象にするというものである。これはスウェーデン、ノルウェーに始まって、アイスランド（二〇一〇年）[7]、カナダ（二〇一四年）[8]、北アイルランド（二〇一五年）[9]、フランス（二〇一六年）[10]、アイルランド共和国（二〇一七年）[11]、そしていちばん最近ではイスラエル（二〇一八年末成立、二〇二〇年施行）[12]という風にしだいに北から南へと広がっていっている。

それに対して非犯罪化／合法化国・地域は、古くはアメリカのネバダ州の一部のカウンティがある。アメリカは基本的に禁止主義の国だが、ネバダ州には一九世紀のゴールドラッシュで成立した鉱山都市がいくつもあり、そこでは男がほとんどだったので、売買春が半ば公然となされていた。そうした伝統もあって、一九七〇年代にネバダ州議会は州内のいくつかのカウンティで売買春を公認する権利を認めたのである。[13]

その他、かなり早く合法化の道を歩んだのはオーストラリアのヴィクトリア州とニューサウスウェルズ州とスペインで、一九八〇～九〇年代に売買春の合法化に踏み切っている。[14] オーストラリアではその後、クイーンズランド州や首都圏特別地域、さらにいちばん最近ではノーザンテリトリー準州が非犯罪化ないし合法化を導入している。[15] さらに、オランダ（二〇〇〇年）、ドイツ（二〇〇一年）[16]、ニュージーランド（二〇〇三年）[17]、イギリスのリーズ市ホルベック（二〇一四年）[18]、等々を代表的な国・地域として挙げることができる。ただし、これらの国ないし地域がそれ以前は売買春が全面禁止であったというわけではなく、国・地域によって個人売春は容認のうえ、管理売春は禁止のような違いがあったし、基本的に合法化された後も、路上売春を禁じている場合、公共の場での勧誘を禁止している場合、ドイツのように「過剰な搾取」（売り上げの五〇％以上をピンプが取ること）を禁止している場合などもある。

では国際機関や国際人権団体の方はどうか？　この問題をめぐってこれらの機関・団体が積極的に立場表明するようになったのは二〇一〇年代に入ってからである。

に北欧モデルを推奨する決議を採択し、国際人権団体であ

ンズロビーも北欧モデルを支持する立場を表明している。そうした動きに危機感を覚えたリベラル派の国際「人権」団体であるアムネスティ・インターナショナルやヒューマン・ライツ・ウォッチは包括的非犯罪化を強力に推奨する方針を発表している。とくにアムネスティ・インターナショナルの非犯罪化路線（二〇一五年に国際執行部が非犯罪化路線を決議し、二〇一六年に正式採用）は世界的に大きな話題となり、世界中のセックスワーク派が狂喜乱舞し、世界中のフェミニストは悲憤慷慨した。[19] アムネスティにいた多くのフェミニストがこれを機にアムネスティから脱退している。ちなみに、アムネスティのイギリス支部を通じて包括的非犯罪化決議案を最初に提案したのは、イギリスで大規模なエスコート売春会社を経営していたダグラス・フォックスという人物である。アムネスティのイギリス支部はダグラス・フォックスの直接的影響を否定しているが、[20] アムネスティ・インターナショナルの昨今の動向に性産業側の人間が陰に陽に関与したことは疑いないところだ。[21]

両者間の攻防

また、両アプローチ間の激しい攻防が続いている国や地域も多数存在する。とくにアメリカのニューヨーク州とワシントンDCでは二〇一九年に包括的非犯罪化案がリベラル派の民主党議員たちによって議会に提出され、民主党リベラル派の州知事がそれを支持したにもかかわらず、どちらも廃案に追い込まれた。[22] しかし、リベラル派と性産業ロビー団体はまったくあきらめる気配を見せず、ニューヨーク州で引き続き非犯罪化法案を提出するとともに、バーモント州でも二〇二〇年に非犯罪化法案が民主党議員を中心に提出されており、性売買サバイバーたちは同年三月七日、非犯罪化に反対する公開状をバーモント議会に送っている。[23]

アメリカのハワイ州では、二〇一九年に売る側（ハワイではその多くは先住民女性）だけの非犯罪化が実現し、これは表面的に見るなら北欧モデル型の勝利に見えるし、実際ハワイのアボリショニスト団体もこれを推進してきた。しかし、アボリショニストとは別に、セックスワーク派は包括的非犯罪化の第一弾としてこの売る側のみの非犯罪化を位置づけており、ここからさらに買う側も業者も含めてすべてを非犯罪化させようとしている。

禁止主義的な法体系を持っていた南アフリカ共和国では、大統領が包括的非犯罪化の方向を支持し、これをめぐって激しい攻防が繰り広げられている。南アフリカのアボリショニスト団体である「エンブレイス・ディグニティ」はこの動きを阻止しようと、現在奮闘しているところである[24]。またウクライナでも完全非犯罪化をめざす性産業とロビー団体が活発に議会と政府に働きかけていて、かなり危険な状況にある。

他方で、北欧モデル型立法を推進する動きも世界各地で見られるが、これについては本章の最後に紹介する。

2　セックスワーク論とは何か、なぜそれはリベラル派を乗っ取ったか

以上見たように、北欧モデル型立法か包括的非犯罪化／合法化かをめぐって激しい攻防が世界各地で繰り広げられており、予断を許さない状況が続いている。そして、この二つのモデルを支えているのが、売買春に対する二つの異なった見方である。北欧モデルを支えているのが、性的搾取論、すなわち売買春は女性に対する性的搾取であり、本質的に性差別的で性暴力的であるというものだ。それに対して包括的非犯罪化を支えているのが、いわゆるセックスワーク論、

事とも同じ一つの仕事にすぎないというものである

セックスワーク論の基本認識

セックスワーク論とは、売春は他のどの仕事とも同じ仕事の一種であり（Sex work is work）、それは本来的に搾取的でも差別的でも暴力的でもない、そこに搾取や暴力が伴うとすれば、それは売買春が法的に禁止・抑制されていることから生じているとする考え方である。このアプローチにあっては、そうした禁止や抑制のいっさいを取り除いてできるだけ全面的に自由化（非犯罪化）するような法体系ないし政策が推奨される。この理論によれば、そのような完全自由化によって以下のことが達成されるとされている。

①売買春の中の女性（セックスワーカー）は警察に逮捕されないし、また逮捕を恐れて腐敗警官の不当な要求に従ったりピンプの支配下に陥ったりすることもなく、したがってより安全に仕事に従事することができる。②何か不当な搾取や人身売買が起こったりそれを目撃したときには、女性はより容易に警察に通報することができるので、搾取も人身売買も減少する。③売春は単なる労働とみなされるので、それに付きまとうスティグマ（道徳的汚名）が取り除かれ、したがってそこから離脱することもより容易になる。このように、いいことづくめであるというのが、このセックスワーク論である。

実際には、これら①～③はすべて北欧モデルでも達成可能である。というのも、北欧モデルでは、直接の売り手である売春女性は非犯罪化され、被害者として保護・支援の対象となるわけだから、①警察に逮捕されず、したがってそのことを恐れて警察の不当な要求に従ったりピンプの支配下に陥ることはないし、②したがって、何か不当な搾取や人身売買が起こったり目撃したときには、それを警察に通報することもできるし、また、③売春は単なる労働とみなされるわけではないが、その中の女性たちは売買春という搾取システムの被害者とみなされるわけだから、スティグマも取り除かれ、そこから離脱することも容易になるだろう。つまり、セックスワーク派が自分たちのアプローチの効果だとしていることはすべて、北欧モデルでも達成可能なのだ（むしろ後で見るように、包括的非犯罪化／合法化モデルでは実は達成されない）。

分岐点は、これらの効果を実現するのに、売買春全体をまるごと合法化し、正当化する必要があるのかということだ。セックスワーク論のアプローチにあっては、売買春における搾取と被搾取の関係、加害と被害との関係がまるごと無視される。被害者の側を非犯罪化するのは当然であって、それはちょうどセクシュアルハラスメントにおいて被害者の側が逮捕されたり非難されたりしないのが当然であるのと同じである。被害者の側が生活のために、加害者の性的要求を受けざるをえなかったからといって、被害者が被害者でなくなるわけではない。むしろその「受け入れざるをえなかった」という事実こそが彼女を被害者にする当のものなのだ。この関係において、被害者の側を処罰するのは馬鹿げているし、同じく、加害者の側を処罰しないことも馬鹿げている。

セクハラの被害者が処罰されないよう、あるいはスティグマを受けないよう、セクハラ全体を非犯罪化しましょうなどと言う人物がいたら、それは実におかしな人物だということになるだろう。ところが、そのセクシュアルハラスメントが企業内や学校のような狭い領域で起こるのではなく、普遍的・社会的規模で起こり、市民社会全体がその舞台になるやいなや、つまりセクシュアルハラスメントがいっそう深刻でいっそう大規模なものになるやいなや、それは突然、被害者の自由選択であるということになり、インテリや左翼を含む「立派な」人たちがセックスワーク論を唱えて、社会的規模でのセクシュアルハラスメントを合法化するべきであると言い出すのである。

セックスワーク論が左翼リベラルに広まった背景

売春は単なる一つの仕事にすぎないという理論は、それ自体としては戦前から女衒や買春男性や売春業者が用いてきた陳腐で俗悪な正当化論であり、何の新味もないが、それが一九八〇年代以降にリベラルや左翼に広がったのは、まずもって、セックスワーク論が建前的に掲げる議論のうちに「リベラル」ないし「左翼的」なレトリックがたっぷり含まれていたからである。

まず第一に、合法化が、そこで働く女性（セックスワーカー）の人権と安全を保護することになるという人権論の体裁を取ったこと。第二に、売買春を特別に問題視するのは、職業差別であって、ひいてはそこで働く女性たちに対する差別であるという反差別の論理を立てたこと。第三に、そもそも「性」を特別扱いするのは、近代特有のイデオロギーないし古い道徳主義であって、そのような思い込みと偏見は当事者にスティグマを捺すだけなので、根本的に克服されるべきであるという反道徳主義的・ポストモダン的レトリックを用いたこと。第四に、セックスワーカー自身が合法化ないし非犯罪化を求めており、当事者の主張は何よりも尊重されるべきである、という当事者主権的な建前を持っていたこと。第五に、国家や法による「性の管理」は本質的に抑圧的なものであって、市民の自由を損なうものであるという反国家主義の体裁を有していたこと。

以上見たように、セックスワーク論が、人権、反差別、反道徳主義、当事者主権、反国家主義というリベラルな価値観に一見合致するレトリック、論理を採用することで、大昔からの女衒と買春者の言い分を高尚で立派な議論へと昇華させたことが、まずもってそれがリベラル派や左翼に受け入れられた第一の理由である。しかしこれだけでは不十分である。それが受け入れられた社会的背景も考えなければならない。

まず第一に考えられるのは、ラディカル・フェミニズムやマルクス主義をはじめとする「大きな物語」（体制変革論）が一九八〇～九〇年代以降に急速に衰退していき、ポストモダニズムや「脱構築」などの「小さな物語」が優勢になったことである。この本質的な意味での脱急進主義は、「性」の特殊性を道徳主義ないし近代主義として否定しさるという観念的「急進主義」によって補完された。社会変革という実践的・現実的な急進主義は衰退したが、脱構築、反道徳主義、知的相対主義のような言説上・観念上の「急進主義」は、インテリの実践的・社会的無為さに対する観念的代替物として機能するようになり、それは結局、売買春をはじめとする搾取的・差別的現実の「左翼的」肯定へと至った[25]。

　第二に、一九八〇年代以降の市場化、新自由主義化の流れの中で、法による規制や抑制をできるだけ撤廃して、市場の自由に、あるいは当事者の自由な選択に委ねることが最適な結果をもたらすという社会的雰囲気が支配的になったことである。こういう雰囲気があったからこそ、セックスワーク論が広く受け入れられたのである。

　もう一つ指摘しておきたいのは、たしかに一九六〇～七〇年代は急進主義の時代であったが、それ自身のうちにすでに性差別的な見方が深く内包されていて（とくに男性活動家のうちに）、そのような過去から継続されていた性差別的弱点（男性中心主義）が、一九八〇年代以降のバックラッシュと結合したことである。つまり一九八〇年代以降のバックラッシュは、一方で過去の急進主義との断絶であったが、完全な断絶であったわけではなく、過去の急進主義にあった男性中心主義については、むしろそれをしっかりと受け継ぎ、いっそう発展させるものでもあった。もちろん、一九七〇年代のラディカル・フェミニズムはそうした急進主義内部の男性中心主義を批判していたのだが、このラディカル・フェミニズムの力が弱くなると、今度は、過去から連綿と続いてきた男性中心主義というウイルスが、セックスワーク論のような観念上の急進主義という新しい宿主にしっかりと受け継がれ、そのオブラートに包まれていっそう繁栄を遂げるようになったのである。

より根本的な背景

以上は、一九八〇年代ないし九〇年代にしだいに一般化していく時代的に特殊な背景説明だが、もっと根本的な背景、根拠も見ておかなければならない。

売買春、あるいはより広く言うと商業的性搾取（この概念にはポルノグラフィや商業的代理母制度も含まれる）というのは、男性支配のシステム（フェミニズムの文脈では「家父長制」と呼ばれている）と資本主義のシステムという、今日の世界を支配する二つの社会システムが濃厚に重なり合う部分である。[26]この二つのシステムは時に矛盾し、対立するが、商業的性搾取の場合のように、強力なタッグマッチを組むこともある。金を払って女性の性や肉体を支配すること、あるいは、女性の性や男性の性欲を利用してピンプや業者が金を儲けることは、男性支配の核心にあるメカニズムであり、かつ資本主義的にも正当化され推進されるメカニズムである。この支配的な二つのメカニズムの結合がどれだけ強力な力を発揮するかは、容易に予想できるところだ。

したがって、男性支配にも資本主義にも根本的な点では反対できないリベラル派は、この両システムが重なり合う中心に存在する売買春に根本的な点で抵抗できないのである。[27]しかし、左翼の人権的・民主主義的建前からして、戦前の女衒や買春者の単純な開き直りの論理を採用することは、さすがに難しい。したがってそれをリベラルな価値観にもとづいて正当化し是認してくれるセックスワーク論に喜んで飛びついたのである。

３　セックスワーク論に対する批判Ｉ――人権論からの原理的批判

セックスワーク論に対する批判には大きく言って三つの柱が存在する。①理論的批判、②合法化国の実態暴露、③当事者（サバイバー）の証言、である。本章では、紙幅の都合上、①を中心に論じ、②と③は行論の中で適時触れることにする。

この理論的批判は、さらに二つの視角から行なうことができる。最初の視角が人権論からの原理的批判であり、第二の視角が、セックスワーク派が唱えるさまざまな詭弁に対する論理的批判である。

「性」の三つの特殊性

売買春を他のどの仕事とも同じ普通の仕事とみなすことは、売買春で取引対象とされている「性（セクシュアリティ）」の三つの特殊性（人権論の立場から「労働」よりも強く保護されるべき特殊性）を無視することを意味する。その三つの特殊性とは、まず第一に、性の持つ深い人格性であり、これは「性的人格権」に関わる特殊性である(28)。第二に、性は、階層としての男女間の構造的な支配・従属のメカニズムと本質的な結びつきを有していることであり、これは「性的平等権」に関わる特殊性である。第三に、性（とりわけ女性の性的身体構造）の持つ固有の身体的・生物的脆弱性（性感染症や妊娠可能性を含む）などであり、「性的安全権」とでも呼ぶべき人権に関わる特殊性である(29)。

この三つの特殊性を無視することは、現代フェミニズムと現代人権論が獲得してきたいっさいの成果、いっさいの到達点を無視し、事実上、それらを破壊することを意味する。その意味で、いわばセックスワーク論は究極のバックラッシュ理論（少なくともその一つ）である。この三つの特殊性のうち、最初の二つの特殊性、

ト・買春問題研究会編の『論文・資料集』第 [illegible]
題とセックスワーク論」で詳細に論じたので、それを参考にしていただきたい。(30) ここではごく簡単にのみ論じる。

性の人格性

まず、性的人格権に関わる特殊性だが、性をめぐる現代人権論の根幹にあるのは、性ないし性行為の持つ深い人格性の承認である（誤解のないように言っておくが、これは人の人格を単純に性に等置することではない。性の人格性を認めることと、人格を性に等置すること、あるいは性の中にまるごと人格を包摂してしまうこととはけっして同じではない。後で再論する）。性の人格性の承認、したがって性的人格権の承認は、レイプやセクシュアルハラスメントの問題性を現代人権論から明らかにする上で決定的なものであった。レイプやセクハラが問題なのは、女性の貞操権が侵害されたからではないし、その女性の夫や父という特定男性の所有権が侵害されたからでもなく、被害者たる女性の性的人格権が深く侵害されたからである。

しかし、性行為を労働と同一視するセックスワーク論にもとづくなら、レイプやセクハラをそのような人格権侵害として構成することができず、未払いの性労働か、せいぜい傷害罪の一種とされるだろう。これがどれほど現代人権論に反するかは明らかである。さらに、性行為が単なる労働の一種で、そこに何の特殊性も存在しないとしたら、たとえば職場で、上司が部下に「俺と寝たら給料を上げるよ」と言うことは、一種の取引関係の提示にすぎなくなり、セクシュアルハラスメントではなくなってしまうだろう。なぜなら、「こうこうこういう仕事をしたら、その分給料を上げるよ」と言うのと本質的に異ならないものになるからである。もちろん、その提示を受けるかどうかは部下の選択しだいであるが、提示すること自体はセクハラではないし、生活のために部下が受けざるをえなくなっても、同じくセクハラではない、ということになるだろう。同じく、職場でヌードポスターを貼ることは、美しい田園風景の写真を貼ることとまったく変わらないことになるだろう。父親が幼い娘にフェラチオさせることは、娘に自分の肩を叩かせたり、お買い物させたりすることと同じことになってしまうだろう。その他、この種の事例はいくらでも挙げることができる。これらを見ても、セックスワーク論が女性のあらゆる人権を粉々に粉砕するものであることがわかる。

もちろん、セックスワーク派の多くはここまで露骨なことを言わないが、そんなことをすればこの理論の本質が暴露されてしまうからである。しかし、彼らの理論を採用し、それを貫徹させていけば、先に述べたようなことになってしまうのであり、そこにこそセックスワーク論の犯罪性が示されているのである。

また、性の持つ深い人格性からして、売買春によってその中の女性は絶えずこの人格性を侵害されつづけることになり、それが長期間続けば深刻な（しばしば生涯にわたる）トラウマとなるし、それに耐えるために人格乖離やドラッグへの依存やさまざまなアディクションをしばしば引き起こし、自殺念慮や精神疾患の原因ともなっている。そしてそれはしばしば、売買春をやめてからも長期間にわたって続く。

性の平等性

次に、性的平等権に関わる特殊性であるが、現代社会においては建前上、両性は平等であり、性的な面を含む人間は全体として対等な人格として扱われなければならないことになっている。自己の性ない平等権である。しかし、売買春はこの性的平等権を二重に侵害する。まず第一に、売買春それ自体において、買われる側の女性の性的平等権が買春者や業者によって侵害され、第二に、売買春は社会全体の性差別構造の不可欠の一部であり、その性差別を生産し再生産することで、女性全体の平等権が侵害される。

まず第一の面から見ると、売買春において、買春者は女性の性や肉体を、お金によって自由にすることができるとみなし、実際にそのように振る舞う。買春者にとって被買春女性ないしそのセクシュアリティは自分の性欲を満たすためだけの存在、性的モノ、商品であって、対等な人間的存在ではけっしてない。彼らのそのようなメンタリティは、買春者たちが被買春女性を評価するサイトでの書き込みにはっきりと示されている。たとえば、以下は関西のある口コミサイトからの引用である（以下の引用で、○○には風俗嬢の源氏名が入る）。

「プロフ写真ほどではない。ふとめ。サービスはよくない。ゆるまん」
「○○、クソデブ。後ろ姿ゾウ。めちゃしゃべるけど内容おもしろくない」
「○○、ガチャガチャうるさい。顔面ブスなくせに」
「○○、写真と全然違ってブスだし、足太いし、胸垂れてて萎えた」

このように買春客は、自分が買った女性の顔、体形、態度を容赦なく罵倒し、文字通り「品評」している。そして彼らが誉めるのは、美人で愛想がよくてスタイルがよくて、そして生で本番をさせてくれる風俗嬢だ。

「○○ちゃん入ったけどパイパンでマジNN〔生で中出しOK〕でした！」
「○○さんNNおすすめです！」

買春者たちのこのような侮蔑的品評は日本だけの現象ではなく、世界共通である。イギリス最大の買春者口コミサイトである「パンターネット」には、同様の侮蔑的品評がいくらも見つかる。[31]

次に第二の面について見てみよう。男性支配の核心にあるメカニズムの一つは、男性による女性の性（セクシュアリティ）の経済的・政治的・文化的な支配と搾取である。それはレイプや性的殺人という最も直接的であからさまな形態から、性的客体化にまで至る無数のバリエーションがあり、それぞれにおいてさまざまな男性権力が行使されるとともに、その権力がそれらの行為から絶えず構成され再構成されている。この、男性権力とセクシュアリティとのあいだの重要な結びつきを正面に据えて徹底して分析したこと、ここにラディカル・フェミニズムの理論的核心がある。[32]その中で、金銭ないし経済的格差という権力を用いて女性の性を支配する売買春は、「金銭の授受＝自由で自発的な行為」という擬制（フィクション）を帯びうる資本主義社会ないし市場社会において、最も確実に女性の性を支配し搾取しうる手段になる。そして、このようにして成立する売買春制度は、その存在そのものを通じて、社会全体に、そして女性全体に対して、「女性は男性の性欲を満たすために存在する性的なモノ、性的部位にすぎない」というメッセージを送りつづける。売買春が合法である場合には、そのメッセージは国家的に正当化された形で、したがってより強力に社会に流布する。したがって、売買春は、その中の個々の女性の平等権だけでなく、女性全体の性的平等権をも侵害するのである。

金銭の力、貨幣の力というのは権力の最も重要な一形態であるにもかかわらず、それが一見すると権力には見えないということが、売買春を容易にしている重要なメカニズムである。たとえば、先に述べたように、対価型セクシュアルハラスメントと売買春というのは本質的に同一の連続した社会的行為だが、セクシュアルハラスメントを批判する人が他方では売買春に関してはセックスワーク論を平気で唱えるというのは、よく見られる事態である。なぜそうなるかというと、セクシュアルハラスメントというのは会社ないし学校内での目に見える権力関係（上司と部下、教師と生徒など）を利用するものであるがゆえに、それが不当な権力行使による搾取であることが比較的わかりやすい。それに対して、市場において、社会において、経済的権力を行使して他人の性を支配する時、それは、この資本主義社会においては権力の行使に見えず、対等な取引に見えてしまうのである。

そして、売買春がいったん合法的で正当な「仕事」になれば、基本的に、金銭やその他の利益供与と引き換えに女性に性行為を求めること自体が合法で正当なものになってしまう。それは、セクシュアルハラスメントそのものを事実上、合法化することを意味する。たしかに売買春を合法化している国の中には、セクシュアルハラスメントを厳しく禁止している国も存在するが、その場合、女性が二つの階層に分断されているにすぎない。すなわち、セクシュアルハラスメントから免れるべき中上層（主として自国の主流民族・人種に属するミドルクラスの女性）と、セクシュアルハラスメントを職業として、人生として引き受けるべき下層（主として若年貧困女性、障碍のある女性、少数民族／人種に属する女性、先住民女性、移民女性など）とに。

性の脆弱性と安全性

最後に、性的安全権に関わる特殊性について見ていこう。この「性的安全権」という言葉は私の造語だが、これは中里見博氏が二〇一八年末のジェンダー法学会で報告したことにヒントを得ている(33)。すなわち、性ないし性器には固有の脆弱性があり、固有の生物学的身体性（男女間における身体構造の非対称性、両性の体格差、性器の構造の違い、などを含めて）を有しており、性感染症に罹患したり、女性の場合には妊娠したりする可能性を持っているということ、したがってそれはけっして売買春当事者のあいだで完結できない社会的および生物学的な外延性・関係性をも有しており、総体としての「女性の安全」に関わるものだということである。[34]

まず性行為においては通常、密室において、当事者だけがそこにいる状況で、衣服の全部ないし一部を脱ぎ、性的部位という最もプライベートな部分をさらし、あるいはアクセス可能な状態にし、直接的に身体を密着させ、性的部位、生殖器官、傷つきやすい粘膜部分を接触させたり、摩擦させたりする。このような多くの脆弱性や危険性を伴った行為は、よっぽど両者の対等性や信頼性、相手に対する人間的尊重や自立した判断能力、結果に対する責任能力、安全性の確保、等々の条件がなければ、容易に暴力的で侵害的なものに転化するし、またさまざまな傷害や病気の原因にもなる。そしてここでは、男女間の身体構造の違い、生物学的差異は決定的に重要である（たとえば女性の性器は身体の内部に直接つながっている）。

セックスワーク論は、性を売る当事者の安全性を「錦の御旗」にしているが、そのような安全性は、見知らぬ不特定多数を相手とし、かつ金銭授受という非対称な力関係にもとづく一方的な性行為においてはけっして守られない。そしてこのような行為を一日に何回も、ひどい場合には十数回も繰り返すのであり、それだけでも十分に虐待的であり、場合によっては拷問的でさえある。

そして、この業界はきわめて競争が激しく、安全性に万全を期しているかぎり競争に勝てないし、客の指名も取れないので（そして店側も客の指名を取るために何でもするよう「アドバイス」する）、安全性は常に二の次にされる。[35] 実際、売買春の現場では、本番禁止なのに本番行為を強要させられることも多く（もちろんこれは言葉の狭い意味でもレイプだし、とくに相手が酔っぱらっている場合にはなおさらだ。

ームの装着が義務化されていても、それが守られなかった[illegible]。たとえば、北欧モデル型立法が導入される前のアイルランドで数年間にわたって売春をしていたある女性は次のように証言している。

> 売買春は常にリスキーだ。コンドームを使わないことに同意すれば、より多くのお金を提示される。この業界に入ってしばらくして、買春者たちにとって顔なじみになり、「古びてくる」ようになると、コンドームなしのセックスに同意することは、そこそこの金額で「客を取る」のに残された唯一の方法になる。こうしたリスクは目新しいものではなく、売買春という現実の一部なのだ。[36]

また、買春客やピンプによるよりあからさまな暴力がしばしば生じているし、殺人事件さえ多数発生している（後述）。これは、偶然、たまたま起きたものでもないし、非合法だから起きるのでもない。それは、性の持つ固有の脆弱性を無視し、一方的な性行為に不可避的に伴う危険性を無視ないし軽視することで初めて成り立つ売買春という制度において不可避なのであって、パニックボタンの設置などで解決する問題ではない。そして実際、客による暴力は、合法化ないし非犯罪化によって改善されるどころか、いっそう悪化している。

そして、性交ないし性交類似行為において、さまざまな性感染症に感染する可能性が高く[37]、さらには（本番を伴う場合）妊娠する可能性さえ存在するし、実際にそうした事例はたくさん起きている。これは、社会的な外延性と影響とをもった社会的問題であり、売り手と買い手のあいだだけで完結するものではない。

また、買春者は、その反復的な買春行為を通じて、女性を性的なモノ扱いするメンタリティと行動規範を身につけ、それは、買春男性が売買春の外部においても、セクハラやドメスティック・バイオレンス、その他の「女性に対する暴力」を引き起こす可能性を高める。「買春が禁止されればレイプが増える」というのは、買春者による古くからの買春正当化論であるが、実際はその逆であり、買春者はその反復的な買春行為を通じて女性に対する支配を体感として学び、自己のうちに身体化するのである。したがって、売買春は、その中の女性の性的安全権を脅かすだけでなく、社会全体における女性の性的安全権を脅かす。実際、アメリカで行なわれた調査では、常習的な買春者は、被買春者よりも性犯罪をしたことがある割合が有意に高いことが示されている(38)。

売買春が合法化ないし非犯罪化されれば、こうしたメンタリティを持った男たちがそこら中にあふれかえるようになるだけでなく、女性の安全を脅かしている売買春施設そのものがそこら中にあふれ、堂々と営業するようになる。このことは、社会の中の女性と子どもたちの性的安全感と性的尊厳を著しく毀損し、社会全体の性的安全性を著しく低める。実際、たとえばニュージーランドでは、二〇〇三年に売買春が完全に非犯罪化されて以降、全体としての犯罪件数は減少傾向にあるにもかかわらず、性犯罪やドメスティック・バイオレンス（すなわち「女性に対する暴力」）が顕著に上昇したことが政府統計からも確認されている(39)。

以上、人権論から見て特別の保護と尊重を必要とする「性（セクシュアリティ）」の三つの特殊性について見てきた。これら三つの特殊性はもちろん相互に深く結びついている。性が深く人格的であるからこそ、その侵害は深く平等を傷つける。性がきわめて身体的に脆弱なものだからこそ、それは人格的なものと深く結びついているし、また人格的なものとして保護されなければならないのである。

セックスワーク論に対する批判の二番目として、セックスワーク論を唱える人々が売買春を正当化するために次から次へと考え出すさまざまな屁理屈に対する論理的批判に移ろう。以下の諸事例はあくまでも代表的なものである。

「セックスワーカーは自発的に売春に従事している」論

まずもってセックスワーク論は、売買春においてセックスワーカーは自ら自発的に、あるいは自由な選択によって性産業に入り、性的サービスを売っているのであり、そこには搾取も抑圧も強制もない、だから売買春を禁止する必要はないと言う。しかし、この「自由選択」論は、女性を売買春に追いやっている直接的ないし社会的な強制要因を無視するものである。

まず第一に、少なからぬ「セックスワーカー」には、彼女たちを支配して金を巻き上げるピンプがおり、ピンプの支配下で売春をさせられている。この場合、彼女たちは直接的に強制された状態で売春に従事させられている。第二に、そのようなピンプの支配下になくても、ほとんどの売春従事者は、貧困、低賃金、借金、精神疾患、孤立、子どものころの虐待（とくに性虐待）、機能不全家族、若さ、依存症、などのさまざまな個人的ないし社会的な脆弱性のせいで売買春へと引き込まれているし、そこでの「仕事」の結果としてそうした脆弱性をより多く抱えるに至っている。[40] とくに子どものころに虐待と性虐待を受けた経験は、売買春に入る女性たちにかなり普遍的な要素であり、二〇〇三年にメリッサ・ファーリーが九ヵ国で八五〇名以上の被買春女性を対象に行なった調査では、五九％の人が保護者から怪我するほどの暴力を受けた経験があり、六三％が性的虐待を受けた経験があった。[41]

そもそも、女性を性産業に引き込もうとする業者やピンプやスカウトマンたちが狙うのは、できるだけ若く、しばしば未成年の女性、学歴や資格を持たない女性、親がいないか虐待的な親であるために適切な保護を受けられない少女、知的障害を持つ女性、生活困窮者や多額の借金を抱えている女性、移民の女性や有色人種の女性、性被害を受けて自暴自棄に陥っている女性、さまざまな依存や嗜癖に陥っていて常に生活費以上の現金を必要としている女性、等々である。つまり、最も自己決定権を行使できない立場にいるか行使する能力に乏しい女性たちである。性産業やセックスワーク派は、そうした女性たちを主たるターゲットにしておきながら、売買春は女性たち自身の自発性にもとづいているとか、店側が女性たちを守ってやっているなどとうそぶくのである。

また、たとえ売買春に入った時点では、女性自身が自分の判断で入ったとしても、後でも述べるように、売買春の中での過酷な経験が心身に深い傷やストレスを与えることで、医療費がかかったり、さまざまな依存症に陥ったりすることで、結局、自発性や選択の要素はしだいになくなっていき、強制の要素がしだいに増大していき、ますます売買春から抜け出せなくなる。さらに、売買春から離脱した後も、しばしばそのダメージは長く続くのである。売買春サバイバーのアナベルさんは次のように証言している。

女性が「選択」によって性産業に入るというのは嘘だ。選択をするには、選択する対象について真実を知っている必要がある。私はすべての被買春女性は囚われの身にあると思っている。それは、人身売買された女性たちのように単に身体的にだけでなく、性産業の嘘によってもだ。この業界は、いったん女性たちを誘い込めば、簡単には抜け出すことができないことを知っている。性産業が私さらに言えば、女性を男性よりも低い地位に置きつつ、女性の価値を何よりもそのセクシュアリティと男性への奉仕に置くこの性差別社会そのものが、女性たちを売買春をはじめとする性産業へと社会構造的に追いやっているのである。

またこのような直接的・間接的・構造的な強制の諸要素をすべて度外視しても、そもそも女性が売春を「選択する」ことができるのは、買春する男たちがいるからである。一人で売春することはできない。お金という権力を用いて他人の最もプライベートな性的部位への一方的アクセスを行なおうとする男たちの（かなり広範な）存在を、売春というものは前提しているのであり、買春者による権力行使という一点においてすでに売春はけっして純粋に自発的な行為ではありえない。それは、対価型セクシュアルハラスメントがそうであるように、本質的に「強制された性行為」を意味するのである。

「セックスワーカーは貧困ゆえに売春に従事しているので、売春が禁止されれば路頭に迷う」論

セックスワーク派は一方では、女性は自発的に売買春に従事していると言いながら、それと同時に、セックスワーカーは性を売ることでしか生活できず、売買春が禁止されれば、生活の糧を失って路頭に迷ってしまう、だから売買春を禁止してはいけないと言う。先の自発論とこの困窮論とは明らかに矛盾しているが、セックスワーク派は平然とこの二つを同時に言う。だが、もし自発論が本当なら、一時的に仕事を失うだけで、通常の失業者と同じになるだけであり、適切な支援と保護があれば、路頭に迷うことはなく、したがって困窮論は成立しない。北欧モデルはまさにそのような手段を提供しようとする。逆に、困窮論が本当なら、彼女らは純粋に自発的に性的サービスを売っているのではなく、生きていく

必要に迫られて性を売っていることになり、自発論は破綻する。

彼らがこの二つを同時に主張するのは、自発論が右派のリベラル派（ネオリベラル派）を説得するのに有効であるが、それだけでは社会的コンセンサスを得られないので、困窮論でもって左派のリベラル派をも説得しうるからである。実際にはセックスワーク論を唱えている人々の多くは「路頭に迷う」セックスワーカーのことを本気で心配しているのではなく、困窮論を持ち出せばセックスワーカーをだしにして、性を買う男の権利と、他人に売春させて金を儲ける業者（ピンプ）の権利（これも男の権利）を擁護することができるからである。

もう少し賢いセックスワーク派は、ほとんどの「セックスワーク」が完全な自発性のもとにあるのでもなければ、完全な強制のもとにあるのでもなく、自発性の要素と強要の要素とが絡み合った状況下で起こっていることを認める。だが、彼らは同時に、どの職業でもそうした絡み合いは見られるのだと言うことで、性行為における強要の要素が持つ固有の搾取性・暴力性を相対化し無化する。また、先に述べたように、性的行為における金銭という力の行使が、売買春というものを、単なる自発性と強制性との絡み合いという水準を超えて、根本的な点で「強制された性行為」の範疇に位置づけるものであるという事実をも無視する。

女性を性産業に導く最大の理由は貧困であるが、ほとんど人が考慮していないのは、性産業に入っても本当の意味で貧困から脱出できることはめったにないという厳然たる事実である。たとえば、ピンプによって支配されていて、収入の大部分がピンプに吸い上げられている場合には、いくら稼いでもそのほとんどは自分のものにならない[43]。また収入が自分で管理できる場合であっても、売春はあまりにも深く心身にダメージを与えるものなので、長期間にわたってできる仕事ではなく、しかも年を取るごとに賃金が増大する通常の仕事と違って、年を取るに安くなる（あるいは安いお店に移動せざるをえなくなる）。客の指名を取るために、常に美しくなければならず、整形手術のための費用に金が消えることも多い。吐き気の催すようなこの「仕事」によるストレスを解消するために、買い物依存やホスト通いにはまる場合も少なくなく、さんざんいやな思いをしてせっかく稼いだ金は羽が生えたように飛んでいき、再び貧困に陥って店に戻っていく。また心身への深刻なダメージはしばしば通院や入院を伴い、医療コストも増大する。自殺念慮が深刻になる場合もあり、メンタルを病んで、日常の生活さえ困難になることもまれではない。ドラッグが容易に手に入る環境においては、ドラッグへの依存がいっそう当人を貧困に追いやり、そのドラッグ代を稼ぐためにいっそうリスクの高い売買春の形態へと移っていく。たとえば、売買春が合法であるオーストラリアで長期間にわたって売買春に従事していたリンダさんは次のように証言している。

売春店で継続して働くための唯一の道はドラッグを使うことだった。私はコカインと覚せい剤を何度も使用するようになった。それらのドラッグはシフトをこなすための活力を与えてくれた。(44)

このように売春は一種の出口なき迷路であり、いったんそこにはまると、多くのシフトを激しくこなしてお金を稼ぐ行為と、そんな「仕事」をしていなければ必要のなかった莫大な出費とのあいだをぐるぐると回り続けることになる。たとえば、売買春が完全に非犯罪化されているニュージーランドで六年間売春に従事したジェイドさんは次のように証言している。

重要なのは、売春から精神的トラウマが生じ、それに続いて客やスタッフや他の同業女性たちからドラッグに誘われるということの結びつきを理解することだ。そして、これは私のような女の子たちを「合法的」セックスワークに縛りつけ閉じ込める罠なのだ。絶え間なく襲いかかるトラウマと、それから逃れるためのドラッグは、依存症から抜け出すことを不可能し、したがってセックスワークを通じて手っ取り早く稼ぐことが必要になり、このサイクルから抜け出すことをますます難しくする。こうして女性たちは文字通りにこの業界に閉じ込められるのである。[45]

売買春があたかも貧困女性に対するセーフティネットであるかのように考えるのは（そうした発想そのものに含まれるおぞましさと暴力性は別にしても）、まったく非現実的である。売買春を全体として縮小しつつ、そこから脱出する女性にさまざまな支援を提供する北欧モデルだけが、この悪循環を断ち切る手段たりうる。

「合法化すればセックスワーカーへのスティグマが払拭される」論

セックスワーク派は売買春の非合法性がセックスワーカーに対するスティグマを生み、したがって、合法化して他のどの仕事とも同じということにすれば、スティグマが払拭されると主張する。もしそうだとすれば、売春が合法であった戦前の日本の方がスティグマは現在より少なかったことになるはずだが、実際には現在よりもはるかに深刻であった。非合法性それ自体が売春者へのスティグマを生むのではない。

売春者がこうむるスティグマは、性差別的な男性優位社会（あるいは「家父長制」）に内在する次の四つのメカニズムの結合によって生じる。

まず第一に、女性を「まっとうな女性」と「売春婦」に分断し、前者を「生殖としての性」に、後者を「性欲としての性」に[illegible]ようとするメカニズムがある。[illegible]

とし、セックスワーク派はすべての女性を（潜在的に）後者に一元化することでこの断絶を「乗り越え」ようとするが、実際にはそれが事態をいっそう悪化させるだけである。

第二に、性をすぐれて人格的なものとみなす人権論的立場とは逆に、人格そのものを性の特定のあり方に等置しようとするメカニズムである。先ほども少し述べたように、性の人格性を承認することと、人格そのものを性に等置することとはまったく別のこと、むしろ正反対のことであり、いわゆる「売春婦」へのスティグマを生み出すのは、後者のメカニズムである。性を売る側（あるいは売らされる側）の人格性がその性的振る舞いによって全的に規定され、それゆえ単に「性欲を満たすための存在」へと還元されてしまうというメカニズムこそがスティグマを生むのである。この等置構造を乗り越えるために、セックスワーク派はそもそも性と人格性とを切り離そうとするのだが、それは「産湯とともに赤ちゃんを流す」ものである。人格そのものを性に等置するメカニズムを拒否しつつ、性の人格性を積極的に承認して、それの強い保護を求めることは、性を侵害された側のスティグマをもたらさず、むしろその尊厳を主張するものである。

被買春女性に対するスティグマが生まれる第三のメカニズムは、売春女性がそれを自発的に選んだという擬制が存在することである。売買春においては、人格的なものとしての性が取引されているのだが、売春女性の「自発性」や「自己選択」という擬制は、人格的なものである「性」をお金と引き換えに進んで引き渡した者というスティグマを生むだろうし、またその過程で生じるさまざまなリスク、暴力、トラウマ、アディクション（依存）などの否定的結果はすべて本人自身が招いたものとされ、自業自得というスティグマが捺《お》されてしまうだろう。言うまでもなく、この自発性や自己選択の契機を強調するセックスワーク論は、この擬制をいっそう強化し、したがってスティグマを強化することになる。それゆえセックスワーク論は、これを回避するために、性売買の現場の危険性やリスクをできるだけ過小評価し、一部の悪徳業者や一部の悪い買春者が偶発的に起こす問題にすぎないと言わざるをえない。最近ではこの傾向はもっと極端になっており、そもそも性売買の現場で殺人や暴力が起こっても、それが性売買の過程で起こったことを指摘すること自体がスティグマを強化するという理屈のもと、セックスワーク派は暴力の現実そのものを隠蔽し、なかったことにしようとする(46)。

第四に、売買春においてもっぱら直接の売り手である女性だけをクローズアップし、ピンプや買い手や売春業者を不可視なものにするメカニズムである。売買春システムは、自分の性を買われている女性、彼女たちの性を買っている男性、そして両者の背後にあって、この性売買から利益を得ている業者やピンプという三者によって構成されているにもかかわらず、この三者のうちで何ゆえか買われている女性だけがクローズアップされ、そこで起こるあらゆることが基本的に彼女らの問題とされてしまう。お金を出して他人の性を搾取しようとする買春男性や、女性の性を金儲けのために利用するピンプや業者こそが社会的スティグマを捺されるべきなのに、彼らはほとんどの場合不可視化されている。北欧モデルはまさにこのような構造を克服しようとする。本来の加害者を処罰することで、彼らに焦点を当て、可視化し、そして彼らにしかるべきスティグマを捺す。そして逆に被害者を非犯罪化して、支援・保護の対象とすることで、彼女らに不当に捺されてきたスティグマを根本的に払拭しようとする。実際、北欧モデルの最初の導入国であるスウェーデンでは、恥とスティグマが被買春者から買春者へと根本的に移ったことが示されている(47)。

その逆をしようとするのが、セックスワーク派が推進している包括的非犯罪化である。そもそも「セックスワーク」、「セックスワーカー」という用語自体、ほとんどもっぱら直接の売り手である人々に焦点を当てた言葉であり、結局、買春男性も業者もこの用語の背後に隠れて、不可視化されている(48)。そして、売買春の合法化・非犯罪化論は、直接の売り手たる女性のスティグマを取り除く

春男性や業者（ピンプ）をも合法化・非犯罪化しようとするのだが、売買春におい
て、被害者である直接の売り手と、加害者である買春男性や業者とを同列扱いし、両者を非犯罪化することは、何ら被害者のスティグマ解除につながらず、ただ加害者のスティグマ解除につながるだけである。たとえば、セクシュアルハラスメントを犯罪とみなさないようにするとしたら、いったいどうなるだろうか？　被害者は被害者とみなされなくなり、彼女らが受けた搾取とモノ化とは暴力とも被害ともみなされなくなるだろう。そして、それでもこれらの人々が被害者感情を持っているとしたら、妄想癖のある人物としてスティグマ化されてしまうことになるだろう。

売買春の合法化による最大のスティグマはまさに、売買春において女性が性的なモノ、性的な商品として扱われているのに、それが正当で普通のことだとされていることである。これ以上のスティグマがいったいどこにあるだろうか？　非犯罪化／合法化は、売買春の中の女性たちのスティグマを払拭するどころか、最も根本的な形で彼女たちをスティグマ化するのである。

実際、非犯罪化／合法化された国々でも、多くのサバイバーが証言しているように、何ら売買春の中にいる女性たちに対するスティグマは払拭されていない。たとえばセックスワーク派が非犯罪化政策の見本として絶賛しているニュージーランドで長年にわたって売買春の中にいたある女性は次のように述べている。

> 性的同意を回避するためにお金を払う男たちが非犯罪化され、その状況を金銭的に利用して儲けるピンプがただの普通の事業者や起業家として正当化されているというのに、私たちはいまだスティグマを着せられている。こんな風に私たちを虐待してもOKだと考えることができるのは、私た

ちの人間性を奪い、私たちがそれに値すると信じることによってだけだ。それは私たちの「選択」であり、したがって私たちの落ち度だというわけだ(49)。

このように、当事者自身が、非犯罪化によって単にスティグマがなくなっていないだけでなく、非犯罪化によって買春者とピンプが正当性を持つことで、むしろ被買春女性へのスティグマが強まっている実態を告発している。

「売買春廃止論はセックスワーカーへの差別だ」論

この「スティグマ論」と一体となって、売買春に対する批判を封じる最も重要な武器として機能しているのが、売買春の廃絶を主張する者はセックスワーカーを差別しているという「差別論」である。まずもって、もしこのような議論が成り立つなら、原発廃止論は原発労働者への差別になるから、原発廃止を言ってはならないことになるだろう。だが、むしろ原発推進派こそが、原発労働者のこうむる被害に無関心なのであり、彼らこそがまさに原発労働者に対する差別を行なっているのである。それと同じく、売買春合法化論者こそ、「セックスワーカー」が日々こうむっている被害に無関心なのであり、また合法化されることで膨大な数に膨れ上がる「セックスワーカー」の増大する被害にも無関心なのだから、「セックスワーカー」を差別しているのは、他ならぬセックスワーク派なのである。

しかし、売買春合法化論者と違って、原発推進派は基本的に右派ないし保守派なので、原発廃止論は原発労働者への差別であるという左派的レトリックを思いつかなかったし、採用しなかった。それに対して、売買春合法化論は右から左まで支持者がおり、その左の支持者たちは、自分の意見に反対する者に「差別者」という

たちにそうした戦術を採用した
て有効だった。
さらに、この「差別論」は、売買春に反対するフェミニストたちを問答無用で糾弾し、彼女らを弾圧し、口を封じるためのレトリックとしても活用されている。彼らが大好きな「スティグマが私たちを殺す」というスローガンは、文字通り、売買春を批判する者たちを「人殺し」とののしり、批判者の声を封じ込めるのに使われてきた。たとえば、売買春が完全に非犯罪化されているニュージーランドで北欧モデルのために運動しているあるアボリショニストは次のように証言している。

脅すこと、サバイバーに対してもそうなのですが、それが、この種の言説が用いてきた手段の一つです。つまり、売買春を批判することは「スティグマ」をつくり出すことであり、スティグマは暴力を引き起こすのだ、こういうことを女性たち――被買春女性であれ、そうでないのであれ――に信じさせようとするのです(50)。

だが実際には、売買春の縮小と廃止をめざすフェミニスト・アボリショニストだけが、セックスワーカーのこうむる被害を真剣に考えているのである。実際、アボリショニストの運動は同時に売買春サバイバー自身の運動でもある。

「売買春を禁止しても地下に潜るだけで、セックスワーカーをより危険にするだけだ」論

セックスワーク派が最も愛好する屁理屈の代表格がこの「地下に潜る」論である。彼らは二言目には「地下に潜る」と言い、そう言うだけで、売買春の廃止をめざすあらゆる議論を無効化できるものと思

っている。この議論に対してはさまざまな面から反論可能である。

まず第一に、最初にこの北欧モデルを導入したスウェーデンにおいて、この「地下に潜る」論は具体的に反証されている、少なくとも何ら実証されていない[51]。スウェーデンで実際に北欧モデル法の執行責任者である人物は、次のように述べて、この「地下に潜る」論を一笑に付している。

> 私はこのような議論を聞いてびっくりしています。スウェーデンを除く世界中でこの議論を耳にします。どうやらスウェーデン以外の国では、誰もが、この法律が施行されるとどうなるかに関する専門家になっているようです。……私の答えは、「おいおい、私は警察官だ。私は一〇年間売買春課にいるが、売買春は地下に潜ってなんかいない。それを見つけることは可能だ。携帯電話を貸してくれさえすれば、それがどこに存在するか教えてあげるよ」。……買い手がアパートやホテルの部屋にいるこうした女性たちを見つけることができるなら、警察にもできます。必要なのは携帯電話やスマホです[52]。

第二に、多くの人が理解していないのは、合法化国の方が「地下に潜る」部分がよっぽど多いという事実である。というのも、ほとんどの合法化国は公衆衛生上やその他の必要から、店舗の登録や届け出などを義務づけているが、そうした登録を嫌がって営業する違法店が合法店の数倍多く存在するからである[53]。あるいは、買春女性の保護のためとして、買春者にコンドームの着用を義務づけている国もあるが、そうした国ではコンドームの着用を求めない違法店が増殖することになる。つまり、売買春の廃止に向けた措置は、いわゆる「地下に潜る」部分を含めて全体として産業規模を縮小させていくものである」部分をも増大させるのである。

さらに、この「地下に潜る論」は本質的にセックスワーク論のその他の言い分と矛盾している。彼らによれば、ほとんどの売買春はいかなる強制もなしに自発的になされている。もしそうだとすれば、法で禁止されれば、単に他の仕事を選択すればいいだけで、あえて地下に潜ってまで続ける必要はないはずである。また、たとえ一部の愛好者が違法覚悟で続けるとしても、その仕事そのものが他のどの仕事とも同じぐらい安全なものならば、地下に潜ったからと言ってより危険になる理由も存在しない。むしろ売り手も買い手もより慎重にやるようになるので、より安全にさえなるだろう。

ところが多くの人はそう考えない。売買春を禁止しても、①それは地下に潜るだけで、②より危険になる、という主張が多くの人にとって一定の説得力を持つのは、実は、セックスワーク派の表向きの言い分とは正反対のことを多くの人が無意識のうちに想定しているからである。すなわち、①圧倒的大多数の売買春は自発的になされているのではなく、直接的・間接的な強制のもとでなされている。②売買春はそれ自体として危険を伴うものであり、売買春の中の女性たちはさまざまな被害に遭いやすいきわめて脆弱な地位にあり、さらに業者も買春者もおよそ善人ではなく、女性を危険にさらすことに躊躇しない。このような無意識の前提があるからこそ、違法化しても地下に潜るだけで、しかもいっそう危険になる（つまり元から危険である）という主張がそれなりの説得力を持つのである。

つまり、「地下に潜る」論の（暗黙の）根拠はまさに、売買春を廃止すべき理由に他ならないのである。そしてそれが廃止されるべきものだとすれば、この搾取構造を解体し、その中の被害者を救済し、加害者を処罰する方向で法体系と法執行を構想するべきなのは当然である。買われている側（被害者）も買っている側や業者（加害者）も等しく犯罪者とみなして罰することは、当然、この目的に合致しない。この目的に合致するのは、被害者を処罰せず、彼女らに支援と保護を提供し、加害者たちを厳格に罰することである。この過程ではもちろん、一部の業者は被害者を道連れにして地下に潜ろうとするだろうが、それに対する対処は合法化や非犯罪化ではなく、地下に潜った業者を適切に摘発すること、最後の一人まで被害者を救出することである(54)。

この「地下に潜る」論が持つ一定の説得力には、実はもう一つの暗黙の前提がある。すなわち、これを唱える人々、あるいはそれを受け入れる人々は、売買春はけっしてなくならない、それは人類が続くかぎり続くと暗黙のうちに（時に公然と）前提しているのである。「地下に潜る」論の正体は「売買春永遠」論なのである。売買春はけっしてなくならないのだから、それを廃止しようとしても無駄であり、それらは地下に潜るだけで（禁酒法の時代の密造酒のように）、問題は解決しないというわけだ。だが「売買春永遠」論には何ら科学的根拠はない。その正体は実は、女は金と引き換えに自分の性を売るような存在であり（これこそスティグマだ！）、他方で、男の性欲は抑えられず、金で獲得できなければ暴力に訴えかねないという、大昔からの性差別的神話に他ならない。どんな高尚でポストモダンなセックスワーク論も、その立派な理論的装いをはぎとってみれば、結局、恐ろしくプレモダンな性差別的神話に依拠しているのである。

「売買春を合法化すれば、人身売買が減少する」論

この「地下に潜る」論と同じ系譜に属するのが、売買春を合法化すれば人身売買が減少するという「人身売買減少論」である。セックスワーク派は、同意にもとづく売買春と強制にもとづく人身売買とをいっしょくたにすることに声高に反対し、前者を非犯罪化／合法化し、後者のみを違法化して、取り締まりの対象にすることで、効率よく人身売買に取り組めるので、人身売買が減少すると主張する。また彼らは、合法化された売買春の中の女性たち

で、警察に積極的に通報するなどの協力をするようになるだろうとも主張する。
しかし、このような理屈は、①彼ら自身の「地下に潜る」論と矛盾し、②政治と経済の常識からしてもおよそ成り立つものではない。

まず①。セックスワーク派の理屈によれば、性売買を違法化してもただ地下に潜るだけで、むしろその中にいる人々をより危険にさらすことになるわけだから、人身売買を違法化しても地下に潜るだけで、人身売買被害者をいっそう危険にさらすことになるだろう。彼らの理屈によれば、人身売買も非犯罪化するしかない。

次に②。売買春が合法化・自由化されれば、必然的に多くの業者やピンプがそこに参入するようになり、産業規模は拡大し、大規模な需要が喚起され、したがって、それを満たすためにいっそう多くの被買春女性が必要になる。それゆえ何よりも、より脆弱でより保護されていない女性層（未成年者、貧困者、障碍者、非保護少女、被虐待経験者、少数人種・民族出身者、先住民、移民、等々）が真っ先にターゲットにされる。さらには、国内だけで需要が満たされない場合には、世界の最も貧しい国々からの人身売買によってまかなわれることになる。このことは合法化を実施した多くの国で実際に起こっていることであり、合法化されたどの国でも外国人の若年女性が被買春女性の六割から九割を占めている。

とくにドイツやオランダなどの先進ヨーロッパ諸国における売買春の合法化が、ちょうどソ連・東欧における「社会主義」体制の崩壊後にあいついで実施されたことは、旧ソ連・東欧諸国における経済崩壊によって貧困化した大量の若い女性たちが磁石に引きつけられる蹉跌のように、西ヨーロッパの売春合法化国に（人身売買業者を通じて）吸収されていった。その数は数百万人規模に上る[55]。とくに悲惨だったのはルーマニア人女性が被った悲劇である。東欧で最も貧しい国の一つであり政権が腐敗してしたルーマニアでは、人口がわずか一九〇〇万人であるにもかかわらず、共産党政権崩壊後の一五年間で一五〇万人もの若い女性が人身売買されて、ヨーロッパ各国に運ばれていったという。この数はルーマニアの生殖可能年齢人口の女性の四分の一に当たる[56]。

また、合法化されれば、被買春女性が、合法的にそこにいるのか非合法に連れてこられた人身売買被害者なのか、見た目ではまったく区別できないので、必然的に、合法売春の陰に隠れて、非合法の人身売買や強制売春が隆盛を極めることになる。これは経済的常識である。警察も、全体として合法化されている産業に対する警戒心を持たなくなり、そこでの犯罪は容易に見逃されることになる。

以上のことは、実は他の取引に関しても当てはまることである。たとえば象牙取引を例にとろう。現在、アフリカ象は絶滅危機に瀕しており、かつて二〇世紀初頭には一〇〇〇万頭以上いたのが、世界的な象牙取引が活発化したせいで、五〇万頭ぐらいにまで激減した。その後、アフリカ象の数は若干増えたのだが、その最大の理由は象牙取引が一九八〇年代に国際的に禁止されたからである。ところが、ほとんどの国では象牙取引が禁止されているのに、日本政府は合法取引を継続した。日本政府は、象牙取引を禁止しても、地下に潜るだけだから、むしろ合法化して適切に管理した方が、密猟を防ぐことができるという、まさにセックスワーク派と同じ論法を用いて合法取引を継続したのである。その結果はどうであったか？　密猟の再上昇である。象牙そのものを見ても、それがアフリカ象から象牙をとること禁止される以前の象牙なのか、それとも現在も続いている密猟によるものなのか区別がつかないので、この日本の合法取引の陰に隠れて非合法の象牙取引が盛んにおこなわれ、その持続的な需要を満たすためめに、アフリカ象が大量に密猟で殺される結果をもたらしているのである[57]。

「児童買春はだめだが、成人同士の同意にもとづく売買春なら問題はない」論

不思議なことに、セックスワーク派の多くは子どもの売買春に対しては否定的であるかのように振る

舞う（そういう振る舞いさえしないセックスワーク派も少なからずいるが）、そうしないと世論の支持を得られないからだろうが、彼らの本音は不明である。しかし、そもそも彼らの論理からして、子どもの売買春を否定することはできないはずである。もし性に特別に保護されるべき特殊性が何もなく、他のどの労働とも同じなら、一定の規制と監督のもとでなら子どもの売買春を認めることも否定できないはずである。ちょうど俳優の子役の「労働」が一定の範囲で認められているように、あるいは子どもが親の仕事を手伝うことが認められているように、高校生のアルバイトが一定範囲で認められているように。どうして子どもの売買春がだめなのか、彼らははっきりと語ることができない。あるいは子どもの場合にそれほど有害なものが、どうして一八歳になったとたんに何の問題もない単なる労働になるのか？

また、多くの証言と調査から明らかになっているように、多くの売春従事者は未成年の時に入っており（より正確には入らされており）、成人買春と子ども買春とは連続している[58]。子どもの売買春は、特殊に子どもを嗜好するペドファイル向けの閉じられた市場なのではなく（その面ももちろんあるが）、それは成人の売買春の最も重要な供給源なのである。成人の売買春が法的に容認されているかぎり、たえずそれへの供給源として子どもがターゲットにされる。ちょうど人身売買と同じく、子どもの売買春を生み出す最大の原因は実は成人の売買春そのものなのである。

また、先の「地下に潜る」論は、子どもの売買春にも適用可能なはずである。もし本当に売買春を禁止しても地下に潜るだけで、いっそう当事者を危険にさらすのなら、子どもの売買春はなおさら禁止してはいけないはずだろう。なぜなら大人よりも子どもの方がはるかに脆弱であり、したがって地下に潜れば、はるかに危険になるからだ。したがって、セックスワーク派は何よりも児童買春の非犯罪化を主張するべきなのである。彼らがそうしないのは、そんなことをすれば彼らの本性が赤裸々に暴露されるからである。

この児童買春についてもう一つ言っておく必要がある。一般に成人相手の買春よりも、児童相手の買春の方が価格が高い。通常の労働の場合だと、児童労働は成人労働よりもはるかに値段が安いが、売買春の場合、この関係は逆転するのである。もしセックスワークが労働の一形態なら、どうして最も未熟で労働の要素が最も少ない子ども相手の買春が最も値段が高いのか？　この一点だけからしても、セックスを労働に還元したり、売買春を単なる仕事の一つとみなす見方が根本的に誤っていることがわかる。そこで売買されているのは労働ではなくセクシュアリティなのであり、そこで満たされているのは労働による何らかの有用な成果ではなく、他者のセクシュアリティ、人格、性的身体に対する買い手の一方的な支配欲なのである。

「他の仕事でも危険やリスクはあるので、売買春は特別ではない」論

これもセックスワーク派が好む屁理屈であり、セックスワーク論そのものから出てくる論拠であるとも言える。[59]たしかに、他の仕事でもさまざまなリスクはつきものであり、過労死もあれば、労災もある。感染症にかかる場合もある。精神を病むこともあれば、長期間続けられない場合もある。労働現場でいじめがなされることもある。だがこれらの事実は、売買春におけるさまざまなリスクや健康被害や暴力を正当化するだろうか？　もちろん正当化しない。原発労働の危険性と有害性について語る者に対して、土木工事や建設工事にも危険は伴うと言い出す者がいるとしたら、そのような人物は原発産業の手先だとみなされるだろう。また、すでに述べたように、性産業においては競争が激しく、できるだけ多くの客の指名を取るために、さまざまなルールや安全性が無視されているのが現実である。

さらに、多くのリスクを伴う仕事の場合（たとえば警官、消防士、レスキュー隊、医者、看護師、土木作業員など）、通常、そのための十分な訓練を受け、しばしば国家資格を取る必要があるが、売買春にお

いて最も求められるのは、できるだけ若く、美しく、[illegible]経験[illegible]定の若さの範囲内では、経験がプラスになるが、あくまでも一定の若さの範囲でしかない)。そして、通常、リスクの伴う仕事では安全性を確保するための重装備が必要になるし、とくに生身の身体に接触する場合にはそうだ。だが売買春においては、通常は密室で、全裸かそれに近い格好で、相手の生身の身体に直接触れ、性器や粘膜部分を接触させる。裸かそれに近い格好で患者と接触する医者や看護婦がいるだろうか? 下着姿で火事や土砂崩れの現場で作業する者がいるだろうか?

だが、実のところ、売買春ではどのような被害が生じているのだろうか? それははたして他の仕事と比較可能な程度のものなのだろうか? 売買春の実態調査については多くのものがあるが、その一つとして、すでに少し触れたメリッサ・ファーリーらによって九ヵ国八五〇人以上の売春従事者を対象に行なわれた調査を見てみよう。それによると、七一%が売春中に身体的暴行を受けたことがあり、六三%がレイプされ、八九%が売買春から逃れたいと思っていたが、他に生き延びるための選択肢がなかったことが明らかになっている。合計で七五%が人生のどこかの時点でホームレスになっており、六八%がＰＴＳＤの基準を満たしていた。[60] いったい、従事者の七一%もの人が身体的暴行を受け、六三%がレイプされる「仕事」が他にあるのだろうか? もしあるとすれば、その仕事が何であれ、人々はそれの廃止を当然のごとく要求するのではないだろうか?

売買春においては殺人事件さえも頻繁に起きている。たとえば、売買春合法化国ドイツで、買春者や業者やピンプによって殺された被買春者の数の統計を取っているマヌエラ・ショーンによれば、ドイツでは二〇〇〇年から二〇一九年まで九一件もの殺人事件と四三件の殺人未遂事件が起きている。しかもその被害者の多くは移民女性である。[61] 他の合法化国でも同じであり、イギリスのあるアボリショニストのサイトによれば、オランダでは二〇一三年までの三〇年間で一二七人の被買春女性が殺され、スペインでは二〇一〇年から二〇一八年の間に四三人が殺されている。(62) いったい、これほど殺人事件が起きている仕事が他にあるだろうか？ たしかに事故で亡くなる危険な仕事は少なからず存在するが、顧客によって殺される事件がこれほど大量に起きている仕事が他にあるのならぜひ教えていただきたい。(63)

さらに言うと、さまざまな危険性を伴う仕事は、それでもやはりその仕事そのものに何らかの社会的有益性がある場合のみ正当化される。警察官の仕事やレスキュー隊員の仕事は危険だが、その社会的有益性ゆえに正当化されている。だが、社会的有益性が何もないのに、その「仕事」の過程で多くの従事者が病気や暴力や殺害さえこうむっているとしたら、そのような「仕事」はなくすべきだと誰もが言うだろう。たとえば、政治指導者の巨大な銅像を建てるのに多くの人々が事故に遭ったり死者が多数出ているとしたら、われわれはそのような馬鹿げた事業はただちにやめるべきだと言うだろう。そうした主張に対して、「いや他の仕事でも病気や怪我人は出るじゃないか」と言ったり、あるいは「みんながみんな病気や怪我をするわけではない」とか、「楽しんでやっている人もいる」とか、「その事業をやめれば路頭に迷う人がいる」などと言い出す人がいるとしたら、誰もがあきれ果てるだろう。

そして売買春は、単に社会的有益性がまったくないというだけでなく、すでに述べたように、その仕事の本質そのものからして女性の性的尊厳を踏みにじり、性的不平等をつくり出し、社会の性的安全性を脅かす「仕事」なのである。そのような「仕事」におけるどんなわずかなリスクも、それだけで十分に許容できないリスクである。そこで生じるどんなわずかな被害も十分すぎるほど大きな被害である。ましてや、そこでのたった一人の死者も、多すぎる死者である。他のどの仕事とも同じだと言いたがるセックスワーク派は、そう言うことによって、いかに彼ら自身が「セックスワーカー」の受ける被害をとことん軽視し、彼女たちのことをとことん蔑視しているかを示しているのである。

さて、どの

しているのだから家庭も廃止するべきではないかと言い出している。だがこれも的外れである。なぜなら、どの仕事に従事していても、家庭やその他の私的関係を他人と結んでいる点ではみな同じであり、仕事におけるリスクは、そうした家族や私的関係におけるリスクにプラスアルファとして生じているからである。さらに言えば、すでに性的安全権のところで述べたように、日常的に買春している男性は、ドメスティック・バイオレンスを犯す率も有意に高いので、売買春の合法化はまさにこの家庭内でのさまざまな被害をも増大させることになる。したがって、家庭内暴力の事例は、なおさら売買春を廃絶するべき理由になるだけである。ここでもセックスワーク派の放った矢は自分自身に突き刺さっている。

その他、セックスワーク派はその独創的な「知性」をフル回転させて、次から次へと売買春を正当化する屁理屈を編み出してくるが、それらはいずれも、すでに論駁したものと大同小異である。それらの屁理屈は結局、売買春を通じた男性による女性の性的搾取と支配を永続化させるためのものでしかない。

5　北欧モデルにもとづく新しいアボリショニズムに向けて

以上、セックスワーク論の本質的な問題点とその詭弁性について詳細に論じてきた。最後に、このセックスワーク論およびそれにもとづく合法化ないし非犯罪化政策に対するオルタナティブとしての北欧モデルないし平等モデルについて簡単に説明しておく。

北欧モデル（平等モデル）とは何か

まず言っておかなければならないのは、北欧モデルは単なる法政策ではなく、法を一つの手段として、売買春をはじめとするあらゆる商業的性搾取を、そしてそれらと不可分に結びつき一体となっている「女性に対する暴力」の根絶をめざす長期的で総合的な社会的取り組みの一環だということである（最初にそれを導入したスウェーデンの法がまさにそうであるように）。したがってそれは特定の誰かを懲らしめたいという懲罰主義的欲求にもとづくものではないし、ましてや警察国家を強化したいという隠れた権威主義的願望にもとづくものでもない。

この北欧モデルには四つの柱がある。まず第一の柱は、売買春を風俗犯罪や道徳的な悪とみなすのではなく、女性に対する搾取と暴力、性差別の一形態であるとの基本認識に立ち、その廃絶の一環としてこの法を立法し執行すること、である。この基本認識は重要であって、法ないし政策全体の方向性を定めるものであり、後で見るように日本の売春防止法に決定的に足りない部分でもある。またこの基本認識は当然にも、法執行機関と社会全体がそういう認識に立つことを促すことを必要とし、したがってそのための教育的・啓蒙的措置をも必要とする。警察官や検察官や裁判官の多くが依然として旧態依然たる女性差別意識（売春婦差別はその一形態である）に囚われていたり、あるいはセックスワーク論に立っている場合には、たとえ立派な法律ができても、それはまともに執行されないだろう[64]。同じく社会の多数によって支持されていない法は往々にして十分な成果を上げないし、加害者が逮捕処罰されても、不当な扱いを受けたと本人も社会も認識してしまうことになるだろう。

第二の柱は、自己の性を買われる（売らされる）側の女性を被害者とみなして非犯罪化し、逆に、買い手を直接の加害者として処罰し、同じくピンプと売春業者、あっせん者、その他の便宜供与者などをラスメントの被害者なのだから、非処罰はあまりに当然であり（被害者がその被害ゆえに処罰されるほど理不尽なことはないだろう）、また買春者は直接の加害者の立場にあるのだから、彼らを処罰することは当然であり、女性を支配下に置いてそこから利益を稼ぐ業者やピンプが厳しく処罰されるべきなのもまた当然である。

第三の柱は、売春従事者の離脱と転職を支援し、彼女らが必要とする生活上・教育上・医療上・精神上のさまざまなサービスと支援を積極的に提供することである。北欧モデルは、ただ誰かを処罰したり取り締まったりするという刑事的側面に限定されたものではなく、福祉的・行政的役割をも担う法体系である。この第三のポイントは、被害者への支援だけでなく、加害者である買春者に対する再教育を含む場合もある。たとえば韓国の法体系ではそうなっている。

最後に第四の柱は、女性を売春へと追いやり誘導するさまざまな差別構造（性差別は言うまでもなく、人種差別や民族差別、障碍者差別も）、経済的貧困、福祉の貧弱さ、子どもの虐待やネグレクト、性暴力の蔓延、女性を性的なモノへと還元するポルノなどの性差別文化などの諸原因に総合的に取り組み、それらの縮小と克服を公的機関と市民自身の一致協力した努力によって徐々に実現することである。

以上の四つの点はいずれも重要なものであって、北欧モデル型立法のフェミニスト的・民主主義的性格を明確に示すものである。これらのいずれかが欠けていたり、不十分であった場合には、もちろん、北欧モデル型立法が目的とするものを十分に達成することはできないだろう。

日本の売春防止法の意義と限界

以上の観点から見た場合、日本の売春防止法はどのように位置づけられるだろうか？　冒頭で少し述べたように、それは古いタイプの廃止主義の立場に立つ法体系である。すなわち、戦前の日本のような合法主義に立つのでも、また北米型の禁止主義の立場に立つのでもなく、売買春を「（被買春者の）尊厳を傷つける」ものとみなして違法化し、売り手の女性を処罰せず、売春業者やあっせん者、資金や場所の提供者、売春の強要などを処罰することを主眼とし、被買春女性の保護と支援を（不十分ながら）めざすものである。その一環として婦人相談所や婦人保護施設が全国に作られ、被買春女性の最後のセーフティネットとして機能してきた。したがってそれはまぎれもなく人権法であって、不十分ながらアボリショニズムの立場に立つ法体系である。昨今の日本の研究者はこの売春防止法を過度に否定的に評価する向きがあるが、それが戦前における事実上の人身売買合法化体制（ここから戦時「慰安婦」制度も生まれた）から決別し、女性の人権保護をめざすものであって、まさに性と女性の人権の分野で戦後民主主義を体現するものであったのである。このことを過小評価してはならない。

しかしそこには、当時の人権意識と運動の水準を反映したいくつかの限界があった。まず第一に、買春は第一条で禁止されているが、後の児童買春禁止法と違って、買春行為に対する処罰規定が存在せず（つまり違法だが犯罪ではない）、需要抑制がまったくできていないことである（そもそも「買春」という言葉さえ当時は存在しなかった）。同法の成立過程において、売春も買春も処罰の対象にするべきだという意見もあったが、売り手の女性を処罰するのは被害者を処罰することになるので人権に反するとされ、売る側を処罰しないのなら買う側も処罰するべきではないという法の衡平論にもとづいて買春行為も非処罰となった。買春そのものを取り締まるのは実務的に困難であるという意見も有力だった。

第二に、売春行為それ自体を処罰する規定はないが（しばしば忘れられがちだ）、第五条の公然勧誘罪においては、実質的に売春する側の女性も処罰される規定が残っていることである。

第三に、売春防止法で禁じられているのは対価を伴う不特定多数との性行為だけであって、いわゆる性交類似行為が明示的に含められておらず、後者は、後に風俗営業法等を通じて、合法的規制の対象に置かれてしまっていることである。ただし、売春防止法が存在するおかげで、性交類似行為は非合法業務の一つとして正当化されるところまではいっておらず、職業安定法や労働者派遣法では有害業務とみなされており、その点での明確な歯止めが存在する[65]。つまり、性行為を伴わない性風俗営業は違法ではないが、合法とまでは言えない不安定な法的地位にあると言うことができる。

第四に、この第五条との関連で、それに違反した女性に対する「補導処分」が定められ、婦人補導院が設置されていることである。だがこの制度は現在ではほぼ有名無実化しており、補導院に送られるのは年に一人いるかいないかである。

第五に、売買春に対する「尊厳」規定はあるが、当時の国際人権水準を反映して、売買春それ自体を「女性に対する暴力」や「性的搾取」の一形態とまでは規定していない[66]。

第六に、戦後ほぼ一貫して、低福祉志向の保守政権が続いた結果として、婦人相談所にしても婦人保護施設にしても、十分な予算が配分されず、数も少なく、きわめて貧弱な体制と設備のまま放置されてきたことである。婦人保護施設の職員たちの献身的な努力にもかかわらず、それが本来担うべき社会的役割を十分に果たしえない状況に置かれている。

したがって、今日的な人権論の地平に立って、売春防止法を北欧モデル型に近づけていくことが必要である。そしてすでに現在、売春防止法の本格的な改正に向けた動きが起こっているが、セックスワーク論に立った非犯罪化ではなく、現代人権論に立ったアボリショニズムの方向での抜本改正が行なわれるべきである[67]。

新しい廃止主義（アボリショニズム）に向けて

すでに述べたように、日本の売春防止法を含む古いアボリショニズムや北米型の禁止主義の法体系は、一九八〇年代以降のより高度な人権論およびフェミニズム理論の水準に立った北欧モデル型の立法（新しい廃止主義）と、当事者女性の人権の名のもとに売買春を合法化ないし非犯罪化する立法（新しい合法主義）とへとしだいに二分化しつつある。しかし、新しい合法主義は、売買春の中の女性たちの人権を守ることにほとんどないしまったく役立たなかった。暴力は減らず、スティグマも払拭されず、売買春の規模そのものが増大し、人身売買も増大した。全体としての売買春を合法化ないし非犯罪化したうえで、その中の人権侵害や過剰な搾取だけを取り締まるという社会的実験は壮大な失敗に終わった。選択肢は北欧モデル型立法しかない。

しかし、北欧モデルにもとづく法ができたからと言って、それで終わりではない。むしろそれは出発点にすぎない。それの誠実な法的・行政的・社会的執行が必要であり、社会全体の平等化、生存権の保証、人格的なものとしての性認識の確立、そのための人権的性教育の充実、等々が必要である。それは息の長い大規模な社会的取り組みを最初から想定している。制定して数年やそこらで劇的に成果が現れるというものではない。

さらに、今日のグローバル化した政治・経済・社会においては、一国における法には限界がある。フェミニズムもアボリショニズムも最初から国際的な思想であり、国際的な運動であった。一国だけで奴隷制が廃止できないように、売買春も人身売買も一国だけで廃止することはできない。北欧モデルは、国連をはじめとする国際機関の方針にならなければならないし、各国が協力して国際的に取り組むべき課題である。

その過程で、時にセックスワーク論にもとづく全面的非犯罪化や合法化が勝利することもあるだろう（オランダ、スペイン、ドイツ、ニュージーランド、オーストラリアのように）。しかし、その勝利は一時的なものにすぎない。現代人権論とフェミニズムの立場に立つ

デルにもとづく解決策し……
つつある。

たとえば、イギリスでは二〇一九年に保守党の人権委員会が北欧モデルを推奨する報告書『同意の限界――イギリスにおける売買春』を発表している[68]。これは合法化国と北欧モデル国のそれぞれの実態について比較検討し、合法化国では悲惨な状況になっていることを確認した上で、北欧モデルを推奨したものである。イギリスのスコットランドの議員のあいだにも最近、北欧モデル型の立法の導入を目指す動きがあり、二〇一九年八月に国会議員を含む超党派の派遣団がスウェーデンに視察旅行に行っている[69]。さらに、二〇二〇年九月一一日には、スコットランド政府は北欧モデル型立法の導入に向けた意見公募を開始した[70]。古い禁止主義の国であるリトアニアでも同様の動きがある[71]。

同じような動きは、すでに合法化を行なった国々でも起こっている。合法化国であるスペインでは、合法化によって人身売買が横行するようになり[72]、そのため、政権与党の社会労働党は二〇一九年の選挙公約で北欧モデル型立法の導入を掲げるに至っている[73]。同じ合法化国のドイツでも、新型コロナ・パンデミックの中、連立与党の社会民主党やキリスト教民主同盟などの連邦議員一六名が二〇二〇年五月、コロナ収束後も、閉鎖されていた売春店を再開するのではなく、北欧型の立法を採用するよう訴える声明を出し[74]、さらに同年七月には、連邦議員与党のキリスト教民主同盟（ＣＤＵ）の女性同盟が正式に北欧モデル型の立法の導入を提唱した[75]。古くからの合法化国であるオランダでも、連立与党の一つキリスト教民主同盟（ＣＤＡ）は二〇二〇年九月に北欧モデル型の立法案を国会に提出している[76]。このように、多くの合法化国では合法化政策の壊滅的失敗が明らかになっており、その政策転換が模索されているのである。

こうした世界的動きをいっそう前に推し進めなければならない。これは本当に息の長い国際的で歴史的な取り組みであるし、そうであるほかはない。売買春という女性搾取のシステムは少なくとも何百年もの歴史を持つのであり、そのようなシステムを一朝一夕でなくせるものではない。売買春の根絶はいわば人類史的課題である。本章の冒頭でも紹介した売買春サバイバーの次の言葉にこそ耳が傾けられるべきである――「買春は人間の尊厳への冒瀆であり、性売買は凶悪犯罪である。それらは人間社会の中に居場所を持っていてはならない」(77)。

(二〇一九年八月一〇日講演、二〇二〇年加筆修正)

注

(1) ミア・デ・ホワイト「なぜ買春者を処罰するべきなのか?――アイルランドでの経験から」、https://appinternational.org/2020/10/03/sex_buyers_should_be_criminalised/

(2) 序文でも述べたように、資本主義と家父長制との関係を主題としているはずのマルクス主義フェミニズムは両者の最も有害で下劣な結合形態であるこれらの問題にほぼ無関心か、あるいは擁護的ですらあった。何というパラドックスであろうか。この問題については、本書の第六章も参照。

(3) ピンプ(ポン引き)と呼ばれる第三者が女性に売春をさせてその稼ぎのかなりの部分を巻き上げる行為のことで、通常、売買春のあっ旋とか周旋などと呼ばれているが、「あっ旋」「周旋」というのは、ピンプの主体性を曖昧にし、あたかも単に売り手である女性と買い手である男性とを仲介しているにすぎないかのような語感を持つので、ここでは外来語をそのまま使って、ピンプ行為(pimping)としておく。

(4) 「セックスワーカー」という言葉を造語したのはサンフランシスコのキャロル・レイというリベラル派の白人女性であるとされている(AF3IRM Hawai'i, Fuck Work: Internalizing Neoliberal Feminism, https://medium.com/@hawaii_78988/fuck-work-internalizing-neoliberal-feminism-6ec83d0781e)。注意すべきは、セックスワーク派が用いる「セックスワーカー」とい

手である当事者女性を思い浮かべるが、そのような一般的な[illegible]りとこの「セックスワーカー」の中に業者やピンプも紛れ込ませて、業者やピンプをも正当化しようとするのである。

（5）ノルウェーに関しては以下を参照。Dana Levy, Norway's Sex Purchase Act is 10 years old, *Nordic Model Now!*, 16 May 2019, https://nordicmodelnow.org/2019/05/16/norways-sex-purchase-act-is-10-years-old/

（6）両国のあいだに韓国の性売買防止法（二〇〇四年）があるが、同法は売り手を罰する規定が残っていたので（売り手が「自発的」である場合には処罰の対象となる）、一般に北欧モデルには含まれていない。とはいえ、政府として積極的に売買春からの離脱支援・自立支援や買春者に対する処罰と再教育に取り組んでいるので、準北欧モデル国と考えることができる。

（7）アイスランドについては以下を参照。Sigridur Ingibjorg, The effect of the law on prostitution in Iceland: Changing laws, changing attitudes, August 2016, http://sigriduringibjorg.is/the-effect-of-the-law-on-prostitution-in-iceland-changing-laws-changing-attitudes-avarp-a-ensku-a-fundi-kvennahreyfingarinnar/ 英語版のWikipedia によると、二〇一七年の同国での世論調査では、買春者の処罰規定は国民の七〇％から支持されている。しかし、支持率における男女差は大きく、女性の八三％が支持しているのに対して、男性の支持率は五七％である。

（8）カナダについては以下を参照。Debra M Haak, Canada's laws designed to deter prostitution, not keep sex workers safe, *The Conversation*, 10 December 2018.

（9）北アイルランドは二〇一五年に北欧モデル法を導入したが、数年後、同国の司法省はこの法律に敵対的な学者に依頼して調査を行なわせ、売春業者から提出されたデータにもとづいて、北欧モデル法に否定的な調査報告書を二〇一九年に発表した。それに対する反論として以下を参照。Julie Bindel, This is why the Northern Ireland prostitution review is a complete failure, *The Independent*, 20 September 2019.

（10）フランスについては以下を参照。Meghan Murphy, France adopts the Nordic model, *Feminist Current*, 6 April 2016, https://www.feministcurrent.com/2016/04/06/france-adopts-the-nordic-model/ フランスの最高裁は二〇一九年二月一日にこの北欧モデル法を合憲とする判決を下した。同法に対するフランス国民の支持率はきわめて高く、七八％が支持し、八三％が、被買春者は犯罪ネットワークの被害者であり、自分の活動を自由に選んでいないと考えており、七四％が売買春は暴力であると考えている。以下を参照。Rachael Adams, French Supreme Court backs the law on criminalising purchase of sex, 6 Feb 2019, https://www.care.org.uk/news/latest-news/french-supreme-court-backs-law-criminalising-purchase-sex

（11）　アイルランドで同法の制定に尽力したのは、売買春サバイバーのレイチェル・モランとサバイバーの支援団体「ルハマ」である。アイルランド政府はスウェーデンとノルウェーでの北欧モデル法制定後の実態について調査した結果、セックスワーク派の主張とは異なって、同法の制定によって被買春女性に対する暴力が増えたとみなす証拠はないと判断した。Emma Batha, Ireland passes law making it a crime to buy sex, *Reuters*, 24 February 2017.

（12）　イスラエルに関しては以下を参照。Rebecca Hughes, What Israel's Campaign to End Prostitution Teaches Us About Women Leaders, *National Interest*, September 14, 2018; Dana Levy, Israel becomes the 8th Nordic Model country as it implements its Prohibition of Consumption of Prostitution Services Act, *Nordic Model Now!*, 29 June 2020, https://nordicmodelnow.org/2020/06/29/israel-becomes-the-8th-nordic-model-country-as-it-implements-its-prohibition-of-consumption-of-prostitution-services-act/

（13）　ジュリー・ビンデル「投票で賛否を問われるネバダ州の合法売春店」、ポルノ・買春問題研究会編『論文・資料集』第一二号、二〇一九年。

（14）　オーストラリアに関しては以下を参照。キャロライン・ノーマ「オーストラリアにおける売買春をめぐる議論とその歴史」、ポルノ・買春問題研究会編『論文・資料集』第一一号、二〇一六年。スペインに関しては以下を参照。アニー・ケリー＆オフェリア・デ・パブロ「スペインにおける性的人身取引との闘い——二人の女性活動家に聞く」、前掲『論文・資料集』第一二号。

（15）　オーストラリアのノーザンテリトリー準州については以下を参照。キャロライン・ノーマ「どうしてピンプと『フェミニスト』はノーザンテリトリーで性産業を自由化するために手を組んだのか?」、ポルノ・買春問題研究会編『ポルノ被害と売買春の根絶をめざして』二〇二〇年。

（16）　ドイツの合法化された売買春の悲惨な実態については、以下を参照。フシュケ・マウ＆スポレンダ「ドイツの売春合法化は何をもたらしたか」、ヒルケ・ロレンツ「ドイツにおける売春帝国の台頭と没落」、前掲『論文・資料集』第一二号。マヌエラ・ショーン「売買春を合法化したドイツの恥ずべき実態」、https://appinternational.org/2020/08/03/legalization-has-turned-germany-into-the-bordello-of-europe/。

（17）　ニュージーランドに関しては一般に以下を参照。Maddy Coy & Pala Molisa, What lies beneath prostitution policy in New Zealand?, *Open Democracy*, 6 December 2016, https://www.opendemocracy.net/en/5050/what-lies-beneath-prostitution-and-policy-in-new-zealand/

(18) イギリス初の合法赤線地域であるリーズ市のホルベックについては、以下を参照。ジュリー・ビンデル「イギリス初の合法『赤線地域』の実態」、前掲『論文・資料集』第一二号。リーズ市はその後、赤線地帯に関する報告書を発表したが、そこでの実態を正しく反映したものではまったくなかった。以下の批判を参照。NMN response to the 'Independent Review' of the Holbeck red-light zone in Leeds, *Nordic Model Now!*, July 11, 2020, https://nordicmodelnow.org/2020/07/11/nmn-response-to-the-independent-review-of-the-holbeck-red-light-zone-in-leeds/

(19) アムネスティのフランス支部、イスラエル支部、スウェーデン支部などはこの非犯罪化路線に反対したが、アムネスティ国際指導部は包括的非犯罪化を推進した。以下を参照。Taina Bien-Aime, The Framing of Gender Apartheid: Amnesty International and Prostitution, *Huffpost*, 13 October 2015.

(20) Amnesty International UK, Douglas Fox and Amnesty International, 1 February 2014, http://www.amnesty.org.uk/douglas-fox.

(21) たとえば以下を参照。カット・バニャード「誰がアムネスティの方針作成を助けたのか?」、https://appinternational.org/2020/07/23/kat_banyard_amnesty_pimp/

(22) ニューヨークとワシントンDCに関しては、以下を参照。タイナ・ビエン・アイメ（CATWインターナショナル）「性売買の全面的非犯罪化をめざすニューヨーク州法案に反対する声明」（二〇一九年六月二〇日）、前掲『論文・資料集』第一二号。ヤスミン・ヴァファ「売買春の非犯罪化をめぐるワシントンDCの攻防——全面的非犯罪化はわが国の首都を買春ツアーと人身取引の拠点にするだろう」、前掲『論文・資料集』第一二号。

(23) マリアン・ハッチャー他「バーモント州議会へのサバイバーからの手紙」、https://appinternational.org/2020/03/14/vermont-suvivor-letter/

(24) たとえば以下を参照。ミッキー・メジ「南アフリカの性売買サバイバーが大統領に宛てた手紙」、https://appinternational.org/2020/08/22/prostitution_violation_of_human_rights/

(25) その先駆をなすのが一九七〇年代におけるフランスの哲学者ミシェル・フーコーだが、それはゲイル・ルービンやパット・カリフィアを経て、ジュディス・バトラーへと受け継がれている。以下を参照。Dr. EM, The Trojan Unicorn: Queer Theory and Pedophilia, https://uncommongroundmedia.com/the-trojan-unicorn-queer-theory-and-paedophilia-part-i-%ef%bb%bf-dr-em/

(26) 同時に、売買春においては、少数民族や先住民、有色人種や移民などが不つり合いに被害者になりやすいという点からすると、人種差別のシステムとも重なり合っている。
(27) 反資本主義を掲げるマルクス主義左翼ならセックスワーク論に反対できるように思えるが、実際には、本書の序文で述べたように、ほとんどのマルクス主義左翼は階級の軸に沿ってはラディカルかもしれないが、性別の軸に沿ってはリベラルでしかないのである。
(28) 性の人格性と性的人格権については、以下の文献も参照。中里見博「性売買は人権か――人権侵害説と人権行使説」、前掲『ポルノ被害と売買春の根絶をめざして』。
(29) この「性的安全権」という概念は、現在きわめて先鋭な論争問題となっているトランスジェンダリズムを批判的に考える上でも決定的である。女性にとって専用スペースが必要なのは、まさに女性の性的安全権を保護するためであり、それを侵害すること、あるいはそれを軽視することは、女性に対する人権侵害である。
(30) 以下にアップされている。https://www.academia.edu/40714165/
(31) そうした書き込みを分析したものとして、以下を参照。https://nordicmodelnow.org/myths-about-prostitution/myth-punters-care-about-the-women-they-buy/
(32) 性と権力との結びつきという点だけから見れば、先に少し触れたフーコーの議論が有名だが、彼のこの結びつき論は、ラディカル・フェミニズムとは正反対であり、むしろフェミニズムに対するバックラッシュであった。すなわち、フーコーにあっては、性の特定のあり方(たとえば、大人と子どもとのセックスや売買春や児童ポルノ)をタブー視して排除・周辺化することが権力なのであり、そうした禁忌や周辺化を打ち破ること(すなわち男性権力のいっそうの解放)こそが権力を脱構築することなのである。フーコーのこの反動的主張が一見進歩的に見えたのは、それが同性愛に関しては一定正しかったからである。同性愛という、それ自体は何ら搾取的なものではない性愛のあり方に対する国家の抑圧ないし禁止と、それ自体が搾取的であるペドフィリアや児童ポルノに対する忌避とを同列に扱い、ともに性に対する権力的管理・抑圧とみなしたのである。
(33) 中里見博「性売買と人権・平等」、『ジェンダーと法』第一六号、二〇一九年。
(34) 「女性の安全」という概念は、スウェーデンが北欧モデルを導入するさいに鍵となったものでもある。買春を処罰する刑法上の規定は、レイプ、ドメスティック・バイオレンス、セクシュアルハラスメントなどに対する規制と並んで、

「女性の安全」一括法案の一部として一九九八年に採択された（施行は一九九九年）。以下を参照。中里見博「性売買禁制法の国際的動向——北欧モデルの可能性」、ポルノ・買春問題研究会編『論文・資料集』第一一号、二〇一六年。

(35) この点に関する説得力ある証言として、以下のブログ記事を参照。アクロン「風俗産業はまったく衛生管理などできていないし、風俗産業で働く人間には根本的な知識が不足している問題を知るべき」、二〇二〇年七月一二日、https://note.com/sheep_too/n/nf718fb3cc1be

(36) Ireland must invest in services to help people exit prostitution, *Nordic Model Now!*, https://nordicmodelnow.org/2020/09/17/ireland-must-invest-in-services-to-help-people-who-want-to-exit-prostitution/

(37) セックスワーク派はエイズだけを持ち出して、被買春女性と一般女性とのあいだに有意な差はないと主張するが、その他の性感染症の多くが、被買春女性で有意に高いことを無視している。以下を参照。マヌエラ・ショーン「『合法化は売買春の安全性を高める』という神話」、https://appinternational.org/2020/08/06/myth-of-legal-makes-it-safe/

(38) https://prostitutionresearch.com/comparing-sex-buyers-and-non-sex-buyers/

(39) Meme about rape in New Zealand since the full decriminalisation of the sex trade, *Nordic Model Now!*, 11 August 2016, https://nordicmodelnow.org/2016/08/11/meme-about-new-zealand-since-the-full-decriminalisation-of-the-sex-trade/

(40) 長らく貧困者や労働者からの相談事業を行なってきた藤田孝典氏はその経験から次のように述べている——「私も一八年間、生活困窮者の方の相談活動をやってきていて、実態を知らないというレベルではない。性風俗産業で働いている方たちの発言をかなり詳細に聞いてきている。例えば『本当は働きたくなかった』『大学の学費を払うためにやむを得なかった』とか、家庭で虐待があって風俗店であれば社宅を用意してくれるので仕事をしているという方とか、とにかく事情がなく風俗店で働いている方を探すほうが難しい。そして、その後は労働災害にかなり近いような精神疾患の罹患率。私たちも病院に付き添ったり障害者手帳を一緒に取得する手続きをやるが、元セックスワーカーの方たちの精神疾患の罹患割合が非常に高い」（「性産業は廃止すべき？ 給付金対象外は職業差別？ 賛成派と反対派、紗倉まなが激論」、『ABEMA TIMES』二〇二〇年九月二八日）。

(41) Melissa Farley et al., Prostitution and Trafficking in Nine Countries: An Update on Violence and Posttraumatic Stress Disorder, *Journal of Trauma Practice*, no. 2, 2003.

(42) Caroline Norma & Melinda Tankard Reist eds, *Prostitution Narratives: Stories of Survival in the Sex Trade*, Spinifex Press, 2016, p. 56.

（43）海外ではこのパターンは非常に多いが、日本でも以下の記事に見られるように、例外的ではない。「ホストクラブ経営者ら、客に売春させた疑いで逮捕　二九〇〇万円売り上げか」、『8カンテレ』二〇二〇年七月九日付。この記事によると、ホストクラブ経営者の支配下にあった二人の被害女性は二〇一八年から二〇一九年にかけて二二〇〇回も売春をさせられた。彼女たちが受け取ったお金は一日わずか三〇〇〇円とホテル滞在費だけだった。この記事にもあるが、日本にはホストクラブという独特のピンプシステムが存在する。女性をホストクラブに通わせて、ホストに依存させ、ホストに貢ぐために女性を性産業に追い込むのである。ホストクラブと性産業とは密接に連携しており、同じ経営者がやっている場合もある。同じく、スカウトシステムも日本独特のピンプシステムをなす。専門のスカウトマンが街で女性をナンパして口説いてキャバクラや性産業に従事させ、その稼ぎの一割から二割をキックバックとして獲得し、またその女性が店をやめないようにさまざまに「ケア」をするのである。

（44）Norma & Reist eds, *Prostitution Narratives*, p. 39.

（45）Ibid., p. 48.

（46）オーストラリアにおけるそのような状況については以下を参照。キャロライン・ノーマ「オーストラリアの『セックスワーク』派ロビー団体がとるＮＲＡの戦術」、前掲『ポルノ被害と売買春の根絶をめざして』所収。

（47）フランシーヌ・スポレンダ＆シモン・ヘッグストレーム「スウェーデンのセックス購入禁止法がもたらした大きな変化」、https://appinternational.org/2020/11/06/swedish_sex_purchase_law_moved_the_shame/

（48）ただし、すでに述べたように、性産業そのものを正当化したい場合には、「セックスワーク」という言葉の背後に売春業者をこっそり滑り込ませる。最近の典型例は、新型コロナウイルス対策の持続化給付金の対象に性風俗業者を入れることを求める「セックスワークにも給付金を」訴訟で、「セックスワーク」というアンブレラタームが巧みに利用されていることだ。

（49）Chelsea Geddes, Why stigma persists against women involved in prostitution in New Zealand, *Nordic Model Now!* 12 October 2018, https://nordicmodelnow.org/2018/10/12/why-stigma-against-women-involved-in-prostitution-persists-in-new-zealand/

（50）ジョー・バートッシュ「北欧モデルに向けたニュージーランド女性活動家の挑戦」、前掲『論文・資料集』第一二号、一一〇頁。この種の脅しによってフェミニストを黙らせる手法は、トランスジェンダリズムの問題をめぐってトランス活動家たちによってより大規模に用いられている。

（51）たとえばスウェーデンに関して、この「地下に潜る」論[illegible]調査によって否定されている。以下を参照。前掲中里見「性売買規制法の国際的動向」、『論文・資料集』第一一号。また先に紹介したノルウェーに関しても同じような議論がなされているが、これについては以下の反論を参照。「アムネスティによるノルウェー調査の欺瞞」、https://appinternational.org/2020/10/28/mith_of_amnestys_research_in_norway/

（52）前掲スポレンダ＆ヘッグストレーム「スウェーデンのセックス購入禁止法がもたらした大きな変化」。

（53）オーストラリアのそうした現状については、以下を参照。キャロライン・ノーマ「オーストラリアにおける性売買の状況——合法化は何をもたらしたか」、前掲『ポルノ被害と売買春の根絶をめざして』。

（54）「地下に潜る」論の別バージョンとして最近セックスワーク派の一部によって唱えられているのは、売買春を禁止したら、禁止されていない国外にセックスワーカーが移動するだけだという議論（したがって、彼女たちが愛する祖国と家族から引き離されてしまうからかわいそう）である。たしかに、一部のピンプや業者は海外に被買春女性を連れて行ってまで売買春を続け、そこから甘い汁を吸おうとする。この事実が示しているのは、ピンプや業者の底知れぬ犯罪性であり、すべての国で北欧モデルを導入することの必要性である。そして、合法化は、他の国々から多くの被買春業者（人身売買業者も）と被買春女性をその合法化国に引き寄せるのだから、まさに愛する祖国と家族から引き離される女性がもっと多くなるだけである。

（55）たとえば以下を参照。「現実と統計を無視するセックスワーク派——ジュノ・マックへの反論」、https://appinternational.org/2020/09/30/juno_mac_ignoring_statistics/

（56）Ana, The cost of Western Europe's rampant prostitution: the genocide of Romanian women, *Nordic Model Now!*, 2 March 2020, https://nordicmodelnow.org/2020/03/02/the-cost-of-western-europes-rampant-prostitution-the-genocide-of-romanian-women/　また、以下の記事も参照。Lucy Watson, Romania's sex trafficking trade: 'There is no other life they know,' *ITV News Correspondent*, 18 November 2020.

（57）以下の記事を参照。レイチェル・ヌワー「象牙の違法取引を日本が助長か——中国の取引全面禁止で、抜け穴だらけの日本が違法象牙の温床に」、『ナショナル・ジオグラフィック』二〇一八年一一月三〇日。

（58）「性売買における成人と子供は二つの分離したグループではない。これらの人々は時間軸の二つの地点にいる同一のグループである」（キャサリン・マッキノン「人身取引、売買春、平等」、前掲『論文・資料集』第一二号、六九頁。

(59) あのマーサ・ヌスバウムさえ、このような詭弁を持ち出している。セックスワーク論はトランスジェンダリズムと同じく、他の問題ではまともな知識人をも愚かにする腐食作用があるようだ。Martha C. Nussbaum, “Whether from Reason or Prejudice”: Taking Money for Bodily Services, *Journal of Legal Studies*, vol. 27, 1998.

(60) Farley et al., Prostitution and Trafficking in Nine Countries, *Journal of Trauma Practice*, no. 2, 2003. 合法化国の中ではセックスワーク派によって高く評価されているオランダでさえ、回答者のうち六〇%が身体的暴行を受けた経験があり、七〇%が言葉による虐待を受けた経験があり、四〇%が、自分の意思に反して身体的に「売買」を強要されたとしている。

(61) 前掲ショーン「『合法化は売買春の安全性を高める』という神話」を参照。

(62) What’s Wrong with Prostitution?, *Nordic Model Now!*, https://nordicmodelnow.org/2017/07/04/whats-wrong-with-prostitution/

(63) 先に紹介したニュージーランドのサバイバーは次のように証言している――「一〇年間で私は少なくとも三〇回はレイプされ、二五〇〇回ほどのかなり深刻な暴力を受けた。医学的治療を受けたことは一度もなかった。……売春婦として働くことの肉体的過酷さは、週末ごとに交通事故に遭うようなものだ」（*Prostitution Narratives*, p. 46）。一〇年間で三〇回レイプされ二五〇〇回殴られる仕事がいったい他のどこにあるというのか？

(64) そのような例はカナダに見られる。リベラル派のトルドー政権は、前政権で成立した北欧モデル型立法にまともに予算をつけず、したがって同法はあまり有効に機能しなかった。以下を参照。Zoë Goodall, Caught in the Crossfire and Not by Accident: In Canada, the Legislation was Just the Beginning, *Nordic Model Now!*, https://nordicmodelnow.org/2018/05/14/caught-in-the-crossfire-and-not-by-accident-in-canada-the-legislation-was-just-the-beginning/

(65) 以下を参照。中里見博「性風俗営業の人権侵害性」、ポルノ・買春問題研究会編『論文・資料集』第一〇号、二〇一〇年。

(66) 「尊厳に反する」という規定は一九四九年の人身売買禁止条約の前文にも存在する。「搾取」という言葉も同条約に存在するが、売買春そのものを性的搾取のシステムとみなすものではなく、「売春からの搾取」（主としてピンプ行為が念頭に置かれている）を禁じるものであった。

(67) その一案として以下を参照。宮本節子「売春防止法見直しのための私案」、前掲『論文・資料集』第一〇号。

(68) 全文は以下。http://conservativehumanrights.com/news/2019/CPHRC_Consent_Report.pdf

(69) Jacci Stoyle, Report on the Scottish Parliamentary Prostitution Fact Finding Trip to Sweden, *Nordic Model Now!*, https://

(70)「スコットランド政府が北欧モデル法の導入に向け意見公募を開始」、https://appinternational.org/2020/09/11/scottish_government_ban_buying_sex/

(71) Lithuania mulls changing prostitution law: help the sex worker, punish the client, *LRT TV*, 1 October 2019.

(72) アニー・ケリー&オフェリア・デ・パブロ「スペインにおける性的人身取引との闘い——二人の女性活動家に聞く」、前掲『論文・資料集』第一二号。

(73) スティーヴン・バーゲン「スペインの首相が売買春の廃止を公約」、前掲『論文・資料集』第一二号。

(74)「ドイツの一六人の連邦議員が各州の首相に宛てて、北欧モデルの導入を訴える書簡を送る」、https://appinternational.org/2020/05/20/german_prostitution_letter_2/

(75)「ドイツ与党CDUの女性同盟が売春合法化政策の転換と北欧モデル型立法の導入を提唱！」、https://appinternational.org/2020/07/15/cdu_frauen_union_change_of_perspective/

(76)「オランダの連立与党CDAが売買春に関する北欧モデル型立法を議会に提出」、https://appinternational.org/2020/09/04/cda_end_of_prostitution_nl/

(77) 前掲ホワイト「なぜ買春者を処罰するべきなのか？——アイルランドでの経験から」。

＊補注　本書の校正中に、アメリカのニューヨーク州で民主党のリズ・クルーガー上院議員が二〇二一年一月二五日午前に記者会見を開いて、北欧モデル型の法案「性売買サバイバー正義と平等法」を州議会に提出すると発表したとの報道が飛び込んできた。北欧モデル法の実現に向けた世界的取り組みは着実に進んでいる。

第五章　ポルノ被害と新しい法的戦略の可能性

ポルノグラフィは理論であり、ポルノグラフィは実践である。

——アンドレア・ドウォーキン

契約書があるかぎり、私には自由など存在していないと思っていました。

——あるAV強要被害者の手記

日本はアメリカ合衆国につぐポルノ大国であり、同国で毎年大量に作られているアダルトビデオは、インターネットを通じて日本のみならず中国、韓国、台湾の男性たちによっても大量にダウンロードされ視聴されている。[1] また、日本のポルノ漫画・アニメは「hentai」という呼称で世界中で消費されている。[2] このようなポルノ大国は必然的に、国内において深刻なポルノ被害を必然的に生み出すだろうし、実際に生み出している。同時に、日本はこうした深刻なポルノ被害の研究や実態調査、また被害に取り組む草の根の運動の長い歴史がある国でもある。[3]

本章では、そうした調査研究にもとづいてポルノ被害の新しい五大分類について詳しく説明し、それらの被害に対処する新しい法的戦略を提起する。

1 「わいせつ／表現」から「差別／実践」へ

まず最初に、ポルノグラフィに対する一九七〇年代から一九八〇年代にかけてのアメリカ・フェミニズムのアプローチの変遷を簡単に再確認しておきたい。というのも、日本におけるポルノ問題をめぐるこの間の運動や分析の発展は何よりも、アメリカのラディカル・フェミニストによるポルノ批判の発展（とりわけキャサリン・マッキノンとアンドレア・ドウォーキンによるそれ）なしにはありえなかったからである。

「わいせつ」から「差別」へ

ポルノグラフィは社会秩序や性風俗の問題、あるいは性的な羞恥心や品位の問題であるといった社会的通念は世界中どこにでも見られ、そうした通念が法の上でも中心的な基準となってきた。刑法のわいせつ物規制に見られるように、わいせつ物の公然頒布のみが健全な性風俗維持の観点から規制の対象とされてきた。これを「わいせつアプローチ」と呼ぼう。刑法わいせつ規制はいわゆる「被害者なき犯罪」の典型例として扱われ、それを規制する法は、性的なものを含む表現の完全な自由（というより何よりもポルノグラフィの自由）を求める側（リベラル派）からの絶え間ない批判と攻撃を受け続けた。そして、社会の保守的意識や性のタブー意識が衰退するとともに、ポルノへの規制や抑制がしだいに後退し、また次々と新しい情報通信技術が発展・普及するにつれて（ビデオ、ＤＶＤ、衛星放送、インターネット、スマホ、等々）、ポルノはますます増殖し、ますます日常生活にあふれるようになった。

そうした全般的傾向に対して、ポルノグラフィは女性差別の政治的プロパガンダであり女性憎悪（ミソジニー）のイデオロギーであるとして、問題の転換を図ったのが、一九七〇年代におけはじめとするラディカル・フェミニストの運動であった。彼女らは、ポルノはあからさまな素材なのではなく、女性を性的に支配し、隷属させ、性的モノに貶めて男性による性的搾取の材料にするものであるとみなした。これを「差別アプローチ」と呼ぼう。彼女らはまた、ポルノグラフィが多くの性犯罪と結びつき、レイプを煽動し、実際に多くのレイプを生み出していると主張した。「ポルノは理論、レイプは実践」というロビン・モーガンが提出したスローガンは、この問題に対する新しいアプローチを端的に示すものだった。(4)

しかし、この新しい観点には主として二つの限界があった。まず第一に、それはポルノが生み出す多くの被害のごく一部を指摘するにとどまっており、その主たる関心は、ポルノ表現の性差別的内容とその否定的効果におおむね限定されていた。第二に、市民社会と国家・法との関係をめぐるリベラリズムの政治的伝統を基本的に受け継いでおり、たとえポルノは性差別的であっても、それを法や政府の介入によって規制することは許されないとみなした。(5) それゆえ、彼女らはポルノに対して主として言論による批判でもって、そして時にはゲリラ的な直接抗議行動でもって闘った。それらはきわめて大胆で勇敢な闘いだったが、しばしば非合法行為を伴ったので、甚大な打撃を運動に与えるものでもあり、少なからぬ活動家たちがこの闘いの過程で逮捕された。(6)

「表現」から「実践」へ

ポルノに対する認識が、健全な社会秩序という観点にもとづく「わいせつアプローチ」から、それをすぐれて性差別的で、現実的に女性と子どもに対して有害な結果をもたらすものとみなす「差別アプローチ」へと転換したことは、ポルノ問題における第一の転換だった。だが、それはなおポルノグラフィを主として行為としてよりも表現として、それ自体が人権侵害という実践としてよりは、人権侵害的な効果を持つ観念としてみなされていた。したがって、それが観念や表現の領域にとどまるかぎりでは、その法的規制にはやはり大きな壁があった。このような限界を突破して、第二の転換をはかったのは、アメリカのフェミニスト法学者キャサリン・マッキノンとフェミニスト作家アンドレア・ドウォーキンである。

彼女らは、ポルノに対するそれまでのラディカル・フェミニストの「差別アプローチ」を受け継ぎ、それをいっそう発展させるとともに、さらにそれを二つの点で変革した。まず第一に、ポルノグラフィは単なる女性差別のプロパガンダではなく、それ自体が公民権上の諸権利を具体的かつ直接的に侵害する実践行為でもあるとしたこと。したがって第二に、それに対して法的規制を加えることは当然かつ必然的なものであるとみなしたこと。「わいせつアプローチ」に代えて「差別アプローチ」を採用した第一の転換はたしかにきわめて重要なものだったが、それはあくまでも「表現パラダイム」の内部での転換にすぎなかった。マッキノンとドウォーキンはそれを「実践パラダイム」へと転換したのである。

もちろん、それまでのラディカル・フェミニストもポルノグラフィが社会的に普及することで生じる女性の地位の低下、男性の性差別意識の助長については理解していたし、糾弾してもいた。また、ポルノの消費がレイプへの心理的垣根を低くし、レイプを助長するものであることも理解していた。したがって、ポルノが種々の実践、加害行為と結びついていること、したがってそれが実践的性格を有していることは理解していた。しかし、ロビン・モーガンのスローガンにあるように、ポルノはあくまでも「理論」であって、「実践」ではなかった。それは何らかの実践を生むが、それ自体は実践ではないというのは暗黙の了解になっていた。それに対してマッキノンはこう主張する。

れは正しい。しかし、アンドレア・ドウォーキンはこの言い方の大[illegible]正し[illegible]ィは理論であり、ポルノグラフィは実践である」[7]。

ポルノグラフィは——たとえ性差別的だとしても——単なる理論ではないし、ましてや単なる表現ではない。それは、その制作から流通を経て消費の過程にいたるあらゆる局面において、そしてその存在そのものを通じて、種々の現実の性被害と具体的な権利侵害を生み出している差別と暴力の諸行為の総和である。この新しいパラダイムを構築する上で決定的に重要だったのは、制作過程における被害の発見であった。これは、ポルノグラフィに出演して、あるいはポルノグラフィを通じて実際に被害を受けた女性たちが起こした真に勇気のある行動に端を発している。彼女らは、すでにセクシュアルハラスメントを性差別として法的に規制する新しい不平等アプローチ[8]を構築して多くの成果を上げていたマッキノンのことを知り、彼女のところを訪問し、今度は自分たちの受けた被害を救済しうるような新しい法的アプローチを構築してほしいと要請してきたのである。したがって、ポルノ被害に取り組む運動は、最初から当事者の運動でもあって、アカデミックな概念構築作業から始まったものでもなければ、非当事者の活動家による代行的な運動でもなかった[9]。

マッキノンが言うように、「ポルノグラフィによる被害はその中の女性から始まる」[10]。このことの発見は、ポルノグラフィ全体を「表現ないし理論」の枠組みから「実践ないし被害」の枠組みへと転換する上で決定的な役割を果たした。基本的に表現・観念であるものから派生的に実践的な権利侵害が生まれるのではない。基本的に実践的な権利侵害であるものが必然的にその他の種々の権利侵害（表現におけるそれをも含む）を生んでいるのである。

こうしてポルノが単なる（レイプのための）理論でも単なる性差別表現でもないとすれば、それによって生じている具体的な被害を救済する法をつくることは、表現の自由という憲法上の価値と絶えざる緊張関係にあるような問題ではなくなる。それは、表現の領域における法的問題から、具体的な行為の領域における法的問題へと転換される。現実の行為の次元で具体的で現実的な差別被害が起きているのなら、そのような被害を救済したり、加害行為を罰することは、むしろ憲法上の義務であり、その当然の要請である。

2　マッキノン＝ドウォーキン条例の五類型から新しい五大分類へ

このような枠組みの転換は当然にも、ポルノ被害の実態を現実に即して解明することを、この問題に取り組む人々に要請した。では具体的にポルノ被害とはどのようなものだろうか？

マッキノン＝ドウォーキン条例の五類型

まず、「ポルノ被害」という概念を提起したマッキノンとドウォーキンによる被害分類から見ていこう。マッキノンとドウォーキンは、被害当事者の訴えにもとづいて、反ポルノ公民権条例を共同で作成したが、そこではポルノ被害は五つの類型に分けられている[11]。

まず一つ目は、「ポルノへの出演強要」と呼ばれるものである。これは、暴行、脅迫、だまし、さらには心理的圧迫といった手段を通じて、意に反してポルノの被写体にされたり演技させせられたりする被害である。商業ポルノのすべてがこのような方法で作られているわけではないにせよ、少なくともその大きな一部はこのようなやり方で実際に制作されている。商業ポルノ以外でも、夫婦間、恋人同士、親子間、教師と生徒間などで、自分の意に反して裸体や性行為が撮影されれる場合も、この「ポルノへの出演強要」に含まれる。後で見るように、この第一の被害類型こそが後に日本におけるポルノ被害問題の焦点となり、やがて日本政府をも動かすものとなる。

二つ目は、「ポルノの押しつけ」と呼ばれるもので、家庭内や職場などで、意に反してポルノ映像やヌード写真などの視聴を強制されたり、あるいはポルノを模倣する行為を押しつけられたりする被害である。今日ではこれらの被害は、家庭内で行なわれる場合にはDV被害の一環としてみされており、職場内で行なわれる場合にはセクシュアルハラスメントの一形態と理解されてもいる。したがって、ポルノ被害は、その他の性被害、あるいはその他の「女性に対する暴力」と不可分に絡み合っている。

三つ目は、「特定のポルノに起因する暴行」と呼ばれるものであり、これは、ポルノ（とくにレイプもの）を継続反復して視聴することで性暴力への心理的抑制を取り除かれ、逆にそれへの強い快感と嗜癖を内面化した男たちが実際に、性暴力（狭い意味でのレイプからセクハラや痴漢、盗撮などに至るまで）を実行する事態を想定したものだ。実際、連続レイプや快楽殺人の犯人たちの多くは、暴力ポルノを継続反復して視聴することで、女性に対する暴力と支配を性的快楽とすることを学習し、性的ターゲットを選び、暴行や虐待の手法を学ぶ。

四つ目は、「ポルノの取引行為」と呼ばれるもので、ポルノグラフィが広く社会的に流通・売買・頒布されることで、女性の社会的地位が著しく低下し、女性蔑視の意識や態度が悪化し、女性の尊厳や性的安全性が日常的に脅かされるという被害である。ポルノグラフィが伝えるメッセージは、単に女性が男性より劣っているというレベルのものではなく、女は男の下劣な欲望を満たす単なる性的道具であり、それが女の「存在理由」であること、男はその性欲を満たすためには女に対してレイプから殺害に至るまで何をやってもいいということ、である。それは、女性の人格性を抹消し、女性を男性にとっての単なる性的対象物にし、したがって性的に女性を非人間化しモノ化する。

五つ目は、「ポルノを通じた名誉毀損」である。ターゲットとされた特定の女性の顔写真とポルノ女優の裸の身体写真とを糊でくっつけるというごく初歩的なものから、パソコン上での高度な画像処理にもとづいて本物そっくりの裸体画像やセックス動画を作成することに至るまで、その技術水準はさまざまである。あるいは、誰かの実名をポルノ的文脈で用いたり、性的な中傷記事を書くこともそこには含まれる。この被害のターゲットになりやすいのは、何よりも有名人であり、あるいは反ポルノ運動に従事するフェミニストたち自身である。

以上の被害類型においてはいずれも、具体的な被害が存在し、したがって具体的で現実的な被害者が存在する。四つ目の被害類型に関してだけは、その被害者は不特定多数だが、被害者が不特定多数であることと、具体的な被害者が存在しないこととはまったく異なる。原発事故は放射性物質を大量に大気中や海洋に放出し、周囲の人々に多大な被害を生じさせるが、だからといって、この行為が「被害者なき犯罪」になるわけではない。

マッキノンとドウォーキンはこれらの被害類型を明確にし、これらの被害者の民事的な救済手段を法的に保障するために被害当事者とともに運動を行なった。この新しい法的アプローチは実際にアメリカのいくつかの都市で条例となったが、いずれも裁判で違憲無効とされた。にもかかわらず、ポルノ被害という新しい概念を提起し、その内実を明確にした両名の功績は不朽のものである。

ポルノ・買春問題研究会の新しい五大分類

二〇〇〇年以降、日本のフェミニスト・アボリショニスト団体であるポルノ・買春問題研究会（APP研）は、アメリカの反ポルノ運動における到達点を積極的に受け入れつつ、独自に日本においてさまざまなポルノ被害の調査研究や被害報道などを踏まえて、新たなポルノ被害の類型論を確立した。

さらに、ＡＰＰ研のメンバーと他の市民活動家やソーシャルワーカーたちがいっしょになって二〇〇九年に結成した「ポルノ被害と性暴力を考える会」（ＰＡＰＳ）は現在、他の人権団体とも協力しながら、さまざまなポルノ被害の問題に取り組み、その被害者たちの支援活動に尽力している。

二〇〇〇年以降に日本でポルノ被害の実態調査に体系的に取り組んだＡＰＰ研は、マッキノンらによるこのポルノ被害の五類型に学びつつも、より包括的な五つの大区分、すなわち制作被害、流通被害、消費被害、社会的被害、存在被害を提示した[12]。読者にとってわかりやすいように、この五大分類の一覧表をあらかじめ次の頁に掲載しておく。

表の五大被害およびその下位区分は、一方では、ＡＰＰ研の中里見博氏がその著書『ポルノグラフィと性暴力』で提示した「制作被害」「消費被害」「社会的被害」の三大類型論を受け継ぎつつそれをいっそう発展させたものであり[13]、他方では、ＡＰＰ研による実態調査や被害分析、無数の被害報道、ＡＰＰ研やＰＡＰＳへの被害相談から明らかになったポルノ被害の現実の多様性にもとづいたものでもある。以下、それぞれの被害について具体的な事例を交えつつ説明しておこう。

3 最初のポルノ被害——制作被害

すでに述べたように、ポルノ被害はまずもってポルノの中の女性から始まる。それは、その他すべてのポルノ被害の出発点であるにもかかわらず、最も無視され、忘れられやすい被害でもある。奇妙なことに、児童ポルノの場合は、その中で使用される子どもの人権だけが問題にされるが、成人ポルノの場合、出演者の人権のことは完全に忘れ去られ、ポルノの問題性を指摘する人もポルノがもたらす性差別的影響だけを問題にする。逆に児童ポルノの場合は、それが社会的に及ぼす影響の方は無視されがちで

ポルノ被害の新しい五大分類表

制作被害	1商業ポルノの制作過程で生じる被害	a暴行・脅迫などの手段を用いて、あるいは不当な違約金や心理的圧迫、権力関係の濫用によって拒否できない状況下で、性行為や裸体などを強制的に撮影されること
		b撮影に同意したが、同意や契約の水準を超えた行為を強要されること
		c契約内容に沿う行為であっても、出演者の人格、安全、衛生などを著しく侵害する行為をさせること
	2それ以外の制作被害	a実際に性的暴行やセクシュアルハラスメントに遭い、その様子などを写真やビデオに撮られること
		b家庭内で夫や恋人や父親によって無理やり性的姿態や性行為を撮影されること
		cだましや脅しを通じて自分の性的姿態を自撮りしてそれを相手に送信させられる被害（強制的自撮り被害）
	3自己の性的姿態や性行為を盗撮されること	
流通被害	1制作被害物が頒布されること（制作被害物の頒布）	
	2不同意頒布	a撮影時点では同意していたが、その後、同意なしに流通・頒布されること
		b最初の時点では撮影にも流通にも同意したが、その後同意しなくなったのに、引き続き流通・頒布されること
	3合成によるポルノ画像を流通・頒布されること	
消費被害	1ポルノの押しつけ被害	a家庭や職場などでポルノの視聴を強制されること（DV、子どもへの性虐待、環境型セクハラ）
		b主に家庭でポルノと同じ行為を強制されること（DV、子どもへの性虐待）
		cいやがらせとしてポルノ画像を送りつけられること（ポルノハラスメント）
	2ポルノの影響を受けた第三者から性的暴行を受けること	
社会的被害	1ポルノが社会に蔓延し、それを不意に目撃することにで精神的苦痛などの被害を受けること（環境ポルノ被害）	
	2ポルノが蔓延することで、女性蔑視が強まり、女性の地位が低下し、両性間の不平等が増大すること（女性差別の強化）	
存在被害	1制作被害を伴って制作されたものが、誰かの個人観賞用として存在し続けることで被害者の恐怖心や恥辱感が持続すること	
	2撮影には同意していたが、その後それを悪用されて脅迫されたり、嫌がらせを受けたりすること	

あり、日本の多くの男たちは、それが漫画やアニメであるかぎりいかなる被害者もいないと最初から決定している。だが、児童ポルノでも成人ポルノでも、第一の被害者はその中にいる当事者自身である。それは、売買春の第一の被害者が、売買春の中の当事者の女性たちであるのと同じである。

まずこの制作被害は大きく言って、（1）商業ポルノの制作過程で生じる被害と、（2）非商業的なポルノの制作過程で生じる被害とに分けることができる。ポルノグラフィと言えばほとんどの人は商業的ポルノのことを思い浮かべるだろうが、非商業的な目的（たとえば自分が楽しむため）で作られたものであっても、性欲を喚起するためか、あるいは性的に不平等な文脈における性的にあからさまなものはすべてポルノグラフィであり、実際、非商業的な場合であっても、その制作過程において深刻な被害がたくさん生じている。しかも、次の「流通被害」でも見るように、そうした非商業的なものであっても、ネットを通じて頒布されることで、商業ポルノと変わらない甚大な規模の被害をもたらすのである。

商業ポルノの制作被害の全体像

まず制作被害の（1）、すなわち「商業ポルノの制作過程で生じる被害」から具体的に見ていこう。商業ポルノは、利潤を無限に追求する資本主義的産業の一大部門であり、そこでは、資本主義的な利潤追求の原理と、男性至上主義的な性支配の原理とが結合することによって、売買春の場合と同じく、最も大規模で長期にわたる被害が社会的に生み出され続けている。この（1）の被害はさらに以下の三つの下位区分に分かれる。

（a）商業ポルノを制作する目的で暴行脅迫やだましなどの違法な諸手段が用いられて、性的な姿態や行為を強制的に撮影される被害、あるいは、たとえあからさまな暴行脅迫がなくとも、借金の返済、違約金の請求、近親者や恋人による誘導、権力関係の濫用（事務所の雇用関係など）、心理的圧迫、精神的混乱や困惑の利用、不意打ちなど、撮影を拒否できない状況下でポルノの撮影が行なわれること。(14)

（b）たとえ撮影そのものには同意したとしても、撮影の過程で事前の合意ないし契約の水準を超えた行為が強要される被害、あるいは、契約の内容そのものが曖昧なまま意に反する性的行為を強要される被害、あるいは、当初承認を与えた行為や契約内の行為であっても、実際にやってみると自分の予想や許容度を著しく超えており、それゆえ拒否の意思を示したにもかかわらず、その行為が無理やり続行される被害。

（c）撮影で求められる行為が、たとえ本人が事前に合意した契約の範囲内であっても、あるいは本人がその行為に自ら同意していたとしても、その出演者の人格性と尊厳、安全性と健康（リプロダクティブ・ヘルスを含む）、人としての品位と体面などを著しく侵害する性質を持ったものである場合（サドマゾ、出演者に対する殴打や虐待、出演者へのゲロ吐きと唾吐き、スカトロ、露出、膣内射精、口淫と口内射精、アナルセックス、多人数相手の性交、道具を使った性的虐待、首絞めと窒息、獣姦、などなど）、それもまた独自に被害を構成する。

以上の三つの下位区分のうち（a）は、マッキノン＝ドウォーキン分類における「ポルノへの出演強要」に相当する中身であり、この間とくに日本で深刻な問題としてクローズアップされたものである。（b）の被害はAV（アダルトビデオ）出演そのものへの強要によるものではないが、撮影の中でさまざまな行為を強要されることによる被害であり、やはり「ポルノグラフィへの強要」という範疇に入るだろう。（c）の被害は「ポルノへの出演強要」という範疇には収まらないかもしれないが、それもま刻な制作被害である。そもそもポルノグラフィは（そして売買春も）その中で使用される個々の女性の人権（人格権と平等権と安全権）の侵害にもとづいており、またそれらが社会的に流布し広く存在することそのものを通じて、集団としての女性の平等権と社会的安全権を侵害する。だが、たとえ、ポルノグラフィの存在そのものを受け入れたとしても、その中にいる女性たちに行なわれていることが、単なる裸体や性行為を見せるという水準を超えて、彼女たちの人格性や尊厳を侵害したり、安全や健康を危険にさらしたり、社会的品位や体面を著しく貶めるようなものである場合には、それはとりわけ厳しく制限されるべきであろう。

言うまでもなく、この（b）の被害と（c）の被害はしばしば現実においては複雑に絡み合っている。撮影過程で契約外の行為が出演女性に強要されるとき、その「行為」とはたいてい（c）で列挙したような暴力的・侮辱的行為だからであり、またたとえ事前に同意していても実際に行なわれてみると、とうてい受け入れがたいものと感じられ、途中から拒否したくなっているかもしれないからである。

出演強要

では次に、これらの商業ポルノにおける制作被害の実態の具体例を紹介する。まず、（a）の被害事例から見ていこう。[15]

事例1　これは、被害者の恋人である男性AさんからAPP研に来た相談事例であり、APP研が受けた最初の被害相談である。事件が起こったのは二〇〇二年の一月。被害者である女性は財布を落としてその時少しお金に困っていたため、知り合いから、看護婦の格好をして写真を撮られるというバイトを紹介された。彼女は渋谷駅で待ち合わせをして、やって来た男の車に乗って、あるマンションの一室に連れて行かれた。部屋には大きなベッドしかなく、部屋に入ると男は豹変し、「今からアダルトビデオを撮る」と言い出した。そして突然、部屋の奥から何人もの屈強な男たちが現われて、彼女を取り囲んだ。以下は、恋人のAさんが『週刊金曜日』に寄せた談話の一節である。

最初は、「顔は撮らないから」「ここまできたのにそんなんじゃ帰れないよ」となだめたりすかしたりする。それでも彼女が絶対嫌だというと、鼠径部《そけいぶ》……にナイフをあてられて、「これで切ったらどうなると思うんだ」と脅す。「言うことを聞かなければ殺す」という状況まで追いつめるんです。その時のことを彼女は「殺される、という恐怖心を味わったことがある？　その恐怖感は口では言えない」と何度も何度も言っていました。それで逃げられなかった。結局は、集団レイプ。午後五時くらいから夜一一時ぐらいまで数時間にわたって暴行されたんです。縛られて何人もの男に強かんされて、排泄行為をさせられて、肛門にも手を入れられてものすごい悲鳴を上げたそうです。[16]

その間ずっとカメラが回されていて、その集団レイプの模様が一部始終撮影された。すべての「行為」が終わった後、彼らは「今日のことを誰かに話したら、今日の写真をお前の職場に撒く」と脅したうえで、「出演料」として彼女に一〇万円を手渡した。放心状態だった彼女はそれを何となく受け取ったが、マンションを出てから、泣きながらその一〇万円を川に放り投げた。彼女はこの事件から三ヵ月ぐらい経ってからひどいPTSDを発症させた。多くの人は誤解しているが、本当に心身に異常な症状が出るのは、ひどい暴行を受けた直後ではなく、実はそれからしばらく経った後なのである。

Aさんは彼女を精神科の病院に連れて行き、入院させることになるが、入院中に彼女は鼠径部の静脈を切って自殺を図ったことがあった。そのとき彼女はAさんに、「うつりになってしま[illegible]みぬいたということです」と彼は言う。

不幸なことに、この事件は氷山の一角でしかなかった。そのことは、APP研のメンバーが、他の活動家や支援者たちといっしょにPAPSという支援団体を結成して以降に、同団体に寄せられた多くの被害相談から明らかになる。

次に、直接的な暴力が用いられているわけではないが、違約金を持ち出したり、心理的な圧迫や、長時間の「説得」を通じて、ポルノの撮影ないしその継続へと追い込まれるパターンを見ていこう。このような巧妙な手段の結果として、時にポルノ撮影に関する契約にさえサインするかもしれないが、それは十分な説明や納得にもとづくものではない[17]。そして、以下に見ていくように、普通に日本のショップやインターネットで売られているアダルトビデオの中に、そのような手段で作られたものは数多く存在する。

事例2　二番目の事例として紹介する二〇一四年の事件は、日本において「AV強要」という言葉を広く世間に知らしめ、多くの大手マスコミやテレビでもあいついで報道され、政府さえもその対策に乗り出すきっかけとなったものである。この事件以前は、ごく例外的なケースを除けば、被害者のほとんど誰も支援団体に助けを求めなかったし、警察も動こうとしなかった。だが、この事件以降、類似の被害相談が、PAPSをはじめとする支援団体に文字通り殺到するようになる。

被害者のBさんは高校生であった時に駅の改札前でスカウトされた。当初はタレントになれるという話で、Bさんもその話を信じたが、Bさんに与えられた仕事はいわゆる「着エロ」(被写体がごくわずかに着衣した状態のポルノのことで、児童ポルノ禁止法をかいくぐるために業者が考え出したもの) のDVDの撮影だった。小さな水着や性的に露骨なポーズなどを強要され、その模様を撮影・販売された。撮影終了後、Bさんはタレント活動を辞めたいと申し出たが、プロダクション側は「辞めたら一〇〇〇万円の違約金が発生する」と言って脅し、さらに数本の着エロの撮影が強要された。その後、Bさんが成人年齢に達する頃にアダルトビデオの撮影が強行された。本人はこの時もいやだという意思を表明したが、再び違約金が持ち出されて、撮影を拒否することができなかった。

撮影の一日目に複数名の男性によって性行為を強要され、その模様が撮影された。Bさんはこの撮影が終わった後にアダルトビデオの出演の条項を含む契約書を結ばされた。Bさんは生まれて初めてのAV撮影のショックから心神耗弱状態にあり、契約への署名を拒否できなかった。そして、この契約書をたてに、一本目のアダルトビデオの撮影の続きが強行された。

Bさんはこの二回目の撮影後に、もうアダルトビデオの撮影はしたくないと強く主張したが、今度は「あと九本の撮影をしなければ、一〇〇〇万円の違約金が発生する」と脅された。違約金の額はいつのまにか一〇倍にはね上がっており、しかも、本人の知らないあいだに合計で一〇本ものAV撮影の契約がプロダクションとメーカーのあいだで交わされていたのだ。そして、次の撮影の日程もすでに決まっていた。

Bさんは絶望に打ちひしがれ、ネットで知った「ポルノ被害と性暴力を考える会（PAPS）」にメールで相談をした。PAPSの相談担当者は翌日ただちに彼女と面談し、撮影日が目前に迫っていたため、すぐに警察に相談するとともに、プロダクションに対してタレント活動をいっさい行なわない旨の通告を電話で行なった。あわてたプロダクション側はその日の夜にBさんの自宅にまで押しかけた。その現場に警察官も来ていたが、「あと二本出演したらどうか」などとBさんに言う始末だった。

その後、

契約を解除することを意思表示した内容証明便をプロダクション側に送付した。プロダクション側はこれに納得せず、二四六〇万円もの莫大な損害賠償の支払いを求める民事訴訟を起こした。だが、東京地裁は二〇一五年九月に原告（プロダクション側）の請求を棄却する判決を下し、本人の意に反する性行為をさせることは契約を解除する正当な理由になるとの判断を下した。結局、原告側は控訴を断念したので、この判決がそのまま確定した。被害者のBさんは裁判に勝利した後、マスコミに向けて手記を発表したが、その中で彼女は次のように述べている。

初めに、私が支援団体のＰＡＰＳさんを知ったきっかけは、インターネットで、「ＡＶ違約金」で検索したときでした。そして相談するまでは、契約書があるかぎり、私には自由など存在していないと思っていました。メーカーやプロダクションの言いなりにならないと、身の危険を感じることもありました。業界の人は怖かったです。誰にも相談することができずに、ずっと悩み続けていました。死にたくなりました[18]。

この事件と裁判のことがマスコミで大きく報道され、また彼女の弁護を引き受けた伊藤弁護士が積極的にネットを通じて社会に訴えたおかげで、それ以降、文字通り日本社会は大きく変化した。今まで野放しだったＡＶ強要問題が大手マスコミで、テレビで、国会で、内閣府で取り上げられ、政府や自治体がこの問題に公式に取り組むようにさえなった。ＰＡＰＳに助けを求めた彼女の勇気、そしてそれに応えて彼女を全力で支えたＰＡＰＳの支援者たちと弁護士、これらの人々の勇気と行動が日本の状況を変えたのである。

事例3　以上の動きに勇気づけられて、これまで自分の被害について語って来なかった被害者たちがしだいに声を挙げるようになっていった。その一人が星野明日香さんである。「ほしのあすか」としてアダルトビデオで非常に人気のあった彼女は、二〇一六年一一月二一日の自身のブログで、三年間にわたってＡＶ出演を強要され続けたことを告白している。

彼女はもともと、青少年向けの雑誌でグラビアアイドルをしていて、その世界ではかなり有名で人気のある存在だった。ブログによると、ＡＶに出演させられたのは、大手芸能事務所から紹介された人物から「脅迫されたり優しくされたり」するなど、半年以上の洗脳を受けたことによるものだった。実際に撮影現場に行くまで、グラビアの仕事と聞かされていたのだが、現場に着いたら、それはＡＶの撮影だった。契約書には一言もＡＶのことは書かれていなかった。彼女は当時、警察や弁護士に相談したが、「今の時代にそんな事あるはずないとか、騙された自分も悪いと言われ、本当に泣き寝入り状態だった」。二〇一五～二〇一六年になって、ＡＶ出演強要問題が社会的に大きな注目を浴びることになってようやく、彼女は自分のブログで強要被害のことを話すことができた。また彼女は、ＡＶへの出演強要のせいで、摂食障害やパニック障害、うつ病、対人恐怖症などにかかり、「治るのにも三年近くかかりました」と述べ、いまだに「男性や、性の恐怖のトラウマは消えていない」と語っている[19]。

事例4　ユーチューバーのくるみんアロマさんも、自分の受けた強要被害について公に語るようになったサバイバーの一人だ。彼女は、二〇一一年に大学生だったころに新宿でスカウトに「モデルをやらないか」と声をかけられた。音楽の仕事をしたかった彼女に対して、「グラビアをやれば音楽の仕事もできる」と説得された。しかし、実際に来た仕事はヌードグラビアとＡＶの撮影だった。彼女はしたくなかったが、「これに出演すれば音楽の仕事ができる」と無理やり「説得」され、なかったポルノ撮影を強行された。彼女は悩み苦しんだが、「わたしが告白[illegible]ちでAVに出演して悩んでいる人を減らせるんじゃないか」と思い、自分の被害経験を公表した。[20] 彼女は現在もサバイバーとして啓蒙活動をしている。

それ以外にも多くの事例があるが、これぐらいにしておこう。くるみんアロマさんの場合に典型的に見られるように、「モデル」や「アイドル」になれるとだましてポルノ撮影に持ち込むやり方は、AV業界できわめて普遍的に見られる。内閣府はその実態を明らかにするため、二〇一六年一二月九日〜二一日にインターネットで調査を実施し、二〇一七年二月八日にその結果を公表した。それによると、モデルないしアイドルの勧誘を受けたことがある、または応募したことがあると答えた二五七五人から回答を得、そのうち、実際に契約した一九七人のうち、五七人が「契約時に聞いていない、あるいは同意していない性的な行為等の撮影を求められたことがある」と答え、一七人が実際にその求めに応じているが、その理由として、「『契約書・承諾書等に書いてある』と言われた」「写真や画像をばらまくといわれた」などを挙げている。また、勧誘を受けた後や応募した後に、「契約なしに、同意していない性的な行為等の写真や動画を撮影されたことがある」と回答した人は六〇人もいた。[21] この種の公式調査は日本で初めてのものだが、日本におけるポルノへの出演強要の深刻な実態の一端を明らかにしている。

同意を超えた行為や暴力的行為の強制

次に（b）と（c）の被害の実例を見よう。ポルノの撮影そのものに同意していても、撮影の過程で、事前の同意や契約にない行為、あるいはそれ自体が暴力的で危険で人権侵害的な行為をされるということの被害も、AVの制作現場で頻繁に起きている。とりわけ、一九八〇年代半ばから、より過激で「リアル」な映像を作ろうとする傾向が顕著になり、いわゆる「実録もの」というジャンルが生まれてから、なおさら頻発するようになった。その典型が、次の「事例5」で紹介する、バクシーシ山下というAV監督による暴力AVシリーズ『女犯』（一九九〇～九一年）である。

事例5　『女犯』シリーズは、出演者である女性に筋書きについてほとんど事前に説明せず、その上で、女優にありとあらゆる暴力や屈辱的行為を強い、それに対して女性が示す「本物の」恐怖や反応をおもしろがるというパターンを売りにしたアダルトビデオだ。たとえば、ある作品では、作品の冒頭シーンで、女性の嫌がるタイプの気持ち悪い男優を絡ませ、その女性が嫌悪感を示すと、今度は屈強な男たちが突然飛び出してきて、彼女に集団で襲いかかるというパターンが取られている。AV女優のくせに男優をいやがるのは生意気だ、懲らしめるというミソジニー剝き出しのコンセプトにもとづいている。

男たちは、彼女を何度もレイプするのはもちろん、それだけでなく彼女の顔や腹や背中を何度も殴る、蹴る、髪の毛をもって引きずり回す、顔に何度もゲロをかける、便器に顔を突っ込むといったありとあらゆる暴力を行使する。そして、その女性が絶叫しながら抵抗したり、泣きながら必死で逃げ回ったりするが、結局は再びさんざん殴られた挙句に、もう声も出せなくなってただ嗚咽する姿を、延々と映し出す[22]。このおぞましい拷問ポルノをリベラル派の知識人や、朝日新聞系の週刊誌『AERA』などが当時、「前衛的」「革命的」として絶賛したのである。この暴力ポルノでは被害者は警察に訴え出ることができず、加害者はいっさい罰せられることはなかった。だが、このビデオシリーズに触発されて、その後、同様の手法を使った暴力・拷問ポルノが次々と日本で制作販売されるようになり、これはついに事件化し、裁判にまで行くことになる。それが、バッキー事件と呼ばれる、戦後日本史上最大の暴力ポルノ事件である。

事例6　二〇〇四年六月、アダルトビデオの制作会社「バッキービジュアルプランニング」（二〇〇二年設立）によるアダルトビデオの撮影で、出演した女性が複数の男性から集団で暴行された挙句、直腸に穴が開くなどの全治四ヵ月の重傷を負った。退院した被害女性は二〇〇四年一〇月に被害届を提出し、二〇〇四年一二月に関係者八名が逮捕されたが、この時は結局起訴に至らず、別件で追起訴の一人を除いて全員が釈放された。しかし、この事件をきっかけにして、このAV制作会社の犯罪性について広く世間に知られるようになり[23]、また警察に目を付けられるようになった。そしてそのことが結局、その後の事件での、逮捕・起訴・実刑判決へとつながるのである。

二〇〇四年九月に行なわれた『水地獄』というビデオシリーズの撮影において、被害女性は、午後一時から夜の九時まで延々と暴行を受け続け、何度も水槽の中に顔を突っ込まれ、呼吸困難に陥り、全身打撲と頸椎ねん挫などの重傷を負った。裁判での論告求刑によると、「被害者は白目をむく状態になってもなお暴行を加えられ、生命の危険性さえあった。事件後、被害者は外に出られない状態になり、『誰かが殺しに来るのではないか』と神経過敏になり、大声を聞くだけでも呼吸困難になって、極度の人間不信に陥った[24]」。この事件で被害者が訴えたことにより、翌年の二〇〇五年三月三一日、監督、俳優、カメラマンをはじめ合計七名が逮捕・起訴された。

さらに、二〇〇四年一一月に行なわれた『水地獄2』の撮影では、被害女性は撮影前に、「男優二〇人と八〇回セックスするか、『水責め』をうけるかのどちらがいいか」という「選択」を迫られ、彼女は「水責め」を「選んだ」。撮影前の時点では、「水責めと言っても、苦しければ撮影をストップするし、怪我をすることはいっさいない」とスタッフは彼女に約束していた。しかし、実際に撮影が始まると、そうした約束はすべてあっさりと反故にされた。彼女に対する男優たちの暴力にはいっさい手加減がなく、プールの中に顔ごと沈められ、何度も溺れ死にそうになった。彼女は殺されるという恐怖心から監督に中断を懇願したが、まったく聞き入れられず、プールの中に溺死寸前まで沈められたり、密閉された箱の中に押し込められて水を注がれたり、逆さ吊りにされて、水の入ったバケツの中に顔を何度も突っ込まれた。最後に、風呂場で強姦されているときに、鏡に頭を打ち付けて鏡が割れ、その破片で足首が深く切れて、大量出血し、救急車を呼ぶ事態になった。彼女はこの大怪我を「不幸中の幸い」と呼んでいる。なぜならそのおかげでようやく撮影がストップしたからである。彼女への拷問は、朝の八時半から夜の九時まで一二時間以上続いた。被害者は撮影後、車いす生活を余儀なくされ、また水に対する恐怖心からお風呂に入ることさえできなくなった[25]。

これらの事例は、バッキービジュアルプランニングが作った暴力ビデオのごく一部である。たとえば同社が作った『問答無用　強制子宮破壊』はシリーズ化されて十数本もリリースされているが、そのすべてにおいて同種のすさまじい暴力が延々と出演女性に対してなされている[26]。

これら一連の暴力ポルノによる多くの被害者のうちの何人かが勇気を出して告発し、それがついに関係者たちの逮捕だけでなく、起訴、裁判にまで至り、そして、そのほぼ全員に実刑判決が下った。特筆すべきは、その撮影現場にいなかったバッキービジュアルプランニングの最高責任者である会長にも実刑判決が下されたことである（懲役一八年）。こうして、これまで野放しであった暴力ポルノによる制作被害がはじめて司法で裁かれたのである。

非商業的ポルノの制作被害

これまでは商業ポルノの制作現場における被害について見てきたが、撮影・録画技術が発達した今日では、単なる一個人でもポルノを簡単に制作することができ、その過程のさまざまな被害がいる。それが、（2）の非商業的なポルノの生産過程における諸被害である。この被害は以下の三つの下位区分に分けることができる。

（a）第三者によって実際に何らかの性的侵害行為がなされ、その中で、この行為そのもの、あるいは被害者の性的姿態が無理やり撮影される被害。

（b）夫や恋人や父親や兄弟によって自分の意に反して自分の性的姿態や性行為を撮影される被害。

（c）だましや脅迫や心理的コントロールを通じて自分の性的姿態を携帯電話やスマホなどで撮って送信するよう強制される被害（強制的自撮り被害）。

（a）典型的なのは、レイプ犯が、後で自分が繰り返し楽しむため、あるいは被害者を口封じするために、自分の犯罪行為や被害者の性的姿態を撮影する場合である。とくに連続レイプ犯はそうした撮影をする傾向がきわめて強いが[27]、今やスマホや携帯電話として誰もが撮影機器を持ち歩いている現代においては、ほとんどの性犯罪者は自己の犯罪行為や被害者の姿を写真や動画に残そうとする[28]。

この場合、性暴力そのものによる被害のみならず、それが撮影されるという被害が加わることになる。自分が性暴力を受けている姿や受けた後の姿が撮影されることで、その被害はフィルムか電子媒体の中に永遠に保存され、被害の苦しみと痛みも永続化する。さらに、それが繰り返し加害者によって鑑賞され楽しまれることを想像すれば、繰り返し被害を受けたような気持ちになるだろう。さらに、その記録がさまざまな形で悪用される可能性を想像すれば、身が凍る恐怖を覚えるだろう。加害者はそれをネットにアップするかもしれないし、ポルノとして編集してＤＶＤに焼いて頒布するかもしれない。あるいは、それを被害者の勤め先や学校や知り合いにばらまくかもしれない。あるいはそれを脅迫手段に用いるかもしれない。したがって、このタイプの被害は後で見る「存在被害」とも直接結びついている。

性的暴行のビデオを脅迫に用いた比較的最近の有名な例は、二〇一四年にオイルマッサージ店の経営者（四〇代男性）が複数の強姦および強制わいせつで逮捕・起訴された事件である。加害者はこの強姦の様子を隠しカメラで撮影しており、加害者の逮捕後、加害者側弁護士は示談交渉の場で、被害者に対して、このビデオを処分する代わりに示談金ゼロ円で被害の訴えを取り下げるよう迫った。被害者の一人はその時の気持ちを次のように明かしている。

> 人生が終わったような恐怖を感じた。……示談金ゼロ円という提案も私を被害者としてすら認めないというように感じられた。
>
> 自分がレイプされている映像を見て、家に帰りつくと猛烈な頭痛に襲われた。夢に出てきて眠れず、次の日は仕事を休んでしまった。[29]

このタイプの被害には、学校や職場や仲間内におけるいじめや制裁の一環として、被害者の性的姿態が同性の知り合いから強制的に撮影される場合も含まれる。この場合、被害者は必ずしも女性だけでなく、しばしば男性も被害者になる。性的欲求を満たすためにこのような行為が強制されるのではなく、徹底した屈辱感と恐怖心を相手に抱かせて、服従や制裁の効果を高める手段としてなされるのである。[30]

（b）これまで述べてきた「強制撮影」は、基本的に他人によるものだったが、本人の意に反して性的姿態や性行為が無理やり撮影されるという被害は、家庭内やラブホテルなどの私的場において、夫や恋人や父親や兄弟などによっても行なわれうる。個人用のビデオカメラとビデオデッキの普及、さらには動画撮影が可能な携帯電話やスマホの普及のせいで、家庭内であれどこであれ、私的ポルノを制作する

ことはきわめて容易になっており、これ自体がド[illegible]
虐待の一形態となっている。

（c）強制的自撮り被害（英語圏では「セクスティング（sexting）」と呼ばれている）に遭うのは多くは未成年者であり、中学生や高校生が、時には小学生も、大人から脅されたり、だまされたり、巧妙に言いくるめられたりして、自分の性的姿態をスマホなどで撮影して、メールやラインなどを通じて加害者に送るよう誘導される。[31]被害者が一八歳未満である場合には、これは児童ポルノ事件として加害者は処罰され、したがって新聞報道を通じてわれわれはその被害の存在を知ることができるが（この種の報道は非常に多い）、被害者が一八歳以上である場合には、この行為自体を取り締まる法律は存在しないので、多くの被害が埋もれていると思われる。このような強制的自撮り被害は、時には、お金に困っているなどの弱みにつけこんでなされる場合もある。[32]

盗撮被害

制作被害の（3）は盗撮による被害である。この盗撮被害は商業ポルノの場合も非商業ポルノの場合も生じるのであり、今日のインターネット時代においては、非商業ポルノとして撮影された盗撮画像は、動画サイトを通じて容易に商業ポルノとして販売することができる。[33]したがって両者の境界は今日ではほとんどないので、両者をまとめて「盗撮被害」として考察するのがよいだろう。

いわゆる「盗撮もの」のアダルトビデオは、AVにおける一大ジャンルである。たとえば、アマゾンの日本語サイトで、「盗撮」というキーワードでDVDを検索すると、1万件以上ヒットする（二〇一九年一二月時点）。一万件以上は表示されないので、実数は不明である。二〇一〇年八月に調べた時は、七〇〇〇件以上のヒット数だった。[34]ちなみに、「痴漢」をキーワードにすると、六〇〇〇件以上がヒットし、「レイプ」をキーワードにすると九〇〇〇件以上がヒットする。いかに「盗撮もの」が大きな市場となっているかがわかる。これらのビデオはみな「やらせ」だと一般に思われているが、そうではない。少し古いが、二〇〇二年の新聞記事によると、女性を使った盗撮隊をつくって組織的に盗撮ビデオを作って販売していたある制作会社社長は、市場に出回っている盗撮もののビデオのうち「四割はやらせ」だが、残りは本物であると述べ、「マニアが見ればやらせか本物か分かる。危険を冒しても隠し撮りしなければならなかった」と供述している。[35]

このように商業ポルノでは「盗撮もの」は一大ジャンルであるが、商業ポルノとしてではなくて、犯罪者個人が楽しむためになされる盗撮も隆盛をきわめている。盗撮機器の小型化と高性能化のせいで、学校や公共トイレや職場や電車内やプールや温泉の脱衣所、さらには航空機の中などあらゆる場所が盗撮可能な場所となっている。[36]まったくの赤の他人が公共の場（トイレや脱衣所）に盗撮機器を仕掛ける場合もあれば、家庭内で、恋人や夫や兄弟が、自分の恋人や妻や姉や妹などの性的姿態や入浴中の姿や着替え中の姿をこっそり撮影する場合もある。さらには、デリヘルなどの派遣型の売買春において、買春客が、家の中にこっそり小型カメラを設置して、自分が買った女性を盗撮する場合も多い。[37]

この種の盗撮事件は、新聞報道を少し追っただけでも、ほとんど毎日のように報道されていることがわかる。たとえば、二〇一八年六月に報道された事件では、犯人（三〇代男性）は公園の女子トイレの壁の中に盗撮カメラを設置し、中学生や高校生をターゲットにして七年にもわたって盗撮を続けていた。容疑者の自宅からは、盗撮映像を収めた数百枚のＳＤカードとＤＶＤが押収され、この一件だけで被害者の数は数百人に上ると見られている。[38]日本には盗撮そのものを取り締まる全国法が存在せず、せいぜい各自治体にある「迷惑防止条例」の中で、公共の場での迷惑行為として取り締まられているだけであり、また盗撮された画像に対処する法律もない。そのため、刑法上の「盗撮罪」の制定を望む声がず出されている。

もちろん、この問題は日本特有のものではなく、多くの国で共通する問題でもある。とくにお隣の韓国では深刻な社会問題となっていて、芸能人や有名人を含む無数の被害者がおり、しばしば自殺者さえ出している。(40) しかし重要なのは、韓国では単に社会問題化しているというだけでなく、それに対する女性運動の大規模な反撃が起こっていることである。これは世界のフェミニスト運動に大きな勇気を与えている。(41)

4 ポルノの流通被害

次に問題になるのはポルノグラフィの流通被害である。最初に、制作被害と流通被害とを分けていることについて多少説明しておかなくてはならない。商業ポルノは最初から販売と流通を前提としている。その意味で、制作被害と流通被害とは一体である。しかしそれでもなお両者は区別可能である。たとえば制作被害の（1）のように何らかの強制やだましによって意に反して商業ポルノに出演させられた場合や盗撮された場合、それ自体が一つの重大な被害を構成するが、それによって制作されたもの（制作被害物）が販売ないし頒布されて、不特定多数の人々の目に晒されることによって、さらなる（そしてきわめて重大な）人権侵害が発生するからである。また、たとえ合意にもとづいて性的写真が撮られていたとしても、それが意に反して流通ないし頒布されたりする場合には、それ自体が独自の深刻な被害を構成する。したがって、制作被害と流通被害とはしばしば一体のものとして存在するにもかかわらず、両者を区別することが必要なのである。

この流通被害は大きく言って次の三つに分かれる。

（1）商業ポルノか非商業ポルノかに関わらず、種々のポルノ被害（出演強要や盗撮など）を通じて生産されたもの（制作被害物）が流通ないし頒布されることで生じる追加的被害。

（2）性的姿態や性的行為の撮影それ自体については同意していても、その記録が同意にもとづくことなく流通・頒布される被害。

（3）特定の人物の顔写真や似顔絵を用いた性的な合成写真や描画が作成されてそれが新聞雑誌やネットなどで公開・頒布される被害、あるいは、本人を特定しうるような名前や特徴や経歴などが、記事や小説などの性的文脈（とりわけ性的に侮蔑的な文脈）で使用され、それが頒布される被害。

制作被害物の不同意頒布

まず、最初の（1）の被害から見ていこう。ポルノ被害は他の性被害と違って、物的ないし電子的な形で被害の記録（制作被害物）が残るのであり、その点にこの被害の最大の特徴がある。それゆえ、制作過程で起きた人権侵害は、その記録が流通・頒布されることで追加的被害を発生させる。そして今日のような電子化とネット時代においては、その記録は電子媒体としてはきわめて簡単な操作で無限にコピーできるとともに、インターネットを通じて容易に全世界に頒布することができる。被害者は、自分が性的に虐待されレイプされ拷問されている映像や盗撮された映像が永遠に他人の目に晒されつづけるのであって、場合によってはそれによる被害は最初の制作被害をさえ上回るかもしれない。

また、正規にパッケージ化された商業ポルノとしてそれが頒布される場合、あたかもそれが強要によるものではなく、自発的な同意にもとづくものであるかのように世間的に受け取られるという被害も生じる。ＤＶＤのパッケージでは、あるいはその映像の中で、[illegible]

かもしれない。その写真や映像は実際には本格的な撮影が始まる前に撮られていたかもしれないし、内心は恐怖と嫌悪を抱きながらも、その場を切り抜けるために無理やり笑顔をつくっているだけかもしれない。だが、それを購入する消費者にとっては、それが被害者の自発的同意にもとづいて作品が撮られたものであることを印象づけるものとなるだろう。

性的映像の不同意頒布

次に、流通被害のうち（2）の被害だが、これはさらに次の二つのタイプに区分することができる。

（a）恋人同士や夫婦間でのように、撮影の時点では同意にもとづいてお互いの性的な写真や映像を撮影していたが、その写真や映像が後に、自分の同意なしに、あるいは意に反した形で頒布される被害、あるいは、第三者がそうした性的な写真や映像を何らかの形で入手した場合、それが当人の同意なしに頒布される被害。

（b）最初の時点では撮影のみならず、頒布や販売にも同意していたかもしれないが、月日が経ってそれらの映像が流通していることに嫌悪や不利益を感じるようになり、その継続を望まなくなっても引き続き頒布・販売され続ける被害。

（a）この種の被害の典型としてとくに問題になっているのは言うまでもなくリベンジポルノであり、元恋人が、振られた腹いせに、付き合っているときに撮影した相手の性的姿態や性交中の動画を勝手にインターネットにアップしたり、メディアに提供したりする。[42] スマホとネットの普及によってこの被害は年々増加している。警察庁は二〇二〇年三月に、リベンジポルノに関する警察への相談が二〇一九年には一四七九件あり、前年比約一〇%の増大だったと発表した。とくに二〇代で増加が著しく、四三%もの増加となっている(43)。

　この問題がとくに日本でクローズアップされたのは、二〇一三年に東京の三鷹市で起きた女子高生殺人事件においてである。加害者である二〇代男性は当時交際していた女子高生に振られたことの腹いせに、彼女の性的写真や性行為の動画などを大量にネットにアップした挙句、同年一〇月、彼女の自宅に忍び込んで、彼女をナイフで刺し殺した。この事件は、性的写真や動画などを相手の同意なしに頒布することを禁じる法（通称、リベンジポルノ禁止法）が制定されるきっかけとなった。この法律はもともとはリベンジポルノの取り締まりを目的としたものであるとはいえ、文面上、私的な性的画像の、同意にもとづかないあらゆる頒布を禁止しているので、リベンジポルノのケースだけでなく、盗撮画像を含むあらゆる私的な性的画像の不同意頒布に適用することができるし、実際に適用されている(44)。

（b）右の（a）は主として非商業ポルノの場合に起こる被害だが、この（b）は主として商業ポルノの場合に起こる被害である。たとえば、自分の意志で商業ポルノの撮影に参加し、したがってその販売にも同意していたとしても、その後状況が変わったり（真剣に付き合う恋人ができた、堅い職業に就くようになった、子どもができた、自分の出演が家族や友人に知られてしまった、等々）、あるいは、自分のやったことを後悔するようになったりなどの理由で、流通・頒布を望まなくなったにもかかわらず、儲かるかぎりメーカーはそうした意思を無視して販売しつづける。

　現在のAV業界の契約慣行では著作権や肖像権がすべて制作会社側に譲渡されており、自分が直接受諾したビデオ以外でも、たとえばオムニバス作品として何度も何度も商品化されることがよくある。あるいは、それらの映像が海外のサイト（たとえばカリビアンコムやポルノハブ）に勝手に売られて、そこから（しばしば無修正動画として）配信される場合もある(45)。こうして、この流通支配はある。

ＡＶ強要が社会問題化した後に、アダルトビデオ業界のメーカーが集まってＡＶ人権倫理機構を結成し、発売から五年経った作品については（事情によっては五年以内でも可能）、出演者本人の希望にもとづいて販売およびネット配信を停止する措置を取るとの方針を打ち出した[46]。これはひどすぎる現状に対する多少の改善ではあるが、しかし、この機構に参加していないメーカーも多く、また五年という期間はあまりにも長すぎる。また海外サイトから配信されている場合には、基本的に対処できない。問題はなお解決から遠いと言うべきである。

ポルノコラージュとディープフェイク・ポルノ

次に、（3）の被害だが、これはマッキノン＝ドウォーキン分類の「ポルノを通じた名誉毀損」に相当する。この被害は、ネットの巨大な普及と画像合成技術の高度な発達とともに爆発的に広がった（アイコラないしポルノコラージュ）。とくに有名人女性がそのターゲットになる場合が多い。たとえば、二〇一六年七月に判決が確定したケースでは、綾瀬はるか、石原さとみなど日本を代表する女優たちが、ある芸能雑誌に自分の顔写真と裸の精巧なイラストが合成された写真が掲載されたことに対する損害賠償を求めて提訴し、勝訴判決を獲得している[47]。また一般に有名人がターゲットになるだけでなく、女性政治家や女性活動家を貶め、その口を封じるために、こうした手段が使われることも多い[48]。

さらに、単なる静止画像だけでなく、動画合成技術も日進月歩で発達しており、今では、ＡＩ技術を使って、ポルノのセックス動画の顔の部分だけ、他の特定の人物に置き換えて、本当にその人が性行為をしているように見せることも可能になっている。これはディープフェイク・ポルノと呼ばれ、主に芸能人や有名人の女性がターゲットにされており、国際的に深刻な問題になっている[49]。海外のある機関が調査したところでは、このディープフェイク・ポルノは毎月一〇〇〇本もさまざまなポルノサイトにアップされており、サイト運営企業に莫大な利潤をもたらしている。たとえば、エマ・ワトソンの顔を用いた動画は二〇〇〇万回以上も再生されているとのことである。[50]

5　ポルノの消費被害

ポルノの反復・継続的な消費者はポルノによって深い影響を受け、そのセクシュアリティやメンタリティがポルノに毒されたものとなるが、消費被害とは、そのことによって周囲の人間やそのターゲットにされた人々がこうむる被害の総称であり、大きく言って次の二つに分かれる。

（1）ポルノの視聴やポルノを模倣した行為などがパートナーや近親者、その他の知り合いなどから押しつけられる被害。

（2）ポルノの影響を直接受けた第三者から性的暴行やその他の性的被害を受けること。

以下、具体的事例といっしょにこれらの被害類型について順に見ていこう。

ポルノの押しつけ被害

まずこの消費被害のうちの（1）の被害は、マッキノン＝ドウォーキン分類における「ポルノの押しつけ」に相当し、これはさらに次の三つに分かれる。

（a）家庭内でポルノを意に反して視聴させられること、あるいは職場や家庭内でポルノ的なもの（ヌードカレンダーやAVなど）が望まないのに日常的に視界に入る被害。

これが職場内で起こる場合には、今日では

頻繁に起こるなら、それはドメスティック・バイオレンスを構成するだろう。また、[illegible]視聴させられるのが子どもである場合には、それ自体が児童性虐待を構成するが、それだけでなく、子どもを性行為へと誘い出す役割も果たす。子どもへの性虐待者はしばしば、ポルノを子どもに見せることによってそうした行為への抵抗感や忌避感を取り除こうとするからである。この場合、この被害類型はただちに次の（b）に結びつく。

（b）家庭内や恋人同士のあいだで、ポルノ内での諸行為を模倣した行為が夫や恋人や兄などによって意に反して押しつけられたり、その種の行為をするよう強制される被害。[51] あるいは、売買春の現場で、被買春女性が買春客によってこのような行為を押しつけられる場合も、この被害類型の中に数えることができるだろう。近しい相手には要求できないような変態的行為を、被買春女性には平気で押しつける買春客は大勢いる。

ＡＰＰ研が二〇〇一〜〇二年に女性弁護士やカウンセラーや婦人相談員など二五〇〇人を対象に行なったポルノ被害に関する実態調査では、七四件もの「ポルノ模倣行為の押しつけ」被害の例が報告されている。[52]

（c）いやがらせの手段として、ポルノ画像や動画などが送りつけられたり、見せつけられたりする被害（ポルノハラスメント）。これはネット社会が成立する以前から、たとえば気に入らない女性の机の上にポルノ雑誌や切り取ったポルノ写真を置く、家の郵便ポストにポルノ雑誌や写真を投函するなどの形で起こっていたが、ネット社会では、きわめて大規模な被害となっている。メールを通じて相手にポルノ写真、あるいは自分の局部の写真などを送りつけたり、ツイッターなどのＳＮＳでは気に入らない相手に返信機能を使ってポルノ画像や動画を貼りつけることが容易にできる。とくにアイドルや、政治的発言をする女性、自分に冷たくした特定の女性などをターゲットにしたこの種のポルノハラスメントはきわめて頻繁に生じている。[53]

ポルノに直接起因する性暴力

消費被害のうちの（2）の被害は、マッキノン＝ドウォーキン分類の「ポルノに起因する性的暴行」に相当する。この性的暴行が家庭内や職場内などでの私的ないし人格的な権力関係を通じて起こる場合には、右で述べた「家庭や職場でのポルノの押しつけ」になる。ここで問題になるのは、基本的にそうした権力関係や近親関係のない第三者によってなされる性暴力である。

これまで多くの研究が、男性によるポルノ（とりわけ暴力ポルノ）の継続的視聴と性暴力とのあいだに因果関係があることを明らかにしている。そもそも、多くのアダルトビデオは、「レイプ」「集団レイプ」「セクハラ」「痴漢」「盗撮」「近親姦」「拷問」「露出」「監禁」「児童性虐待」「いじめ」「リンチ」「窒息」など、それ自体が犯罪でかつ暴力であるものをテーマとし、それらを楽しめる性的娯楽として提供している。他のどの「表現」においてもこれほど大っぴらに犯罪（しかも歴史的に差別され抑圧されてきた集団に対する犯罪）が称揚されることはない。たしかに犯罪小説や推理小説の類はあるが、それらのほとんどは犯罪を許されざる悪として描き、犯罪者はほとんどの場合最後は捕まって罰を受けることになっている。それらは人々の一般的な正義の感覚に依拠し、それに沿っている。だが、アダルトビデオの中で、女性に対する暴力を本当に許しがたい犯罪として描いているものがあるだろうか？　ましてや加害者が逮捕され処罰されているのを描いているものがあるだろうか？　性的娯楽としてのＡＶの本質上、そういうことはありえない。それは、女性に対するあらゆる暴力と犯罪を、社会的に許容できるだけでなく、楽しめる性的快楽として描いている。それは正義の感覚にもとづいているのではなく、逆に正義のあらゆる感覚、平等のあらゆる感覚、人間性のあらゆる感覚を[illegible]

ること自由と正義と平等の領域から追放する[illegible]煽動物の蔓延が、それを模倣した、あるいはそれに直接示唆された暴力をある一定の割合で引き起こすことになるのは必然的である。

実際、ポルノ・買春問題研究会が二〇〇六年に九〇〇人以上の男性を対象にインターネットおよび紙の両方を用いたアンケート調査でも、「ポルノで描かれた性犯罪的・虐待的・暴力的諸行為（レイプ、盗撮、子どもへの性虐待など）を、自分でもしたことがある、あるいはしてみたいと思ったことがあるか」という問いに対して、一六％から二六％の人が「はい」と答えている(54)。

また、臨床の現場で一五〇人を超す性犯罪者に関わってきた精神保健福祉士の斉藤章佳氏は、性犯罪者の加害のきっかけとしてポルノの継続的視聴が重要な役割を果たしていることを指摘している。とくに氏が問題にしているのは、児童ポルノの視聴と子どもへの性犯罪との因果的関係だが、同じことはもちろん成人ポルノの視聴と成人女性への性犯罪との関係についても言える。また、一人の性犯罪者が膨大な数の被害者を生むことを忘れてはならない。斎藤氏は次のよう経験を語っている。

私が、とある地方の刑務所で性犯罪で服役している受刑者の前で講話をしたときのことです。私はアメリカの研究者エイブルによる「一人の性犯罪者が生涯に出す被害者の数は、平均三八〇人である」という研究を彼らに紹介しました。その中には子どもへの性加害を繰り返していた男性が何人かいましたが、次のように答えたのです。
「三八〇人ですか……僕はその三倍はしていると思います」
ほかの小児性加害者たちも、大きくうなずいていました(55)。

斉藤氏はまた、小児性虐待者に対するヒアリングの結果、「児童ポルノが加害行為のトリガーとなった」と言っている人が九五％もいたことを明らかにしている。(56)

新聞報道などから知りうる範囲にかぎっても、レイプ・ポルノや盗撮ポルノなどに刺激されて、同様の行為に至った事件はきわめて多い。たとえば、比較的最近の報道から紹介しておくと、二〇一七年九月に女性をナイフで脅して性的暴行を加えたとして逮捕された三五歳の男は、取り調べに対して、「ネットでレイプの動画を見て興味を持ちレイプをしたくなった」と供述しており、他にも二件、同じ手口で性的暴行をしたと供述している。(57) また二〇一六年の六月に小学校低学年六人に対する強制わいせつで逮捕された三七歳の男は、「ロリコン系のアダルトビデオを見て〔犯行の〕参考にした」と供述し、二〇代の頃に児童ポルノを見てから女児への性欲に目覚めたと供述している。(58) また二〇一五年一一月に一七歳の女性の首を絞めて殺害した男の自宅から首絞めをテーマとするものを含む大量のDVDが発見され、「首絞めに興味があり、興味半分で殺した」と供述している。(59)

とくにまだ形成途上にある青少年のセクシュアリティと人格はポルノグラフィによって影響を受けやすく、暴力的なポルノの反復的な視聴が彼らの暴力的な性犯罪を誘発する可能性はきわめて高い。(60) それはまた絶えず「レイプ神話」を視聴者に吹き込み、たとえ女性が最初は嫌がっていても結局はそれを受け入れるのだと思わせ、レイプその他の性暴力に対するさまざまなタブーや抑制を解除する。たとえば、ポルノ・買春問題研究会のメンバーである二瓶由美子氏は連続レイプ犯の裁判を長期傍聴して、レイプものAVを子どもの頃から長期にわたって反復継続的に視聴してきた男子高校生が連続レイプ事件を犯すに至った過程を具体的に明らかにしている。(61) 同じく、二〇一五年一一月一二日付の『西日本新聞』の記事は、若年者による暴力的アダルトビデオ視聴と性暴力事件との関係をよく示している。

強制わいせつの常習犯だった一〇代後半のシミズ＝仮名＝が〝お手本〟としたのはアダルトビデオ（AV）だった。見始めたのは中学生のころ。女性が男に襲われる過激なビデオに、すぐにのめり込んだ。「暴力的でも女は実は嫌がっていない」「撮影した監督も捕まってないし、同じようなことをやっても大丈夫なはずだ」。現実と仮想の世界の区別がつかなくなっていった。[62]

ポルノの継続的視聴がそれを模倣した性犯罪を誘発している事態は、痴漢ものポルノや盗撮ポルノのような特定のジャンルの場合にも顕著に見られる。たとえば、二〇〇二年一〇～一一月に大阪のある大学院生が、修士論文の作成のために、大阪府内の男女合わせて八〇〇名以上の大学生（男子五一三名、女子三一四名）に対して痴漢に関するアンケート調査を行なったところ、痴漢被害の経験者は男性の九・六％、女性の四一・四％にのぼった。また、実際に痴漢をしたことがある者（加害経験者）は男性の約四％、痴漢したいという欲求を持っている者（加害欲求者）は、男性全体の五分の一以上にのぼった（女性はそれぞれ一％程度）。これは驚くほど高い数値である。また、男性の加害経験者のうち、痴漢もののアダルトビデオを見たことがない者はわずか五・三％であり、残る九五％近い回答者は一度ないし複数回視聴していた。それに対して加害欲求のない男性回答者では、痴漢もののＡＶを見たことがないと答えた割合は約六割にのぼった。[63]

6　ポルノの社会的被害

ポルノグラフィは、特定の個人に被害を与えるだけでなく、それが広く社会に蔓延することで不特定多数に（言うまでもなく主として女性に）被害を与える。われわれはこれをポルノグラフィの社会的被害と呼ぶ。この被害もさらに次の二つに分けることができる。

（1）ポルノが社会的に蔓延することで、何らかの公共の場でそれを不意に望まぬ形で目にすることで直接生じる被害。

（2）ポルノが社会的に蔓延することで、女性（あるいは女性化された男性）の性的モノ化、従属が昂進し、両性の社会的不平等が悪化するという構造的被害。

環境ポルノ被害

まず、（1）の被害だが、これは、女性の裸体ないし半裸の写真、あるいは若い女性の性的部位（胸やお尻）を性的に強調したイラストなどが表示されている広告、ポスター、看板、チラシ、電車の中吊り広告、スポーツ新聞の性風俗欄、雑誌の表紙などが不意に、あるいは望まぬ形で視界に入ることによって不特定多数の人々がこうむる被害である。これは「環境ポルノ被害」と呼ばれるものであり、環境型セクシュアルハラスメントの社会版と言える。とくに、日本のように、少女を性的に扱う漫画やイラストやアニメがあふれている国においては、この種のものを目にする機会は他の国に比べて圧倒的に多く、日本に来た多くの外国人が何よりも驚き困惑するのは、このような光景が日常的に見られることである。

ここでの被害は二重である。まず第一に、露骨に性的なものが通常は存在しないことが前提の場所に性的なものが存在することで、それを不意に目にした人々の不快感や性的羞恥心を引き起こすという被害である。これは、わいせつ法でも対処しうる被害であり、性の非公然原則の侵害である。だが第二に、それらの性的な写真や絵は、単に性的であるというだけでなく、女性の性的モノ化、すなわち女性の人間性を毀損し女性を性的存在に還元することを核心としており、それが人々に伝えるこの性差別的なメ性蔑視的なメッセージこそが、ここでの被害の核心をなす。多くの女性たちがそうしたものへの不快感を口にするとき、そこに示されているのは性的なものそれ自体への嫌悪ではなく、性差別への嫌悪であり、自分自身を含む女性全体がそうした性的写真や性的デフォルメを通じて単に性的なものや身体の一部に還元されていることへの、すなわち性的モノ化への嫌悪と反発なのである。

さらに、今日のネット社会では、何気なくリンクをクリックすると、その先に露骨な性的画像や性暴力画像があるということも起こりうる。それは、その画像を不意に目にした人にとってしばしば精神的ダメージを意味するだろう。その人が性被害者である場合には、なおさらである。そして、実に理不尽なことだが、むしろ性暴力被害者の方が、他の人々よりもこのようなポルノ画像に意に反してネットで遭遇する機会が多いかもしれない。なぜなら、たとえば痴漢被害や盗撮被害やその他の性被害に遭った人が、この問題について調べようと思ってネットでそれらのワードで検索すると、ヒットするのは圧倒的に痴漢もののポルノや盗撮もののポルノやレイプもののポルノのサイトだからである。このことがどれほど被害者にさらなるダメージを与えることになるかは言うまでもない。自分の生きている社会が、自分の受けた性的被害を公然と娯楽として楽しんでいる社会であることほど、理不尽で絶望的な状況があるだろうか。

このような環境ポルノ被害は子どもたちにとってなおいっそう深刻である。子どもたちの多くもスマホやタブレットを使うようになった今日、そうした端末機器でネットを検索していて、そのような残虐な画像をたまたま目にすることもあるし、またポルノ的な広告が表示されることも頻繁にある。子どもが容易に残虐なポルノ画像にアクセスしうる環境自体が、社会的な規模での児童虐待に他ならない。また、それらが子どもたちに与えるメッセージは、女性は男性の性的快楽のために存在するというものであり、子どもたちをそうした社会的メッセージにさらし続けることは、子どもたちを性虐待と性産業へ方向づける最も強力な作用因となる。

このような被害に対する対策としては、タバコ被害に対する分煙と同じく、ポルノの掲示場所のゾーニング規制が提唱されている。たしかに、この種のゾーニング政策は、分煙と同じく一定有効であろう。たとえば最近、日本の主要なコンビニエンス・ストアからポルノ雑誌・本が一掃されつつあるが、それはもちろん一定の進歩的意味を持つ(64)。しかし、それではまったく不十分であるのは明らかであるし(それ以外の被害はそのままだ)、とくにインターネットにおける「ゾーニング」規制はほとんど実効性をもっていない。

ポルノの蔓延による女性の社会的地位の低下

次に、(2)の被害だが、これはマッキノン＝ドウォーキン分類における「ポルノの取引行為」に相当する。たとえきちんとポルノのゾーニングが行き届いていたとしても、ポルノグラフィが大量に生産され広範に流布され大量に消費されているかぎり、すべての女性は、それによって生じる女性の社会的地位の低下、性的不平等の深刻化、性的安全性の侵害という被害を逃れることはできない。実際、ポルノが蔓延している日本のジェンダー平等度は、一五三ヵ国を調査対象にした世界経済フォーラムによる二〇一九年一二月発表の世界ジェンダーギャップデータによると、過去最低の一二一位であった。日本における女性のこの低い地位とポルノグラフィの氾濫とが無関係であると言うことができるだろうか?

この社会的被害を、一般的に何らかの誤ったイデオロギーが流布されることで生じうる被害と同レベルでとらえてはならない。ポルノの蔓延はいくつかの点で、単なる虚偽イデオロギーの流布とは異なっており、そうしたレベルを大きく超えた影響力を有しており、それによる女性の地位の低下をより直接的な形で現実的被害にしている。

まず第一に、歴史的に長きにわたって維持され積み重ねられてきた男女の社会的不平等といった社会的なヒエラルキーが、「表現」を単なる表現以上のものにすることである。これは人種的・民族的ヘイトスピーチとも共通した問題でもある。

だが第二に、ポルノグラフィにあっては何よりもその性差別的イデオロギーを伝えるのに絵や写真や映像という視覚表現が主として用いられており、それは単なる文字列よりも直接的かつ広範な扇動的効果を持つ。たしかにヘイトスピーチでも視覚的表現は用いられるし（ナチスの反ユダヤ主義的ポスターのように）、ポルノにもポルノ小説というジャンルは存在するが、ヘイトスピーチが主として言語を用いて表現されるのに対して、ポルノは圧倒的に視覚的手段を通じて表現される。

第三に、実写ポルノの場合は何よりも、その制作過程において、生きた生身の女性が性的に使用され、実際に女性が虐待されていることである。これらの使用や虐待それ自体が実践的なものであるというにとどまらず、そのような生身の身体を使った煽動は、単なるイデオロギー的宣伝とは別次元の深い実践的効果を持つ。それは、男性の側に、生身の女を本当にこんな風に扱っていいんだ、そこまでやっていいんだ、女はそうされてしかるべき存在なのだ、あるいはそうされて女は喜ぶのだという実存的確信をしばしば引き起こす。

第四にポルノグラフィが、性欲という強烈な快楽の回路に直接働きかけ、男性のセクシュアリティを（しばしば女性のセクシュアリティをも）事実上支配し、乗っ取ってしまうことである。またその視聴と同時に自慰行為がなされることを通じて、この快楽の回路はいっそう強固に身体化され、嗜癖化される。単なるイデオロギー的確信を超えて深く身体化されセクシュアル化されたこのミソジニーは、言ってみれば、それに支配された無数の男たちを一種の小テロリストに変える。このテロリストたちは、社会のすみずみにおいて、ポルノグラフィが命じる通りのことをする。女性の性的客体化から、痴漢やセクハラやレイプを経て、性的拷問や快楽殺人までである。その結果が、まさにすでに述べた「消費被害」の(2)、すなわち「ポルノグラフィに起因する性暴力」の数々である。

第五に、他方で、それが単なる娯楽、性的な楽しみとして提示されているがゆえに、つまり何か根本的に非政治的なものとして提示されているがゆえに、それに対する真面目な批判や社会問題化を回避することを容易にしている。多くのリベラル派や人権派弁護士たちがあれほどヘイトスピーチの問題に敏感になっている今日においても、ポルノグラフィの問題がほとんどこうした人々によっても無視され続けているのは、性差別の社会的・歴史的根深さという問題に加えて、ポルノグラフィが政治的に真剣に扱うべき対象に見えないという問題があるのは明らかであろう[65]。

以上の意味で、この被害は消費被害と密接に結びついていることがわかる。ポルノは女性を社会的に二級市民としての地位に引き下げ、あるいはその地位を維持し、したがってそうした低い地位に置かれた人々に対する男性の性暴力を扇動し促進する。また逆に、ポルノによって煽動された性暴力が女性の二級市民的地位を生産し再生産するのである。

このように、ポルノグラフィはこの面からしても、単なる理論や表現ではなく、実践であり、しかも、制作過程や消費過程で実際にさまざまな性暴力行為と一体になっているというミクロな意味で実践(個別的実践)であるだけではなく、性的に不平等で暴力的な社会的現実そのものを絶えず生産し再生産しているというマクロな意味でも実践(構造的実践)なのである。

7 最後のポルノ被害――存在被害

最後に第五のポルノ被害、すなわちポルノグラフィの「存在被害」

なれない言葉だと思うが、これは、何らかの形で制作された商業的ないし非商業的なポルノが、たとえ公開ないし頒布されなくても、それが誰かの手中に存在し続けているだけでも生じうる被害のことである。この被害は大きく言って次の二つに分かれる。

（1）何らかの制作被害（出演強要や盗撮など）を伴って制作されたポルノグラフィ（制作被害物）が、誰かの手中に個人観賞用として存在し続けることで、その制作被害の被害者が恐怖、恥辱、侵害感を感じ続けるという精神的被害。

（2）制作被害を伴って制作されたかどうかにかかわりなく、自分の性的な写真やビデオ等が誰かの（とりわけ悪意のある人物の）手中にあることで、それでもって実際に脅迫されたり、嫌がらせを受けたりするより直接的な被害。

精神的・心理的被害

まず、存在被害の（1）から見ていく。たとえば、暴行・脅迫・だましなどによってポルノ撮影が強要された場合を考えてみよう。その行為はまずもって被写体となった個人に甚大な直接的被害を与えている。それはポルノが制作される過程で生じる「制作被害」である。だが、被害はこれで終わりではない。この映像がレイプものの商業ポルノとして販売されたり、動画サイトなどのネットを通じて流布された場合、「流通被害」という新たな被害を生じさせる。だがこれでもまだ終わりではない。この頒布がなされなかったとしても（あるいは後で削除されたとしても）、その映像が加害者の手中に、あるいはダウンロードした不特定の消費者の手中に存在し続けるだけで、被害者は恐怖と恥辱を感じ続けるだろう。それがいつか流布されるかもしれないし、あるいは自分の知らないところですでに流通しているかもしれないと想像するだけで、絶え間ない恐怖を感じるだろうし、あるいは、加害者や消費者によって自分の被害画像が性的楽しみとして鑑賞されていると思うだけで言い知れぬ屈辱を感じるだろう。

それはちょうど、児童ポルノがたとえ頒布されなくても、それが個人観賞用として消費者の手中にあるだけで、被害者である子どもに対するダメージを与え続けているのと同じである。児童ポルノ禁止法で児童ポルノの単純所持が規制されているのは、このような存在被害が現実的な被害だと認定されているからである。同じことは、暴力やだましやその他の侵害行為を通じて制作された成人ポルノに関しても言える。このような制作被害物は、児童ポルノと同じく、誰かに所持されているだけで、その被害者に対して持続的な精神的・心理的被害を与え続ける。

脅迫とゆすりの手段

次に存在被害の(2)は、(1)と違って、特定の誰かの性的写真や映像を保有している人物が、その被写体となっている当事者ないしその家族に対して直接に何らかの悪意を持って働きかけることによって生じる被害である。撮影そのものがたとえ同意にもとづくものであっても、その後に悪用されるかもしれない。その誰か(たとえば別れた恋人や夫、あるいは第三者)は、それらの写真や映像を脅迫やゆすりの材料にして直接に金銭などを要求してきたり、性的な関係や復縁を迫ったり、その他さまざまないやがらせ行為をするかもしれない。

実際に、このような画像を脅迫の手段に用いた犯罪も多く存在する。最近の一例だけ紹介しておくと、二〇一九年一二月に容疑者が逮捕された事件では、加害者の三〇代の男性は出会い系サイトで知り合った女性たちの裸体を撮影し、その後、この画像を「公開する」と脅して、二人の女性から合計二六万円を脅し取っている。捜査の過程で、容疑者が一〇〇人以上の女性の裸体画像を所持していることが判明し、多くの余罪があるものと見られている。(66)

また、この被害は、制作被害の中の「強制的自撮り被害」とも深く関連している。少女や成人女性を言いくるめて自撮り画像を送信させた後に、加害者はほとんどの場合、さまざまな脅迫行為を被害者に対して行なっているからである。

このように、ポルノグラフィは、たとえ流布されなくても、誰かの手元に存在するだけで、こうした被害を生む手段になりうるのである。

8 新しい法的戦略の可能性

以上、ポルノに関わるさまざまな被害の五大分類とその下位区分について具体的に考察してきた。それらは性暴力のあらゆる形態、「女性に対する暴力」のあらゆる形態と結びついており、まさに「女性に対する暴力のデパート」と言ってもいいものである。したがって、これらの現実的被害に対して法的に対処することは、「表現の自由」に抵触するものではなく、被害を受けた個々人の人権保護という観点からも、また全体としての性的平等の推進という観点からも、さらにはより安全で公正な社会の構築という観点からも十分に正当化されるはずである。そこで次に問題になるのは、これらの無数の被害に対してどのような法的対処が可能で適切なのか、である。

この最後の節では三つの異なった法的アプローチを検討したうえで、われわれの戦略的展望について明らかにする。一つ目は、ポルノそのものに対処することでポルノ被害の全体に対処しようとする包括型の法的アプローチである（典型的にはマッキノンとドウォーキンが起草した反ポルノ公民権条例）。二つ目は、特定のポルノ被害に焦点を絞った特定の個別法を通じて対処しようとする個別対処型の法的アプローチ（たとえば、すでに法制化されているリベンジポルノ禁止法や、まだ法制化されていないが制定の動きがある盗撮防止法など）。三つ目は、両者のいわば中間で、ポルノ被害（とくに制作被害と流通被害）のうちの最もひどいもののいくつかに限定して対処しようとする混合的な法的アプローチである。以下、順に見ていこう。

マッキノン＝ドウォーキン条例の包括的アプローチ

まず最初に、マッキノンとドウォーキンが起草した反ポルノ公民権条例の法的アプローチを検討する。同条例案は結局、アメリカで違憲判決を受けて執行されなかったとはいえ、ポルノ被害に対する最初のまとまった法的アプローチとして依然として重要である。

同条例案は次の四つの特徴を持っている。まず第一に、アメリカの公民権法的伝統を踏まえて、その冒頭においてポルノグラフィに対して、「性差別の実践」ないし「とくに女性に対して被害と不利益を与える、性にもとづく搾取と従属の制度的実践[67]」として、いわば明確に政治的でフェミニストな性格づけを与えていることである。このような性格づけは、ポルノグラフィではないが性的にあからさまな文献（たとえば医療関係や性教育関係のそれ、あるいは性暴力を告発した文献など）を法的規制の対象から外そうとする企図から生じたものでもある。

第二に、そのことから当然、同条例案におけるポルノグラフィの法的定義もこの性格づけに沿った明確に政治的でフェミニスト的なものになっていることである。刑法のわいせつ条項では、通常、「わいせつ」に関する法的定義がいっさいなく、裁判所（最終的には最高裁）がその判決の中で一定の定義を与えているのに対して、マッキノン＝ドウォーキン条例はポルノグラフィに対して独自の明確な定義を与えている。同条例は二段構えでポルノグラフィを定義している。まずそれはポルノグラフィを「図画ないし言葉を通じて女性を従属させる性的にあからさまな写実物」と概念的に規定したうえで、さらに、ポルノグラフィに典型的ないくつかの描写を具体的に列挙して、それらの一つ以上を含むものと記述的にも規定している。(68) この二段構えの規定によってポルノグラフィの定義はかなり厳格に限定されており、単なる裸体の提示だけではこの規定を満たすことができないような構造になっている。

第三に、この条例はきわめて包括的な法として構成されており、制作現場や消費過程で生じる個々の特定の被害者の被害に対処するだけでなく、ポルノグラフィが社会的に蔓延することで生じる不特定多数の被害（同条例で言う「取引行為」、われわれの言う「社会的被害」）にも対処しようとする。

第四に、この条例は刑事法ではなく民事法であり、被害者および市民の側が、条例で列挙された諸被害に関して加害者に対する民事訴訟を起こすことを可能にする。同条例にもとづいて請求できるのは、損害賠償（懲罰的損害賠償を含む）とポルノグラフィの流通差し止めの二つである。

これらの諸特徴が相互に深く関連しあっているのは明らかである。ポルノグラフィの社会的性格が条例の中で「性差別の制度的実践」として理論的に規定されているがゆえに、ポルノグラフィそのものの法的定義も女性に従属という被害を与える差別行為として規定されるのは必然的である。また、ポルノグラフィの定義がそうしたものなのだから、それの制作や消費の過程でもたらされる個々の被害に対処するだけでなく、ポルノグラフィの流布そのものによって一般的にもたらされる社会的被害にも対処する法になるのも当然である。そして、形式的には一定の表現物として存在しているものに対するこのような広範な規制立法を、国家の側が主導権を握る刑事法として制定することに対する当然の懸念から、それを民事法として、すなわち被害者および市民の側が主導権を握る法として構成することになるのも、かなりの程度、必然的である。あるいは逆に、民事法として構成されているからこそ、ポルノ被害全体に対して対処することができたとも言える。

だが、以上の諸特徴はかなりアメリカ独自の状況にもとづいており、そのまま日本では適用できないように思われる。

まず第一に、アメリカでは、一九世紀の奴隷解放運動（アボリショニズム）や第二次世界大戦後の公民権運動をはじめとする反差別運動の伝統がきわめて強く、「差別」や「従属」を法的定義に入れることはそれほど不自然ではない（といっても、一九八〇年代にこの条例案が公表されたときは、アメリカ国内でもかなり多くの反発と攻撃があったのだが）。また、それとも関連してアメリカの憲法学においては、基本的人権として平等権が最も重視され、平等権を軸にして種々の権利侵害に対処する法的伝統が存在する。それに対して、日本では奴隷解放運動も公民権運動もなく、国全体を巻き込むような反差別闘争の歴史的経験が存在したことがない。それとも関係して戦後日本の憲法学では一貫して平等権は進歩派のあいだでさえ軽視されてきた(69)。

第二に、以上のことからして、ポルノグラフィの法的定義そのものを「女性を従属させるもの」というように明示的にフェミニスト的な規定を与えることは日本では著しく困難であるように思われる。

第三に、日本の司法制度には懲罰的損害賠償という制度がそもそも存在せず、たとえ民事で勝利しても、加害者に支払わせることができる損害賠償額はほんのわずかである（せいぜい数百万円）。しかも日本では裁判期間が異常に長く、控訴審も入れれば民事裁判でも数年かかり、その長いあいだ原告たる被害者は裁判の重荷に耐え続けなければならない。多くはその重荷に耐えられず、はした金での和解を望むようになる。その一方で、加害者であるポルノ業者はその間も作品を作り続け、巨額のお金を儲け続け、被害者を出し続けるだろう。したがって、ポルノ被害全般に対して民事一本で対処するマッキノン＝ドウォーキン条例型の包括的立法は、日本では非現実的である。それは日本ではあまり抑制効果を持たないだろう。

他方、アメリカの刑務所はかなり[illegible]

所の中でもかなり快適に暮らし、さらに刑務所の中から外部のメンバーを通して引き続き[illegible]することさえできる。マッキノンとドウォーキンも、ポルノ業者を刑務所に送っても、刑務所の中から商売を続けるから、彼らに補償的ないし懲罰的損害賠償を課す方が効果的であると述べている[70]。しかし日本の刑務所はそこまではひどくない。いずれにせよ、アダルトビデオへの出演を強要する行為をはじめ、ポルノ被害を生み出す加害行為の多くは十分に刑事罰に値するのであり、損害賠償だけですむものではない。警察と司法にきちんと法を執行させるための絶えざる運動と社会的圧力を伴うならば、刑事法的な立法はポルノ被害と闘う上で一定の有効性を持つ。もちろんそれは、民事的な取り組みによって補完されなければならないだろうが。

個別的ポルノ被害に対処する個別法

マッキノン＝ドウォーキン条例の包括型アプローチの対極をなすのが、何らかの個別的刑事法を通じて個々の特殊なポルノ被害に対処しようとするアプローチである。その一例は、日本でもすでに制定されているリベンジポルノ禁止法である。同法は、個人の私的に撮られた性的写真・動画を同意なしに公開・頒布することを罰則付きで禁じている。したがって、それは流通被害の「2－a」に対処することができる。しかし、いったんネット上にアップされたものは、たとえアップした当の本人が逮捕され起訴されたとしても、流布しつづける。あるいは、たとえいったんネット上から削除されても、誰かのパソコンや記憶媒体に保存されているかぎり、いつでも再びアップロードされうる。現行法はこのような問題に対処するものとなっていない。児童ポルノの場合と同じく、その種の写真や画像をインターネット上で閲覧ないしアクセス可能な状態にしておくこと、それらをダウンロードすること、個人のパソコンや記憶媒体に保存しておくこともすべて刑事上の犯罪とみなすべきである。

このリベンジポルノ禁止法は、すでに述べたように、盗撮によって撮られた性的写真・動画の公開・頒布に対しても適用されている。しかし、盗撮行為そのものを取り締まる全国法が存在しないので（地方自治体の迷惑防止条例等の多くは盗撮を禁止しているが、盗撮の定義が地域によってまちまちで、しばしば公共の場での盗撮だけを禁じている）、現在、盗撮防止法をつくろうという動きが起こっている。このような法は当然制定されるべきである。そして、盗撮防止法がもし制定されれば、それを使って、非商業的な文脈における性行為や性的姿態のその他の不同意撮影、たとえば、性的暴行と同時にその写真や動画を撮る行為（制作被害の「2－a」）をも取り締まることができるだろう。ちょうど、リベンジポルノ禁止法が、盗撮によって撮られた写真や動画のインターネットへのアップを取り締まるのにも適用することができるのと同じである。

同じく、性的な合成画像・合成動画（流通被害の（3））を取り締まる個別法を制定することも可能だろう。合成画像（コラ画像）それ自体を刑事的に取り締まるのは非現実的である。というのも、それは「表現の自由」論と深く衝突するだろうからだ。政治的風刺画として、そのような合成画像は普遍的に用いられている。それ自体を取り締まるのはきわめて危険だろうし、政府批判に対する政治的弾圧の手段とされるだろう。その合成画像が悪質な場合には、被害者が名誉毀損として民事的に取り組むのが適切である(71)。しかし、性的な合成画像・合成動画は、それが性的であるがゆえに「表現の自由」論との衝突を一定回避することができる。なぜなら合成画像を通じて性的に相手を貶める行為が、何らかのまともな政治的意味を持っていると想定することは通常できないからである。現在は、被害者自身が名誉毀損で刑事告発するか、民事裁判に訴えた場合のみ警察的・司法的な対処がなされている(72)。

この種の個別法は基本的に刑事法である。個別のポルノ被害に対処する刑事法にはいくつかの利点がある。まずそれは、特定の被害に対処するので、それに特化した法の構成をとることができ、[illegible]

てまた、そのターゲットや目標も限定的なので明白で、したがって執行し[illegible]ノグラフィ一般にではなく、その特定の被害にのみ対処するので、「表現の自由」論をたてにとった反対は起こりにくく、比較的、法として成立させやすい。また、それは刑事法であり、警察が捜査し逮捕してくれるので、相対的に被害者の負担は少ない。

しかし、こうした利点は欠点と裏腹の関係がある。言うまでもなく、ポルノ被害の種類はきわめて多く、さまざまなパターンがある（しかもIT技術とインターネットの発達の中でますます多様化する傾向にある）。個々のポルノ被害はそれぞれ単独で存在するのではなく、ポルノグラフィというものを基底にして相互に結びついて存在している。個々のポルノ被害は、ポルノグラフィというものの持つ本質的な人権侵害性から生じているのであって、その点を無視して、目に見える個別の被害にのみ対処するのは不十分である。それは原因に対処せず、いくつかのわかりやすい結果にのみ対処する。したがってまた、個別法にもとづく個別的なアプローチは、膨大なポルノ被害のごく一部にしか対処できず、ほとんどの被害（とりわけ商業ポルノが作り出す被害）が放置されるという欠陥を有している。したがって、もう少し包括的な法によって補完されなければならない。

ヒューマンライツ・ナウの中間的アプローチ

マッキノン＝ドウォーキン条例型の包括的な法的アプローチと、個別のポルノ被害に対処する個別法とのいわば中間に位置するのがヒューマンライツ・ナウ（HRN）（日本の人権NGO団体で、事務局長は伊藤和子弁護士）が二〇一六年三月に発表した提言である。ヒューマンライツ・ナウは、実際に被害を受けた被害者、および被害者支援を行なっているNGO団体（PAPSやライトハウスなど）からの聞き取り調査にもとづいて、『ポルノ・アダルトビデオ産業が生み出す、女性・少女に対する人権侵害　調査報告書』を発表し、その中で、強要被害を中心としたいくつかのポルノ被害に対する具体的な規制のあり方を提言している(73)。

まず、報告書は、アダルトビデオへの出演強要を「女性に対する暴力であり、人権侵害であり、国はこれを根絶し、被害防止、被害者の保護と救済をする義務を負う」と述べ、ポルノグラフィへの出演強要に対する刑事罰を求め、「強制・欺罔、困惑等の方法によるＡＶ勧誘」についても「禁止する」としている。また、被害者からの聞き取りにもとづいたさまざまな具体的ケースを想定して、「公共の場所において不特定の者に対しＡＶ出演の勧誘を行うこと」や「当該勧誘にかかる契約を締結しない旨の意思を表示した者に対し、勧誘を行うこと」を禁止するよう主張している。また契約にあたっては、この仕事が「労働者派遣法・職業安定法上の有害危険業務に該当すること」、「ＡＶ出演にかかる契約は何時でも撤回・解除できること」を事前に説明することを求めている。この最後の規定は重要である。というのも、ＡＶへの出演契約を結ばされた若い女性たちのほとんどは、どんな状況下であれいったん出演契約を結べば、最後までこの契約を守らなければならないと思い込まされているからである。

これらは基本的に出演強要被害（われわれの分類では、制作被害の「１－ａ」と「１－ｂ」）に対処する提言だが、それだけでなく同提言には、アダルトビデオの撮影内容にも踏み込んだ規制事項も含まれており、出演者の「心身の安全・健康に影響を及ぼす行為は原則として禁止される」と定めている。これは、われわれの分類で言うと、制作被害の「１－ｃ」にあたる。われわれは「心身の安全・健康に影響を及ぼす行為」という規定に加えて、「人の尊厳を著しく害する行為」をも禁止対象に入れるべきであると考える(74)。このようなポルノグラフィを「暴力的ポルノグラフィ」と総称するとすれば、ヒューマンライツ・ナウの提言は事実上、暴力的ポルノグラフィに対する一定の規制を主張するものでもある。

またこの提言は、悪質なプロダクションに対する業務の一部ないし全部の強要やだまし、事前の説明が不十分なもとで撮影された作品に関して、その「販売の差し止め」を規定するとともに、加害者に対する刑事罰（懲役刑ないし罰金刑）を定めている。これは、われわれの分類で言うと、流通被害の（1）に対する法的措置である。

ヒューマンライツ・ナウの法的提言は、主としてAV強要をはじめとする制作被害を焦点にしているが、それに限定した個別法を想定したものではなく、AV業界に対する監督省庁を置くよう求めていたり、被害者向けの相談窓口の設置やカウンセリングに対する国の責務を定めており、またすでに述べたように、出演者の「心身の安全・健康に影響を及ぼす」作品の原則禁止や「販売の差し止め」規定なども定めている点で、個別法を超えた内容を持っている。この法が成立すれば、制作被害の主要部分と流通被害の一部に対処することができるだろう。

しかし、ヒューマンライツ・ナウのこの提言は、個別法を超えた射程を有しているとはいえ、個別的被害に対処する個別法と同種の限界を持つ。すなわち、それは、無数の人権侵害を生む根底にあるポルノグラフィそのものの人権侵害性と対決せず、したがって、個々の被害者が特定できるケースのポルノ被害（制作被害と一部の流通被害）にのみ対処しており、その他の被害、とりわけポルノグラフィの流布によって不特定多数がこうむる社会的被害は対象外とされている。

われわれの戦略的対案

では、われわれの対案はいかなるものになるだろうか？ マッキノン＝ドウォーキン条例型の包括的立法は、あまりに広範であるがゆえに刑事法として構成できず、民事法となった。個別のポルノ被害に対処する個別法やHRNの中間的アプローチは、特定の個人が被害者となるタイプの被害に限定的に対処するがゆえに、刑事法として構成できたが、それ以外のポルノ被害、とくに消費被害と社会的被害には対処できない。したがって、各アプローチに見られる利点を生かし、欠点を補うことができるような新たな補完型の包括的アプローチを構想することが必要になる。

この新しい補完型の包括的立法は、種々の個別法やHRNの法的提案に取って代わるものではなく、それらを補完するものとして構想されるべきだろう。というのも、ポルノ被害のすべてに対処する最も包括的な法の制定はきわめて困難であり、社会の支配的潮流からの抵抗も大きく、そしてもちろんのこと「表現の自由」論との対決が不可避となり、したがって制定までに長期の時間がかかるだろうし、それどころか失敗するかもしれないからである。マッキノン＝ドウォーキン条例の失敗の教訓を生かす必要がある。われわれは、盗撮防止法などの個別法や、強要被害を中心としたヒューマンライツ・ナウの提案する中間的立法の制定を求めながら、それと同時に、それらでは対処できない種々のポルノ被害（とくに消費被害と社会的被害）に対処する補完的な包括的立法を構想する必要がある。

さらにこれは、既存の刑法わいせつ物規制に取って代わるものでさえない。「わいせつ」概念に対するマッキノンらの批判に同意しつつも、刑法わいせつ規制はけっして無意味ではなく、ポルノ被害のうちの「社会的被害」の「環境ポルノ被害」に部分的に対処することができる。したがって、わいせつ物規制の適用基準を道徳主義から人権的観点（とくに個人の尊厳、男女の平等、女性と社会の安全性）へと転換することによって、「わいせつ規制」を生かすことができるだろう。(75)

このような補完型の包括的立法を「ポルノ被害防止法」と呼ぶことにしよう。これは必ずしも単独の立法としてのみ考える必要はない。複数の法律によって構成されていてもいいし、あるいはより包括的な立法、たとえば多くのフェミニストや女性団体が長年にわたって制定を目指している「性暴力禁止法」の一部として制定されてもいい。この「ポルノ被害防止法」について、現時点で暫定的に言えるいくつかのポイントを明らかにして、本章を締めくくろう。

第一に、これは当然ながら、刑事と民事の両方にまたがる立法になるだろう。何らかの個別法やヒューマンライツ・ナウの提言ではカバーされていない、あるいはカバーするのが難しい諸被害（消費被害、社会的被害、存在被害）のうち、刑事的に対処すべきものに関しては刑事法で対処することが必要であり、刑事的規制に向かない被害に関しては民事的に取り組むことを可能とするものでなければならない。

第二に、ポルノグラフィそのものの法的定義を「女性を従属させる……」のような明確にフェミニスト的なものにするのではなく、既存の法律である児童ポルノ禁止法における児童ポルノの定義を援用した規定にするのが現実的だろう。すなわち、「性交または性交類似行為にかかわる」姿態ないし「衣服の全部または一部を着けない」姿態であって、「かつ性欲を興奮または刺激するもの」、「ことさらに性的な部位が露出されまたは強調されているもの」といった定義である。

ポルノグラフィそのものを「性差別の制度的実践」「女性を従属させるもの」と法的に定義し（つまり、この場合、ポルノグラフィは事実上、女性に何らかの被害を与えるものとして定義されている）、したがってそれから必然的に生じる諸被害を包括的に規制するのは理論的に理想的かもしれないが、すでに述べたようにそれは日本では非常に難しいし、アメリカでさえ結局成功しなかった。したがって、ポルノの定義とポルノ被害とを切り離したうえで、ポルノそのものではなく、あくまでもポルノ被害に対処するという体裁をとる方がよい。これは、立法を通すことがより容易になるだろうというだけでなく、たとえその表現物自体は女性を従属させるものではなくても（たとえば、愛し合う男女の性行為の動画）、それが当人の同意なしにインターネット上に流布されれば、やはり甚大な被害をもたらすからでもある。

第三に、この新しい法は、ポルノグラフィの流布による消費被害と社会的被害にも対処するべきだが、その被害類型に応じてそれぞれ異なった法的対応が必要になるだろう。まず、消費被害だが、家庭内や職場でのポルノの押しつけ（消費被害の（1））は、ＤＶやセクハラの一種だから刑事罰の対象になるべきである。特定のポルノグラフィ（とりわけ暴力的内容のもの）に起因する性的暴行（消費被害の（2））は、マッキノン＝ドウォーキン条例と同じく、民事訴訟の対象にすることができるようにするべきであろう。これはけっして非現実的な発想ではない。喫煙による健康被害に対する損害賠償を、その原因商品を生産し流布したタバコ会社に対して請求することができるのと同じく、ポルノ消費による暴行被害に対する損害賠償を、その原因商品を生産し流布したポルノ制作会社やポルノサイト運営会社に対して請求することは可能であるはずだ。

次に、社会的被害だが、環境ポルノ被害（社会的被害の（1））に対しては行政による社会的啓発・指導・勧告等の手段が用いられるべきである。ポルノの流布による女性の地位低下（社会的被害の（2））に関しては、ポルノそれ自体の内容に即した区分が必要だろう。

まず、ポルノが実写である場合には、先に見た「心身の安全・健康に影響を及ぼす」ものや「人の尊厳を著しく害するもの」（先に述べた「暴力的ポルノグラフィ」）に関しては、その制作のみならずその流布も刑事上の犯罪とするべきである。また、たとえポルノが非実写であっても（絵やアニメやCGなど）、その内容がレイプ・痴漢・監禁・公然わいせつなどの刑事上の犯罪を肯定的に描きそれを奨励している場合や、あるいは、そこで描かれていることを実際の生身の人間に行なえば、その人の「心身の安全・健康に影響を及ぼし」たり、「人の尊厳を著しく害する」場合には、それらの公開ないし頒布を刑事上の犯罪とすることは十分可能である。すでにイギリスではいくつかの残虐行為を描写したポルノの流布は禁止されており、これはけっして非現実的な考えではない。

他方、先に示したような意味で「暴力的」ではなくとも、女性を性的に従属的な存在として描いている、女性を単なる性的客体物として提示している、女性を性的身体の一部に還元するような形で描いている、成人女性を子どものように見せている、等々のポルノグラフィ（これを「従属的ポルノグラフィ」

と総称しよう）に関しては、マッキノン＝ドウォーキン条例のように、民事訴訟の対象に[illegible]するのがいいだろう。マッキノン＝ドウォーキン条例では、先に述べた「暴力的ポルノグラフィ」の頒布も「従属的ポルノグラフィ」の頒布もまとめて「取引行為」として民事訴訟の対象とされていたが、前者は刑事的に対処し、後者は民事的に対処するというように分けた方がいい。

第四に、この新しい法は「流通被害」と「存在被害」にも対処するべきである。つまり、制作被害や流通被害を引き起こしたもの（あるいは現に引き起こしているもの）や、私人間で脅迫などに用いられたものに関しては、児童ポルノの場合と同じように、インターネット上で閲覧可能な状態にしておくことやそれらをダウンロードすること、個人がそれらを私的に所持することも禁止の対象にするべきである。

第五に、ドラッグや人身売買に関する組織犯罪の場合と同じく、これらの被害を与えるポルノを通じて得られた収益を没収し、被害者に分配する仕組みを導入すべきである。

以上、われわれの新法構想に関する五つのポイントを指摘したが、これらは現時点では暫定的なものにすぎない。今後、さらなる具体化と精緻化が必要になるだろう。いずれにせよ、この「ポルノ被害防止法」がポルノ被害のどこまでを実際にカバーできるかは、人権意識と女性運動の社会的発展水準によるだろう。それが低い場合には、同法で規制の対象となる「暴力的ポルノグラフィ」と「従属的ポルノグラフィ」の範囲はかなり狭く解釈されるだろう。その逆に、社会の人権意識が十分に高く、運動の力が十分強ければ、マッキノン＝ドウォーキン条例におけるポルノグラフィの定義とほぼ重なる範囲のポルノグラフィをカバーすることができるようになるだろう。

つまり、われわれは、マッキノン＝ドウォーキン条例のように、ポルノグラフィそのものに対処することを通じてポルノ被害に包括的に対処するというコース（ポルノグラフィ→ポルノ被害）ではなく、個々のとくに深刻なポルノ被害に対処することから始まって、しだいにさまざまなポルノ被害へとその規制範囲を広げていくことを通じて、やがてポルノグラフィそのものの対処に至るというコース（ポルノ被害→ポルノグラフィ）を提案する。

このような法的戦略を採用することによって、一方では、最も深刻で悪質なポルノ被害にただちに対処することができ、他方では、社会意識の高まりと運動の発展の中で、最終的には性差別の制度的実践としてのポルノグラフィそのものを廃絶することができるようになるだろう。これが実践的に現実的であるとともに、また原理的にも正当だろう。

（初稿は二〇二〇年一月執筆）

補遺

この論文の初稿を脱稿したのち、韓国で発覚した大規模な強要ポルノ事件である「n番部屋事件」をきっかけにして、韓国で種々のポルノ被害に対処する新しい法が成立したので、それについて簡単に紹介しておきたい。

「n番部屋事件」とは、未成年者一六名を含む多くの女性をだまして裸の写真を送らせ、今度はそれをネタに脅してより露骨なポルノ写真やポルノ動画や残虐映像を撮影し、それをオンラインサイト「テレグラム」のチャットルームを通じて有料で会員にダウンロードさせていた事件で、すでに主催者および一部の有料会員が韓国の司法当局によって逮捕されている。この事件の厳正処罰を求める韓国のネット署名は短期間で二〇〇万筆以上を集めた。

こうした強い世論に押されて、二〇二〇年五月に、性犯罪とポルノ被害に関わる画期的な法改正が韓国で実現することになった。まず性交同意年齢が、日本と同じ一三歳以上から、[illegible]

ある一六歳以上に引き上げられた。また、われわれが本章で主張している、たとえ性的画像の撮影そのものには同意していても、あるいは自分で撮ったものであっても、それを同意なしに頒布する行為（不同意頒布）に対する処罰が導入され、また、たとえ頒布しなくても、性的撮影物を脅迫や強要の手段に使うことも性暴力と規定して厳しい処罰の対象にしている。

さらに、強要やだましなどによって性的姿態を撮影したもの（性的搾取映像物）に関しては、被害者が未成年である場合だけでなく、被害者が成人であっても、その撮影物の視聴や購入だけでなく、その所持や保存も処罰の対象にしている（性的搾取映像物の制作に関しては、以前から韓国では処罰の対象だったが、その法定刑も今回大幅に引き上げられた）。これも、われわれが本章で主張しているものだ。

また、誰かの顔とヌード写真ないし動画とを合成した写真・動画の制作と頒布（流通被害の（3））も処罰の対象にしており、しかもそれによって得た収益を没収する規定も定めている。

このように、われわれが、ポルノ被害防止法として想定していた被害類型（流通被害、消費被害、存在被害など）の多くが、今回の法改正で処罰対象となった。ポルノ強要事件やその他のポルノ被害は日本だけでなく、欧米などでも頻発しており、今回の韓国の法改正は、日本と世界に対してあるべき法改正の方向性を示したものであると言える。

（二〇二〇年五月二六日）

注

（1）世界最大のポルノサイトである「ポルノハブ（Pornhub）」の「The 2019 Year in Review」によると、同サイトへの国別アクセス数のトップはアメリカであり、第二位が日本である。また、日本のみならず、韓国、中国、台湾、東南アジア諸国などの国からのアクセスで、最も頻繁に視聴されているカテゴリーは「Japanese」である。また、全体としても視聴カテゴリーおよび検索ワードのトップが「Japanese」である。https://www.pornhub.com/insights/2019-year-in-review　現在、同サイトの閉鎖を求める国際署名が展開中で、二〇二〇年一一月末時点で署名者数は二一〇万人を超えている。https://traffickinghubpetition.com/

（2）同じくポルノハブの二〇一九年レビューでは、「hentai」は「Japanese」につぐ第二位の検索ワードであり、同ワードはほとんどの国・地域で上位にランクインしている。

（3）以下の論稿を参照。Caroline Norma & Seiya Morita, Feminist Action Against Pornography in Japan: Unexpected Success in an Unlikely Place, *Dignity: A Journal on Sexual Exploitation and Violence*, Vol. 4, Issue. 4, 2020, https://digitalcommons.uri.edu/dignity/vol4/iss4/4

（4）ロビン・モーガン「理論と実践：ポルノグラフィとレイプ」、ポルノ・買春問題研究会編『論文・資料集』第一号、二〇〇〇年。以下の拙稿も参照。森田成也「ポルノグラフィとレイプ――モーガン、スタイネム、ドウォーキン、マッキノン」、前掲『論文・資料集』第一号。

（5）このような特徴づけは同じ時期の日本の反ポルノ運動にもあてはまる。山本有紀乃「『行動する女たちの会』とポルノ問題」、『論文・資料集』第一一号、二〇一六年。

（6）以下を参照。アンドレア・ドウォーキン「ポルノグラフィは性暴力の一部である」、前掲『論文・資料集』第一号。

（7）Catharine A. MacKinnon, From Practice to Theory, Or What Is a White Women Anyway?, *Yale Journal Law & Feminism*, Vol. 4, 1991, p. 21. この論文は多少修正されたうえで『女の生、男の法』に収録されている（キャサリン・マッキノン『女の生、男の法』下、森田成也・中里見博・武田万里子訳、岩波書店、二〇一一年）。モーガンの名誉のために言っておくと、彼女は本文で後述するマッキノンとドウォーキンの反ポルノ公民権条例を熱心に支持し、ミネアポリス市議会に同条例を支持する手紙を書いている。以下を参照。Letter of Robin Morgan, December 5, 1983, in Catharine A. MacKinnon & Andrea Dworkin ed., *In Harm's Way: The Pornography Civil Rights Hearings*, Cambridge, MA: Harvard University Press, 1998. その手紙の中で彼女はこう書いている。「この手紙を書いたのは、ポルノグラフィを、あなた方の市の女性市民の公民権を貶め危険にさらす差別的な実践として規定する条項を含む法案を支持するためです」(p. 221)。このように、彼女は明確にポルノグラフィを女性差別の「実践」と呼んでいる。

（8）キャサリン・マッキノン『セクシャルハラスメント・オブ・ワーキングウィメン』村山淳彦監訳・志田昇他訳、こうち書房、一九九九年。原著は一九七九年。
（9）ポルノ・買春問題研究会編『キャサリン・マッキノンと語る――ポルノグラフィと売買春』不磨書房、二〇〇三年、一八〜一九頁。
（10）キャサリン・マッキノン「性差別としてのポルノグラフィ」、前掲『論文・資料集』第一号、五八頁。
（11）詳しくは以下を参照。キャサリン・マッキノン＆アンドレア・ドウォーキン『ポルノグラフィと性差別』中里見博・森田成也訳、青木書店、二〇〇二年。
（12）この最初の試みとして、ほぼ同時期に書かれた以下の二つの拙稿を参照。森田成也「ポルノ被害とはどのようなものか」、ポルノ被害と性暴力を考える会編『証言・現代の性暴力とポルノ被害――研究と福祉の現場から』東京都社会福祉協議会、二〇一〇年。同「ポルノ被害への法的アプローチをめぐる諸争点」、ポルノ・買春問題研究会編『論文・資料集』第一〇号、二〇一〇年。両論文でも五大分類表が提示されているが、今回それをいくつかの点で改善している。
（13）中里見博『ポルノグラフィと性暴力――新たな法規制を求めて』明石書店、二〇〇七年。
（14）この被害は、国際条約である人身取引議定書（パレルモ議定書）（二〇〇一年）の観点からすると、以下の「人身取引（人身売買）」の規定に十分あてはまるだろう。「〝人身取引〟とは、搾取の目的で、暴力その他の形態の強制力による脅迫もしくはその行使、誘拐、詐欺、欺もう、権力の濫用もしくは脆弱な立場に乗ずること、または他の者を支配下に置く者の同意を得る目的で行われる金銭もしくは利益の授受の手段を用いて、人を獲得し、輸送し、引渡し、蔵匿し、または収受することをいう。搾取には、少なくとも、他の者を売春させて搾取すること、その他の形態の性的搾取、強制的な労働もしくは役務の提供、奴隷化もしくはこれに類する行為、隷属または臓器の摘出が含まれる」（Protocol to Prevent, Suppress and Punish Trafficking in Persons, Especially Women and Children, Supplementing the United Nations Convention Against Transnational Organized Crime, G.A. Res. 25, annex II, U.N. GAOR, 55th Sess., Supp. No. 49, at 60, U.N. Doc. A/55/49 (Vol. I) (2001))。
（15）この種の制作被害が海外でもしばしば生じていることは、以下の最近の記事からも明らかである。Adeel Hassan and Katie Van Syckle, Porn Producers Accused of Fooling Women Get Sex Trafficking Charges, *New York Times*, 11 October 2019. この事件では二二人の原告女性が民事裁判を起こし、カリフォルニアの最高裁で総計一二七〇万ドルの損害賠償を勝ち取った。Brittany Shammas, Judge awards $13 million to women who say they were tricked into pornography, *Washington Post*, 4 January 2020. ま

たポルノハブの閉鎖署名のサイトには、ポルノハブに関わっての出演強要事件の事例が多数紹介されている。https://traffickinghubpetition.com/　フランスでもポルノ強要に対する被害者とフェミニストの闘争が展開されている。「仏ポルノ業界の #MeToo 性暴力に声を上げ始めた女性たち」、『AFP』二〇二〇年一〇月一六日付。

(16) 森田成也・山本有紀乃「富を生む人権侵害：暴力ポルノ」、『週刊金曜日』第五四五号、二〇〇五年二月一八日、五九頁。

(17) この被害類型から明らかなように、形式的な「同意」やあるいは「契約」でさえ、それが強制や強要ではないことの証拠にはならないのである。マッキノン＝ドウォーキン条例の中で、形式的な「同意」や「契約」があるというだけでは強制ではない証拠にはならないという記述があるのは（前掲マッキノン&ドウォーキン『ポルノグラフィと性差別』、五七〜五八頁）、このような現実の強制の諸事例にもとづいているのであって、何らかのパターナリズムにもとづくものではない（日本のリベラルな批判者たちの一部はまさにそのような批判をしたのだが）。

(18) 『大人の男性を敵に回すのはとても怖かった』AV違約金訴訟・女性の手記」、『弁護士ドットコムニュース』二〇一五年一〇月五日付。

(19) 「元AV女優ほしのあすかさんが出演強要を告白『トラウマはまだ消えていない』」、『弁護士ドットコムニュース』二〇一六年一一月二六日付。

(20) 「騙されてAV出演、ユーチューバー・くるみんアロマさん動画公開『抑止力になれば』」、『弁護士ドットコムニュース』二〇一六年九月三日付。

(21) 「モデル、アイドル勧誘『契約・同意なく性的行為等を撮影』」、『弁護士ドットコムニュース』二〇一七年二月八日付。

(22) この『女犯』シリーズと監督のバクシーシ山下についてより詳しくは以下を参照。ポルノ・買春問題研究会編『映像と暴力』（『論文・資料集』第二号）、二〇〇一年。

(23) APP研はこの事件が発覚する以前から、バッキービジュアルプランニングによる暴力AVを告発していた。以下を参照。森田成也&山本有紀乃「インターネット時代の暴力ポルノ」、『論文・資料集』第五号、二〇〇四年。

(24) 「論告求刑」、『ESPIO!』二〇〇五年六月二〇日。

(25) ポルノ・買春問題研究会「暴力ポルノの何が裁かれるのか」、『論文・資料集』第六号、二〇〇五年。

(26) 詳しくは以下を参照。ポルノ・買春問題研究会[illegible]二〇〇八年。山本有紀乃「商品化される性暴力」、前掲『証言・現代の性暴力とポルノ被害』。

(27) 最近、この種の事件としては最大級の事件の判決がイギリスで下された。イギリスのマンチェスターで二〇一五年から二〇一七年にかけてレイプドラッグを使って二〇〇人近い男性を自宅に連れ込んではレイプしていたインドネシア人留学生は、それらの犯罪をすべて携帯電話などで撮影しており、警察はDVD二五〇枚に収められた三〇万枚もの画像を押収した。二〇二〇年一月、犯人には終身刑が言い渡された。「同性二〇〇人近くをレイプ、留学生に終身刑　英マンチェスター」、『時事通信』二〇二〇年一月七日付。

(28) たとえば、二〇二〇年一月に飲み屋の店長と店員が女性客を泥酔させて暴行したうえ、その模様を携帯電話で撮影した事件が起こっている。「『八剣伝』店長らが女性客二人を泥酔させて性的暴行加えたとして逮捕起訴　動画も撮影」、『TBS News』二〇二〇年七月二日付。

(29) 「〈宮崎強姦ビデオ〉被害女性が手記『人生終わったような』」、『毎日新聞』二〇一五年一月二一日付。

(30) 一例として以下の記事を参照。「高校生四人、同級生を裸にして蹴りネットに動画」、『読売新聞』二〇一四年一一月一三日付。

(31) 二〇二〇年三月に警察庁が発表したところによると、二〇一九年における児童ポルノの被害者数は一五五九人で、前年よりも二八三人も増えたが、その中で自撮り被害者は前年より四三人多い五八四人で、全体の三七・五％を占めた(『朝日新聞』二〇二〇年三月一三日付)。

(32) たとえば、二〇一九年一一月にヤミ金融容疑で捕まった自衛官は、お金に困った女性に対して貸し付ける際に、「担保」として下着写真を送るよう要求していた。「女性勧誘しヤミ金　自衛官逮捕、『担保』で下着写真を要求か」、『TBS News』二〇一九年一一月二八日付。

(33) たとえば、二〇一九年七月に報道された事件では、大阪市の容疑者は出会い系アプリで出会った女性との性行為を系統的に盗撮し、その動画を二〇〇本以上もインターネットの動画投稿サイトにアップして、二〇一三年以降で八〇〇〇万円も稼いでいる。「『あなた似の動画がネットに……』知人から知らされ被害発覚　性行為盗撮し公開の男逮捕」、『神戸新聞』二〇一九年七月一一日付。

(34) 森田成也「盗撮と強撮の実態」、前掲『証言・現代の性暴力とポルノ被害』、八五頁。

(35)「女性使い盗撮隊、全国初摘発」、『東京新聞』二〇〇二年一一月二九日付。
(36) 電車内での盗撮はよく注目されるが、あまり注目されていないのは、航空機内において客室添乗員がこうむっている盗撮被害である。二〇一九年四〜六月に、航空機内の迷惑行為について、航空会社の六つの組合の組合員を対象にアンケート調査が実施され、一六二三人の客室乗務員から回答が得られたが、そのうちの六割以上が盗撮被害の経験があったと答えている。そのうちの六割近くが「対処できなかった」と答えている。「客室乗務員、客から「盗撮被害」が六割　逆上やクレーム恐れ、泣き寝入りが多数」、『弁護士ドットコムニュース』二〇一九年八月一八日付。
(37) 最近のニュース記事を一つだけ紹介しておくと、二〇一九年一二月に、四〇代の男はデリヘル嬢を自宅に呼んで、自宅に仕掛けたスマホで盗撮している。「派遣型風俗店の女性、自宅窓に立てかけたスマホで盗撮　四一歳会社員の男」、『神戸新聞』二〇一九年一二月一六日付。
(38)「公衆トイレの壁くりぬき盗撮　数百人分動画『中高生狙った』」、『京都新聞』二〇一八年六月一三日付。
(39)「盗撮、取り締まりに抜け穴、被害者『一生怯えて暮らすしかない』」、『弁護士ドットコムニュース』二〇一八年一二月二日付。「被害者支援弁護士『盗撮罪、刑法に新設を』」、『毎日新聞』二〇一八年七月一二日付。
(40) たとえば以下を参照。「韓国元アイドルの死で怒り噴出『私はあなたのポルノじゃない』」、『BBC News Japan』二〇一九年一一月二九日付。
(41) 以下を参照。ク・ジヘ&パク・ヘジョン&キャロライン・ノーマ「ラディカル・フェミニズムが切り開いた韓国女性運動の高揚」、ポルノ・買春問題研究会編『論文・資料集』第一二号、二〇一九年。
(42) これはもちろん世界共通の問題である。たとえば以下を参照。Anna Moore, "There's no end and no escape. You feel so, so exposed": life as a victim of revenge porn, *The Guardian*, 22 September 2019.
(43)「リベンジポルノ相談、過去最高一四七九件　一九年　二〇代四三%。最年少八歳」、『毎日新聞』二〇二〇年三月五日付。
(44) たとえば、一年以上にわたって東京都内の男女共用トイレで三〇〇人分の盗撮を行ない、それを盗撮サイトにアップして二七〇〇万円も稼いでいた男は、二〇一八年一〇月に盗撮行為に対して迷惑防止条例で逮捕された後に、それをネットにアップしたことに対してリベンジポルノ禁止法で再逮捕されている。「トイレ無差別盗撮で再逮捕の男　リベンジポルノ防止法適用の理由」、『東スポWeb』二〇一八年一〇月二六日付。

(45)「『もう消せないの？』身に覚えのない『無修正』が流出……引退後の元女優をおそった悲劇」『弁護士ドットコムニュース』二〇一九年八月一三日付。

(46) AV人権倫理機構は、二〇二〇年三月一二日に記者会見を行なって、過去二年間で停止した作品の数が一万本を超えることを発表した（『毎日新聞』二〇二〇年三月一二日付）。

(47)「女優の『裸画像』合成、『有名税』では済まされない――雑誌出版社の賠償命令確定」、『弁護士ドットコムニュース』二〇一六年七月六日付。

(48) ごく最近では、まだ一七歳の環境活動家グレタ・トゥーンベリさんがそうした被害を繰り返し受けている。「ネットに溢れるグレタ・トゥーンベリに対する〝悪意〟と、彼女の反撃が意味すること」、『Wired』二〇二〇年三月一八日付。

(49) ジェセリン・クック「ディープフェイク・ポルノとは。女性を恐怖と絶望に陥れる、ネット動画の闇」、『ハフポスト日本』二〇一九年八月二一日。

(50)「急増するポルノ版ディープフェイク、このままでは〝偽動画〟が溢れる時代がやってくる」、『Wired』二〇二〇年一一月七日付。

(51) この種の被害はもちろん世界共通のものである。たとえば以下を参照。「『性行為中に首を絞められた』、英女性三分の一は暴力を経験＝BBC調査」、『BBC News Japan』二〇一九年一一月二九日付。

(52) 詳しくは以下を参照。ポルノ・買春問題研究会編『ポルノ被害の実態と分析』（『論文・資料集』第四号）、二〇〇三年。

(53) 最近の事例として、イギリスの著名作家J・K・ローリングに対して行なわれたポルノハラスメントがある。トランスジェンダー問題に関する彼女のごくまっとうな発言を機に、多くのトランス活動家たちがポルノ画像や自分のペニスの写真、性的罵倒語をSNSを通じて彼女に大量に送りつけた。

(54) ポルノ・買春問題研究会「ポルノグラフィと性行動」、『論文・資料集』第七号、二〇〇七年。このアンケートには「表現の自由」派が組織的に回答しており、ポルノと性暴力との関係を否定する回答を集団的に行なった。それでもこのような高い率が記録された。

(55) 斉藤章佳「子どもへの性被害生む児童ポルノという引き金――『個人のお楽しみ』で片づけていい話ではない」、『東洋経済 On Line』二〇一九年一二月一三日付。

(56) 「『児童ポルノが引き金に』『今でも〝子〟という字を見るとギクッとする』有罪判決を受けた当事者と考える、小児性愛障害と性犯罪予防」、『Abema Times』二〇一九年一二月一八日付。
(57) 「『レイプ動画で興味』女性にわいせつな行為」、『日テレニュース』二〇一七年九月二六日付。
(58) 「『ロリコンＡＶ参考に』小学生五人の体触る」、『産経新聞』二〇一六年一〇月二〇日付。
(59) 「江戸川区女子高校生殺害　逮捕男の部屋から『首絞め』ＤＶＤ」、『ＦＮＮニュース』二〇一五年一一月一七日付。
(60) 青少年期におけるポルノへの曝露が与える有害な影響に関しては、多くの研究があるが、最近のものとして以下を参照。Kara Anne E. Rodenhizer1 & Katie M. Edwards, The Impacts of Sexual Media Exposure on Adolescent and Emerging Adults' Dating and Sexual Violence Attitudes and Behaviors: A Critical Review of the Literature, *Trauma, Violence, & Abuse*, Vol. 20, Issue 4, 2019.
(61) 二瓶由美子「公判傍聴記——継続的ポルノ視聴と連続強姦」、ポルノ・買春問題研究会編『論文・資料集』第五号、二〇〇四年。
(62) 「過激なＡＶ『お手本』に」、『西日本新聞』二〇一五年一一月一二日付。『徳島新聞』も「性暴力とたたかう」というテーマの連載記事の一〇回目の中で、アダルトビデオが実際に性犯罪を誘発している事態について具体的に指摘している（『徳島新聞』二〇一九年一二月七日付）。
(63) 藤田久美子『なぜ痴漢はなくならないのか——痴漢を許容する社会メカニズム徹底解剖』おうてもんジェンダーフリースタイル発信所、二〇〇三年、三五頁。
(64) 以下を参照。「『誰かを傷つけていることを、知ってほしい』成人誌がコンビニから消える意味」、『バズフィード・ニュース』二〇一九年一月二五日付。
(65) この問題については以下の拙稿を参照。森田成也「在特会デモと会田誠展とのあいだ」、『森美術館問題と性暴力表現』不磨書房、二〇一三年。
(66) 「裸画像『公開する』　男を再逮捕　女性一〇〇人超の映像も発見」、『ＦＮＮニュース』二〇一九年一二月一〇日付。
(67) 前掲マッキノン＆ドウォーキン『ポルノグラフィと性差別』、一七二頁。
(68) 同前、一七三頁。
(69) この点については、本書の第二章を参照。

(70) 前掲マッキノン&ドウォーキン『ポルノグラフィと性差別』七七―七八頁。

(71) ただしディープフェイク動画は政治的なものであっても禁止されるべきだろう。なぜなら、それほど高度なフェイク動画は明らかに政治的民主主義の過程を深く毀損するからである。

(72) 二〇二〇年には、芸能人の画像データを用いたディープフェイク動画を制作した加害者とそれを転載したサイトの運営者がそれぞれ名誉毀損で逮捕されている。「『フェイクポルノ』で全国初の逮捕　有名芸能人の顔でアダルトビデオを作り替え」、『8カンテレ』二〇二〇年一〇月二日付。「『ディープフェイク』ポルノ転載のサイト運営者三人を逮捕　芸能人への名誉毀損容疑」、『朝日新聞』二〇二〇年一一月一九日付。

(73) ヒューマンライツ・ナウ『ポルノ・アダルトビデオ産業が生み出す、女性・少女に対する人権侵害　調査報告書』二〇一六年三月。

(74) 「心身の安全・健康に影響を及ぼす」や「人の尊厳を著しく害する行為」が具体的には何を指すのかに関しては、おそらく意見の相違がありうるだろう。だが少なくとも、殴る蹴るなど出演者に対する身体的暴力がなされているもの、強制フェラチオや首絞め、排泄物や嘔吐物などの不衛生なものを身体にかけたり食べさせる行為、避妊のない性行為、とりわけ身体内への射精、複数人との性行為、連続した性行為、アナルセックス、動物とのセックス、性器やアナルへの異物や生物などの挿入、人前ないしカメラの前で排せつ行為をさせるもの、大量のお酒や水や食べ物を飲食させるもの、粘膜部分を過剰にこすったり刺激したりするもの、危険ないし不衛生な場所での撮影、公共の場での撮影、公衆から視認しうる場所での撮影、などはすべて禁止対象に含められるべきである。われわれは、性器にペニスを挿入する行為それ自体(いわゆる本番行為)も、商業的ポルノとしてなされる場合には、出演者の安全・健康・尊厳にダイレクトに関わるので、禁止されるべきであると考える。

(75) たとえば、日本では性器がはっきりと写っているかどうかが「わいせつ物」の事実上の判断基準になっていた。これは一見すると無意味な基準に思えるかもしれないが、けっしてそうではない。性器は明らかに人の最もプライベートな部分であり、したがってまた性的・人格的尊厳に関わるものなのだから、性欲の喚起を目的としてそれが直接的に写された写真や動画を公然と公開・頒布する行為を刑事的に規制することは、本人の同意の有無にかかわらず、人権保護の観点から正当化しうる。逆に、そうした規制のないアメリカのポルノでは女性器が露わにされており、出演者の尊厳がより侵害され、より非人間的な形で性的部位に還元されている。また、そのせいで女性器の脱毛が一般的になっているだけでなく、女性器の形を「整える」整形手術（小陰唇の切除など）が米国女性たちのあいだで急速に広がっている。以下のシーラ・ジェフリーズの著作を参照。Sheila Jeffreys, *Beauty and Misogyny: Harmful cultural practices in the West*, Routledge, 2005. 日本のポルノと比べてアメリカのポルノが何か陽気で、出演者がより主体的であるかのように語るリベラルがいるが、実に愚かしいと言うべきである。

第六章　マルクス主義と売買春
――セックスワーク論はなぜ間違いか

本書の最後を締めくくるこの第六章は、大きく第Ⅰ部と第Ⅱ部に分かれる。第Ⅰ部では、マルクス、エンゲルスをはじめとして、主要なマルクス主義者たちがそもそも売買春についてどのように見ていたかについて歴史的に振り返る。第Ⅱ部では、それを踏まえてセックスワーク論の誤りについて正面から論じる。

Ⅰ　マルクス主義と売買春

1　マルクスとエンゲルス

まず最初に、マルクスとエンゲルスの両人に登場してもらうのが至当であろう。この問題に関してはかなりの叙述を残しているエンゲルスと違って、マルクスは断片的なことしか書いていないが、それでもその姿勢は明瞭である。

マルクスの「経済学・哲学草稿」

まず、マルクスの売買春に関する言及として必ず最初に取り上げられる「経済学・哲学草稿」（一八四四年）の記述を見てみよう。その中でマルクスは次のように述べている。

> 売春（Prostitution）は労働者の普遍的な身売り（Prostitution）の一つの特殊な現われにすぎないのであって、売春は身を売る者のみならず、またそれを買う者——後者の下劣さの方がもっとひどい——も含む関係であるから、資本家等もこのカテゴリーに入る。(1)

この引用文に見られるように、マルクスは、売買春を労働者による身売りの一特殊形態とみなしており、これは労働の売買とセクシュアリティの売買とのあいだに存在する根本的な違いを無視するものである。とはいえ、マルクスは売る側ではなく買う側の方がはるかに下劣であると正しく指摘しており、買う側の中に資本家を含めているわけだから、マルクスの基本姿勢が明白な反買春であるのは明らかである。この点は次の引用文でもいっそう明白だ。

> 共同の情欲の餌食〔売春女性〕ないし妾としての女性に対する関係のうちに、人間の人間自身に対する無限に堕落した関係性が表わされている。……人間の人間に対する直接的、自然的、必然的な関係は女性に対する男性の関係である。……したがってこの関係性から人間の文明性の度合いを測ることができる。この関係性の性格から、どれほど人間が類的存在として、人間として形成されているか……がわかる。女性に対する男性の関係性は人間の人間に対する最も自然な関係だからである。……この関係のうちに、……どれほど人間がその最も個人的な関係性の中で同時に共同的な

存在になっているかが現われる。

この二番目の引用文においてマルクスは、男たちが売春女性を「共同の情欲の餌食」として買うというこの関係のうちに、「人間の人間自身に対する無限の堕落した関係性」が見られると指摘している。明らかに若きマルクスにとって、売買春の存在そのもの、それが社会的に許容されていることそれ自体が、人間性の堕落、しかも「無限の堕落」を示すものなのだ。そして一般に、「女性に対する男性の関係」から人間の文明性の度合いが測られ、その公共性の発展の程度が表わされるとしている。これは周知のように、空想的社会主義者にしてフェミニストであったシャルル・フーリエから受けついだ思想であって、たとえば、マルクスとエンゲルスの初期の作品である『聖家族』において、これの元になったフーリエの主張が長く引用されている。(3)

ただし、「女性に対する男性の関係」という言い方には、男性を主体として、女性を客体とする、ある種の男性中心主義的な見方が無意識のうちに示されているが、とはいえ、若きマルクスにとって、売買春はけっして肯定されるものではなく、およそ人間性、文明性、公共性に反するものであり、何より買う側である男性の人間的墜落を示すものであることがはっきりと言われている。

エンゲルス「共産主義の原理」

次に、両名が明確な共産主義者になって以降の作品を見てみよう。まず最初は、エンゲルスの有名な「共産主義の原理」(一八四七年)である。その問21の中で、エンゲルスは次のように述べている。

問21　共産主義的な社会秩序は家族にどのような影響を及ぼすだろうか?

答え　それは、両性の関係を当事者のみが関わる純粋な私的関係にし、社会はそれにいっさい干渉しないだろう。それが可能となるのは、共産主義的な社会秩序が私的所有を取り除き、子どもを社会全体で養育し、そうすることによってこれまでの〔ブルジョア的〕婚姻の二つの基盤を一掃するからである。すなわち、私的所有を通じた夫への妻の従属と両親への子どもの従属である。これは、共産主義による女性共有制に反対する超道徳的な俗物どもの非難に対する回答にもなっている。女性共有制というのは、完全にブルジョア社会に属するものであって、今日、売買春のうちに完全に実現されている関係のことである。しかし売買春は私的所有にもとづいており、後者の没落とともに没落する。したがって、共産主義的〔社会〕組織は女性共有制を導入するのではなく、むしろそれを廃棄するのである(4)。

エンゲルスはこの中で、共産主義の女性共有制なるデマゴギーを的確に反駁するとともに、ブルジョア社会における売買春こそが、私的所有にもとづく女性共有制にほかならず、私的所有と共にそれは没落するのであって、したがって共産主義は女性共有制を導入するのではなく、その反対にそれを廃絶するのだという基本的見地を述べている。「共産主義の原理」におけるエンゲルスのこの売買春論こそ、その後、売買春に関する主要なマルクス主義者たちの基本認識を形成するものであった。

ただし、ここでの主張は潜在的に二つの誤った認識を生み出しかねない弱点がある。一つは、結局、資本主義を廃絶するまで売買春を廃絶することはできないし、それに向けて何も有効なこともなしえないという悲観論的誤りと、もう一つは資本主義さえ打倒すれば他に何もしなくても売買春は自然に消滅するという楽観論的誤りである。しかし、それらの誤りはあくまでも潜在的なものであって、ここでのエンゲルスの主張から自動的に出てくるわけではない（後にセックスワーク派のマルクス主義者たちはそのような誤謬に陥るのだが)。ここでのエンゲルスの主張の眼目は、資本主義(私的所有のシステム)こそが売買春という害悪の基礎であって、根本的に売買春というシステムと共産主義(あるいは社会主義)とは相いれないということである。

マルクス&エンゲルス『共産党宣言』

次にマルクス(とエンゲルス)によって執筆された『共産党宣言』(一八四八年)の以下の一節に見てみよう。

> 現在の家族、すなわちブルジョア的家族は何にもとづいているのか? 資本に、私的利得にである。それは完全に発展したものとしては、ブルジョアジーにとってしか存在しない。しかし、このブルジョア的家族は、プロレタリアの強制された無家族と公認の売買春によって補完されている。ブルジョア的家族は、これらの補完物が衰退していくにつれて自然に衰退していくだろうし、どちらも資本の消滅とともに消滅する。……
>
> しかし、君たち共産主義者は女性の共有制を導入しようとしている、と全ブルジョアジーがいっせいにわれわれに向かって叫びたてる。
>
> ブルジョアは自分の妻を単なる生産用具とみなしている。それゆえ、生産用具が共同で利用されると聞いた彼らが、女性も共同利用の運命に陥るのだと思い込んだのも無理はない。
>
> まさにここで問題になっているのが単なる生産用具としての女性の地位を廃止することだということに、彼らは思い及ばない。
>
> それにしても、わがブルジョアが、共産主義者による公的な女性共有制なるものに高潔な道徳的

憤慨を感じたということほど笑うべきものはない。何も共産主義者が女性の共有制を導入するまでもない。それはほとんどいつでも存在していた。

わがブルジョアは、公認の売買春をまったく別にしても、自分の雇っているプロレタリアの妻や娘たちを意のままにするだけでは満足せず、お互いの妻を誘惑しあうことに無上の喜びを見出している。

ブルジョア的結婚は実際には妻の共有制である。だから共産主義者を非難するとしてもせいぜい、偽善的な隠された女性共有制に代えて公然たる女性共有制を導入しようとしていると言うことができるだけである。いずれにせよ、現在の生産諸関係が廃棄されるとともに、この諸関係から生じる女性の共有制、すなわち公式および非公式の売買春も消滅することは、おのずと明らかである[5]。

ここでのマルクスの主張が、「共産主義の原理」におけるエンゲルスの主張を敷衍するものであるのは明らかである。またマルクスは、私的利得にもとづいたブルジョア的家族は「公認の売買春によって補完されている」というより踏み込んだ主張をしている。それはどういうことかというと、男性たる資本家ないしブルジョアジー（「ブルジョアジー」には広い意味ではブルジョア化した地主も含まれる）は自分の財産を確実に自分の嫡出子、正式の息子に継がせるために、妻の「貞操」を守らなければならず、妻の性的欲求を家庭内に封じ込めなければならない。しかし、男性ブルジョアジー自身は自分の性欲を妻だけでは満足させることができないために、それを娼婦を通じて（あるいは従業員の若い女工をレイプすることを通じて）[6]満たすのである。こうして、公認の売買春はブルジョア的家族の不可欠の補完物として機能するわけである。

エンゲルス『家族、私有財産および国家の起源』

この問題に関するマルクス、エンゲルスによる叙述としてはもちろん、エンゲルスの『家族、私有財産および国家の起源』が最も有名だが、これについてはよく知られているので、ごく簡単に紹介しておく。

しかし、古来のヘテリズム〔婚外の性的関係〕が、現代の資本主義的商品生産によって変容し、それに適合するようになればなるほど、つまり、偽装されていない売買春に転化していけばいくほど、それはますます堕落的な影響を及ぼすようになる。しかもそれは女よりもはるかに男を堕落させる。女性の間では、売買春はその犠牲者となる不幸な者だけを貶めるが、その者でさえもけっして、一般に信じられているほどではない。しかし、それは男の世界全体の品性を堕落させる。(7)

ここにはっきりと示された反買春姿勢は実に印象的であり、いかなるセックスワーク論ともあいいれないことは明らかである。そして、この著作でもエンゲルスは、非常に有名な一節において、未来社会の男女は売買春や不本意な婚姻関係がまったく存在しない生活を送るだろうとの展望を確信をもって述べている。

やがて資本主義的生産が一掃されたのちにつくり出される両性関係の秩序について今日われわれが予測できることは、主に消極的な性質のものであって、たいてい、何がなくなるかということに限られる。だが、何が新たにつけ加わるだろうか？　それは、新しい世代が、すなわち、その生涯に金やその他の社会的権力手段によって女の肉体提供を買いとる場面に一度も出会ったことのない男たちと、真の愛以外の何らかの考慮から男に身をまかせたり、また経済的結果を恐れて愛する人に身をまかせるのを拒んだりする場面に一度も出会ったことのない女たちとの世代が成長してきたときに、決定されるであろう。(8)

マルクス主義の二人の創始者たちが、売買春問題に関してこのような明確にアボリショニスト的な展望を持っていたことは、すべてのマルクス主義者が誇りにするべきことである。

2 第二インターナショナルの理論家

ベーベルと『婦人論』

マルクス、エンゲルスによるこうした原則的立場は、その後も主要なマルクス主義者全員に受け継がれる。その中でもとくに重要なのが、アウグスト・ベーベルである。ベーベルは、ヴィルヘルム・リープクネヒトと並んで、マルクス、エンゲルスのもとでその直接の薫陶を受け、プロイセンの国会議員、後にドイツ帝国の国会議員として活躍し、ドイツ社会民主党の実践面での最高指導者のような地位にあった人物である。彼の名前を不朽のものにしたのは、言うまでもなく、日本では『婦人論』という題名で知られている『女性と社会主義』を出版したことである。(9) 一八七九年に最初に出版され、その後繰り返し大幅な改訂を経て、最終的に五〇版を重ねた。当時、ドイツ社会民主党の指導者が出した本の中で最も売れ、最も読まれたものの一つがこの著作であった。

この問題に関する古典中の古典と言うべきものだが、最近はほとんど読まれておらず、古臭い「社会主義婦人解放論」として顧みられていないが、実際にはその内容は非常に優れている。たとえば、ベ

ベルは、『婦人論』の序論の中で、次のように女性の地位の全体像を描き出している

かりにブルジョア的女性運動がその男女同権の要求の全部を貫徹したとしても、それだけでは、奴隷状態（無数の女性たちにとって結婚は実にそれである）、売買春、夫に対する多くの既婚女性の物質的従属はやはり廃絶されないだろう。[10]

総じて女性は二重に苦しんでいる。第一に、男性に対する社会的従属のために苦しんでいる。たしかにこれは法律上および私権上の形式的同権によって緩和されはするが、除去されない。第二に、彼女は経済的従属によって苦しむが、これは一般に女性が、特にプロレタリア女性が、プロレタリア男性とともに陥っている状態である。そこで女性はすべて、その社会的地位の区別なく、現代の文化的発展の中で、男性によって支配され虐げられた「性別」として、現存の国家、および社会秩序の制度や法律の改革によってこの状態をできるだけ取り除くことに関心をもつこととなる。しかしまた、それとともに、非常に多くの女性たちは、プロレタリア女性を最もひどく苦しめている賃金奴隷制、ならびに、現在の所有・職業制度〔資本主義〕と密接に結びついている性的奴隷制〔売買春やブルジョア的結婚〕を取り除くために、現存の国家および社会秩序を根底から改造するということに、いっそう先鋭な利害をもつのである。[11]

このようにベーベルは、ブルジョア・フェミニズムによる単なる法的・形式的男女同権運動では、当時の結婚に（そして今でもしばしば）見られる奴隷状態、売買春、夫に対する妻の物質的従属といった社会的・物質的問題が解決しないことを明言し、女性は単に労働者としてブルジョアジーに従属してい

るだけでなく、集団としての男性によっても支配され虐げられた性別集団であることを指摘している。女性は賃金奴隷制と性的奴隷制という二重の奴隷制のもとで苦しんでいるとするこのような観点は、第二波フェミニズムへと連なるラディカルな観点である。ベーベルは、このような一般的観点を打ち出しただけでなく、売買春に関して特別の章(第一二章)を設けて、二重の奴隷制の維持と貫徹にとってそれが持つ本質的意義を明らかにしている。ベーベルは、『共産党宣言』のマルクスと同じく、ブルジョア的結婚と売買春とが相互補完関係にあり、「結婚はメダルの表面であり、売春はその裏面である」と指摘している。[12] そして、かなり有名な次の一節において、売買春がブルジョア社会にとって警察や常備軍、教会などと同じく必要不可欠な制度であると指摘している。

> 売春は、ちょうど警察、常備軍、教会、賃金制度と同じく、ブルジョア社会にとって一個の必要な社会制度となる。[13]

ブルジョア的結婚の補完物というレベルを超えて、売買春をより深く、警察や軍隊や教会や賃金制度と並ぶブルジョア社会を支え維持する不可欠の制度、社会装置としてとらえたことは、これまでの売買春論をいっそうの高みに引き上げている(後に見るように、一九七〇年代後半以降のマルクス主義者たちはそれと正反対の立場をとるだろう)。ベーベルは多くのブルジョア学者の文章を引用して、彼らが売買春を道徳的に非難しながらも、いかにそれを社会秩序維持にとって必要なものとみなしていたかを明らかにする。たとえばある学者は、売買春がなくなれば「反国家的精神」が生まれ、社会にとって危険だと主張する。ベーベルはそれを引用して、こう皮肉を言う――「つまり国家的に組織された売春は社会主義に対して救済と防御の手段にさえなるのだ」。[14]

ベーベルの議論が優れているのは、単に売買春一般の議論にとどまらず、国家による売買春の合法化と管理が売買春を抑制するのではなく、むしろそれをいっそう蔓延させ、いっそう下劣なものにすることを明らかにしていることであり、さらには、売買春が女性の国際人身売買と不可分であることを明らかにし、当時における人身売買の実態について詳細に明らかにしていることである。

このような事情の下で女の肉の取引〔人身売買〕は大掛かりに行なわれる。それは大規模な組織を持っていて、非常に巧妙な方法でめったに警察の目に触れることはなく、文明と文化のど真ん中で行なわれるのだ。男女の仲買人、周旋人、運び屋などの群れが、商品の販売の時と同様の冷淡さで仕事をする。出生原簿は偽造される。そして個々の「商品」の品質を正確に記した証明書がつくられ、買い手に見せるために運び屋に渡される。値段はすべての商品と同様に品質によって決まる。そうして商品は顧客の好みと要求とに従って、それぞれの場所や国々に分別され、発送されるのだ。彼らは巧妙な策略で警察官の注意と捜査を逃れようとする。また法律の監視者の目をごまかすために多額の金がばらまかれることもたびたびある。(15)

この記述が暴露している当時の状況は今日の状況と本質的に変わっていない。その他、引用したい多くの箇所が存在するが、分量が多くなりすぎるので、これぐらいにしておこう。ベーベルの議論を子細に読めばわかるように、ベーベルは、単純な経済還元主義や階級還元主義を取っていなかった。女性の解放は最終的には資本主義の転覆と社会主義の実現によって達成されると考えていたのはその通りだが、男性による女性支配が資本主義や階級社会とは区別される独自の次元を持つものとして語られている。ベーベルの議論を古臭い「社会主義婦人解放論」などと揶揄する人々は、そもそもベーベルをまともに読んでいないか、あるいは少なくとも理解していないと言わざるをえない。

カウツキーとローザ・ルクセンブルク

マルクス&エンゲルスの『共産党宣言』、エンゲルスの『家族、私有財産および国家の起源』、そしてベーベルのこの『婦人論』のおかげで、その後、マルクス主義は基本的にフェミニスト的立場を堅持するという名誉を担い、売買春に対しても一貫して批判的態度をとり続けることができた。ベーベルと並ぶ第二インターナショナルの指導的人物であったカール・カウツキーもその一人である(ベーベルが実践的な指導者だとすると、カウツキーは理論的指導者であった)。カウツキーは、ベーベルの『婦人論』と同じく当時大いに普及したその代表的著作の一つ『エルフルト綱領解説』(一八九二年)において、基本的に『共産党宣言』での記述にもとづきつつ、次のように述べている。

こういう〔売買春という〕女性共有制はプロレタリアートの搾取の一形態である。それは社会主義ではなく、社会主義の正反対物である。(16)

この問題に関するカウツキーの発言はそれほど多くないが、その基本姿勢は明白である。売買春は「社会主義の正反対物」なのだ。

第二インターナショナルの理論家として、最後にローザ・ルクセンブルクを取り上げよう。彼女は売買春について何らかのまとまった論稿を書いていないと思われるが、ベルンシュタインの帝国主義美化論を厳しく糾弾した一九一一年の論考における以下の一文に、売買春に対する彼女の基本姿勢がうかがえる。

資本主義的帝国主義は「道徳的」であるべきだ、などというのは、売買春に「道徳的」であることを求めるようなものである。そして、売買春に関して言いうることが「不道徳」ということだけであるような人がいるとすれば、その人はまさに、ベルンシュタインが帝国主義に対して示しているのと同じ程度の社会的認識を示すことになるだろう。(17)

このようにローザ・ルクセンブルクは帝国主義を売買春にアナロジーしている。それはけっして道徳的ではありえないものであるが、しかし単にそれを「不道徳だ」と言ってすますこと（保守派）のナンセンスを的確に指摘している。このアナロジーは、まさに現代のフェミニストが売買春を男性による女性身体の植民地化であると批判していることを彷彿とさせる。資本主義と家父長制（あるいは男性支配）とがアナロジーできるとすれば、まさに売買春とは家父長制の帝国主義的で植民地主義的な制度的実践なのである。ローザ・ルクセンブルクはこの文章に続いて、帝国主義の本質について次のように述べている。

資本主義的帝国主義諸国の政策の最深部の本質、核心、その全意味と内実は、資本主義が少しずつむさぼり食って消化できるようすべての諸国および諸国民を絶え間なくばらばらにしていくことである。それはまた……原則にまでなった絶え間ない暴力行為である。(18)

まさに、売買春とは、家父長制が女性の性と肉体を少しずつむさぼり食って消化することであり、まさに「原則にまでなった絶え間ない暴力行為」である。ローザ・ルクセンブルクが帝国主義と売買春とを類似するものとしてとらえたのは実に慧眼というほかない。そして、ローザ・ルクセンブルクにとって帝国主義が廃絶の対象であったように、売買春もまた廃絶の対象であったのは言うまでもない。

3 第三インターナショナルの理論家

こうした基本姿勢は、第二インターナショナルの理論家にとどまらない。第一次世界大戦における社会民主主義諸政党の裏切りと一九一七年のロシア革命の勝利を契機として結成された第三インターナショナルは、多くの点で第二インターナショナルの改良主義と日和見主義から決別したが、売買春制度に対する基本姿勢についてはそれを引き継ぎつつ、いっそう徹底させる立場を取った。

アレクサンドラ・コロンタイ

たとえば、この問題に関して最も多くの発言をしているアレクサンドラ・コロンタイは、「売買春とは何か、それとどう闘うか」(一九二一年)というズバリの題名を持った演説の中で、次のように述べている。

> 今こそわれわれは、この悪〔売買春〕を永遠に取り除くための方策と手段を見つけ出さなければならない。労働者の共和国に売買春の存在する余地はまったくない(19)。

このように、コロンタイは、社会主義は言うまでもなく、「労働者の共和国に売買春の存在する余地はまったくない」とはっきり述べている。社会主義を待つまでもなく、過度期の労働者国家の段階で、売買春の存在する余地はないし、かつ、それは自然と消滅するものではなく、この悪（売買春）を永遠に取り除くための方策と手段を見つけ出さなければならない」のだ。このように、売買春が私的所有制度の廃絶とともに自然消滅するかのような楽観論は採用されていない。さらにコロンタイがすぐれているのは、マルクスやエンゲルスと同じく、売り手の女性よりも買い手の男性を厳しく批判し、女性を買うという行為が、相手を「平等な権利を持った人間とみなしていない」ことだと指摘していることである。

売買春は、労働者階級を構成する半分同士の平等、連帯、同志愛を破壊する。女性の性を買う男は彼女を同志と見ておらず、あるいは平等な権利を持った人間とみなしていない。彼はこの女性を自分に従属した存在として、労働者国家にとってより価値の低い二級の不平等な存在とみなす。自分が性を買った相手である女に対して彼が抱く侮蔑は、すべての女性に対する彼の態度に影響する。売買春がこれ以上発展することは、同志愛の感情と連帯の成長を促すのではなく、その逆に両性間の関係における不平等を強化する。[20]

このようにコロンタイは、買春という行為が女性を侮蔑し二級の存在とみなす行為であり、しかもこの侮蔑は「すべての女性に対する彼の態度に影響する」と正しくみなしている。それは両性間の「不平等を強化する」のである。

コロンタイは、性的欲求や性的関係に否定的であるがゆえに売買春を否定したのではまったくなかった。その反対であった。コロンタイはその自由恋愛論ゆえにレーニンに批判されたほどだったが、まさにその自由恋愛論の立場からして、金銭でもって女性の性を支配する行為、あるいは、お金の必要性ゆえに、好きでもない相手に自己の身体を委ねる行為は、許しがたいことなのである。

売春が恐るべきものであるのは、それが、物質的利得の名のもとに女性が自分自身に向ける暴力の行為だからである。売春は物質的打算の剝き出しの行為であり、愛情や情熱の入る余地はまったくない。情熱と欲求が始まるところで、売春は終わるのである。共産主義のもとでは、売春と現在のような家族とは姿を消すだろう。両性間の健全で喜びに満ちた自由な関係が発展するだろう。自立し、勇敢で、そして共同体の強力な感覚を持った新しい世代が登場するだろう[21]。

このように、コロンタイにあっては、両性の自由恋愛に対する肯定的な立場からまさに売買春に対する完全に否定的な立場が出てくるのである。ここから、売買春を否定するフェミニストをセックス嫌悪と結びつけるセックスワーク派のよくある主張のナンセンスさがわかるだろう[22]。

レーニンとトロツキー

では、レーニンはどうか？　レーニンは、この問題についてほとんど発言していないが、クララ・ツェトキンとのある貴重な対話の中で、売買春を含む性の問題について重要なことはみなベーベルの本の中に書かれているとして、ベーベルの立場を支持している[23]。

最後に、レーニンとともにロシア十月革命を遂行し、ボリシェヴィキの指導者として第三インターナショナルを創設したトロツキーの言葉を引用しておこう。彼は後に、ソ連共産党とコミンテルンを簒奪したスターリンによって国外追放にされたが、売買春に対するトロツキーの見解はきわめて明白である。その一例が、トロツキーの最も有名な著作の一つである『裏切られた革命』（一九三六年）の次の一節に示されている。

読者は同じく偶然的に新聞記事から、刑事犯罪報道のエピソードからソ連に売買春――すなわち支払能力をもつ男たちのための女性の極度の貶めが存在していることを知る。去年の秋、『イズヴェスチャ』は突如として、たとえば、「プロレタリアの首都の街頭でひそかに身を売る一〇〇〇人にのぼる女性たち」がモスクワで逮捕された旨を報じた。……この女性たちを街頭へと追いやったものはなにか？　不充分な賃金、貧困、「洋服や靴のために『内職』する」必要性である。この社会悪の規模を、たとえ近似的であれ知ろうとしてもむだであろう。貞操堅固な官僚が統計に対して沈黙を命じているからである。しかし強いられた沈黙こそが、ソ連の売春婦「階級」の人数の多さを確実に証明している。そこでは「過去の残滓」など最初から問題になりえない。売春婦は若い世代から生まれているからである。……売買春が存在するのに社会主義の勝利を云々するのは許しがたいことである。(24)

この中でトロツキーは売買春を「支払能力をもつ男たちのための女性の極度の貶め」と規定し（ここでも買春に問題の焦点が当てられている）、「売買春が存在するのに社会主義の勝利を云々するのは許しがたいことである」とはっきり述べている。売買春は労働者国家とも、いわんや社会主義とも無縁であり、売買春が存在するかぎり、そのような社会はけっして社会主義でも本来の労働者国家でもない。

以上見たように、基本的に一九世紀から二〇世紀半ばまでのマルクス主義たちはみな、マルクス、エンゲルスから始まって、ベーベル、カウツキー、ローザ・ルクセンブルクを経て、レーニン、コロンタイ、トロツキーに至るまで、売買春を男性支配と資本主義的搾取の悪辣な形態の一つであるとみなし、根本的にその廃絶をめざすアボリショニズムの立場だったことは明らかである。

4　戦後におけるマルクス主義の転換

このような状況が大きく変わっていくのは、一九七〇年代以降の話なのだが、一気に今日のような、リベラル派もマルクス主義者も性産業もアカデミシャンもいっしょに仲良く唱和する手放しの牧歌的セックスワーク論へと飛躍（いや転落）したわけではない。そこに至るまでには、一九七〇～八〇年代前半における一種の過渡期があった。

セックスを労働に還元する見方の台頭

この過渡期においては、二つの契機が大きな役割を果たした。まず一つは、一九六〇年代以降の第二波フェミニズムの台頭が提起したセクシュアリティを媒介とした男性支配というラディカルな理論に対するマルクス主義的急進派の応答としての、「セックスないしセクシュアリティも労働の一形態である」という理論であり、「性」をも「労働」というマルクス主義的概念に回収ないし還元することによって、マルクス主義的な一元論的社会認識を再構築しようとしたことである。またそれはいわゆる「労働力の再生産論」とも結びついていた。

しかし、当時の「性＝労働の一形態」論を、今日におけるような、能天気な「セックスワーク論」と同一視することはできない。たとえば、シルヴィア・フェデリーチは一九七五年にすでに「なぜセクシュアリティは労働なのか（Why is Sexuality is Work）」という論文を発表しているが、安直なセックスワーク論とは異なり、「work」としての「性」のあり方を告発する文脈で「性労働（sexual work）」という概念を用いている[25]。

性を労働に回収する傾向の代表的な潮流が、「家事労働に賃金を」運動であるが、これもけっして一枚岩ではなかった。たとえばマルクス主義的な「家事労働に賃金を」運動の立場にあっては、売春は、女性の貧困ゆえに女性に押しつけられたものであり、階級問題であって、資本主義の廃絶とともに廃絶されるべきだとする伝統的なマルクス主義の発想はなお続いていた。それに対して、イタリアの運動のように、売春を「無償の家事労働」に対する反逆、闘争として高く評価する見方も同時期に登場するようになる。たとえば、「家事労働に賃金を」運動の代表的な理論家の一人であるマリアローザ・ダラ・コスタの以下のような主張が典型である。

> 労働に対する徹底した妨害としての同性愛や中絶の実践、極端な場合は嬰児殺人、また売春に至るまで、すべて家事労働をめぐる闘いの行為としてあるのである。……売春は、時間的制限のない家事労働と、夫による扶養と思い込まされているものとの交換を拒否することで、一定の性的供給と引き換えに金を得るという選択である。この売春による拒否は最も破壊的な行為の一つである。というのはこの行為は、家事労働の中心部分を占める性労働という、そのままであれば無償であるものを金に換えたからである[26]。

このように、ダラ・コスタにとって、売買春はブルジョア社会を支えるものではなく、その反対にブルジョア社会を破壊する革命的実践である。だがもしそうだとすれば、売買春を合法化していた戦前の軍国主義日本は、戦後民主主義の日本よりもよっぽど革命的だったことになるだろう。だが、戦前の日本の支配層は日本男子にあまねく「売春婦」をあてがうことで彼らを忠実な「臣民」に仕立て上げ、ひいては「皇国の兵士」へと仕立て上げていったのだから（このシステムの延長線上に戦地での「慰安婦」制度がある）、明らかに、ベーベルの言うように、売買春は警察や軍隊と同じく、ブルジョア社会（ここでは軍国主義的ブルジョア社会）を支える制度だったのだ。

この引用文におけるダラ・コスタの具体的な主張についても、ここで簡単に批判しておこう。同性愛を「労働に対する徹底した妨害」とみなす馬鹿馬鹿しさや、嬰児殺人さえ革命的行為とみなす極論、またセックスを家事労働の一種とみなす初歩的誤りをすべて措いたとしても、それでもなお、この一見「ラディカル」な主張は多くの初歩的で致命的な誤りにもとづいている。

まず第一に、そもそもダラ・コスタは、売春する女性が何ゆえか家事労働（それをどのように定義するのであれ）を免れているかのように前提している。たとえ独身でも家事労働をする必要性から免れるわけではないが、それは別にしても、つまり他人のための家事労働に話を限定したとしても、ダラ・コスタは、何ゆえか売春女性が独身であるか、あるいはいわゆるピンプ（ポン引き）を有していないことを根拠なく前提している。実際には、ほとんどの売春女性には夫（ないし恋人）かピンプ（両者はしばしば同じだ）がおり、その支配のもとにあるので、売春とは別に通常の家事労働と（ダラ・コスタが「家事労働の中心部をなす」という）「性労働」をも家庭内で、しかもダラ・コスタの言い方では「無償」でやらされている。だから、売春していることは何ら家事労働の一部である「性労働」を「有償」でやっていることにはならないし、したがって何ら家事労働を拒否するものではない。むしろ逆であろう。家庭内で他の女性とまったく同じく無償で家事労働と性行為をやらされて、さらにそれに加えて、家庭外で性行為を有償でやらされているのである。「拒否」しているどころか、二倍になっているではないか！

第二に、ダラ・コスタは何ゆえか、売春で稼いだお金はすべてその売春女性のものになると素朴に前提しているようだが、それもまったく間違いである。すでに述べたように、売春女性の多くには夫（恋人）ないしピンプがおり、売春女性が稼いだお金の大部分は自分のものとはならず、[illegible]ものになっており、したがって、それは、売春女性本人にとって「有償」でさえなく、第二の、より有害かつより屈辱的な「無償」労働でしかない。

第三に、もし家庭外で家事労働を有償でやること自体が「家事労働を拒否する」ことだというのなら、別に売春をわざわざ持ち出す必要はない。圧倒的多数の女性労働者が普通に家庭外でやってきたし、今もやっている炊事労働、掃除労働、裁縫労働、育児労働、介護労働もまた、家事労働を拒否する「破壊的行為」になるはずである。なぜダラ・コスタは、炊事婦、掃除婦、裁縫労働者、保育労働者、介護労働者などを、家事労働を破壊する革命的存在だと絶賛しないのか？　だが、普通に考えれば、女性労働者が家庭内で（無償で）やっていることを家庭外で（有償で）やることは、何ら革命的でもなければ、破壊的でもないし、ましてや家事労働を拒否することでもなく、典型的な「女の仕事」を家庭外でも継続することであり、したがって女性のステレオタイプ化をいっそう押し進めるものであるのは明らかであろう。なぜ売春という、あらゆる「家事労働」の中で最も女性化され、最も女性そのものと等置されている「性労働」を家庭外で「有償で」やることが、家事労働を破壊する革命的行為になりうるのか？　むしろ、家庭外でも女性を性ないし「性労働」に還元する売春は、「無償」の家事労働の重要な補完物なのであり、両者あいまって女性の従属を生み出していると考えるべきなのだ。ダラ・コスタは、革命的でも何でもない行為、むしろ最も従属的で屈辱的な行為を「革命的」な何かに仕立て上げることで、資本主義と家父長制に大いに奉仕したのである。

当事者運動の勃興

次に、戦後マルクス主義の転換をもたらした二つ目の契機についてだが、それは、売春者の当事者運動が一九七〇～八〇年代に出現したことである。だがこの当事者運動もけっして単純なセックスワーク論でまとまっていたわけではなかった。たとえばアメリカを例にとれば、今日のセックスワーク論に最も近い立場を取る「COYOTE（コヨーテ）」から、逆にラディカル・フェミニストの立場に近い「WHISPER（フィスパー）」に至るまでさまざまな潮流が存在していた。

しかし、当時の左翼男性に影響を与えたのは後者ではなく、「当事者」自ら売買春はセックスワークであり、それは非犯罪化されるべきであると主張する「COYOTE」のような団体だった（ただし同団体の中心メンバーはピンプと学者）。それは、口先では革命的であっても実生活では極めて性差別的だった当時の左翼男性にとって福音となった。自己の左翼的体面を損なうことなく、大っぴらに買春を肯定することが、「当事者の声」という大義名分のおかげで可能になったからである。こうしてセックスワーク派の団体はもてはやされ、しだいに左翼男性の中で受け入れられていった。

売買春をセックスワークとして肯定する「当事者」運動の出現は、マルクス主義左翼の中でもう一つの大きな転換をもたらした。マルクス主義以前の古いブルジョア的道徳主義にあっては、売春女性の「堕落」のみが問題にされていたのだが、マルクス主義者たちはその構図を転換し、問題の焦点を「買春」「買春者」へと移行させた。しかしセックスワーク派の運動の出現は、問題の焦点を再び買春者から売り手の女性へと再転換し、そうすることで買春者を再び不可視にした。しかも、売春をそもそも正当な労働として肯定したことで、買春者は単に不可視にされただけでなく、不可視なまま正当化されさえしたのである。

セックスワーク論の勝利と売買春の合法化

一九八〇年代後半以降になると、一九六八年革命が引き起こした急進主義の波がしだいに引き、クス主義的な階級論や、家父長制の廃絶のようなラディカルな主張が歴史的に急速に後退していったそれと軌を一にして広がった新自由主義的な社会的雰囲気と個人主義的イデオロギーの台頭の中で、すでに一九七〇年代からあった個人主義的で自由選択論的な売買春論がセックスワーク論として定着し、学問的に洗練されて、メディアやアカデミズムの世界でしだいに知的ヘゲモニーを獲得するに至った。

こうした社会的・知的背景のもと、政治的にも、ヨーロッパ、北米、オセアニア諸国のほとんどの社会民主主義者や緑の党、リベラル派だけでなく、多くのマルクス主義者たちもセックスワーク論の軍門に下り（この論点については後で再論する）、一九九〇年代後半から二〇〇〇年代にかけて、自国で売買春の完全非犯罪化／合法化を支持するようになるのである。この流れに抵抗したのはラディカル・フェミニストの潮流だけであった。

ヨーロッパ先進国を中心とするこの売買春合法化の流れは、一方では一九八〇年代末から一九九〇年代初頭にかけてのソ連・東欧の崩壊とそこにおける女性たちの貧困化と大量の国外流出、他方では多国籍大企業を中心とするグローバリゼーションの流れと見事に重なり合って、二一世紀になって大規模かつ国際的な性的人身売買の隆盛を作り出した。これはまさに、世界的規模の「女性に対する戦争（war on women）」と言うべきものであったが、世界中の社会民主主義者やマルクス主義者、グリーン派の多くはこれに抗するのではなく、それに積極的に与したのである。

これは戦後マルクス主義史上、最悪のスキャンダルの一つであり、第一次世界大戦においてヨーロッパの社会民主党が帝国主義戦争をいっせいに支持したことに匹敵する政治的裏切り行為だったが、そのように考えたマルクス主義者はほぼ皆無であった。なぜなら、売買春と人身売買を通じて遂行されているのはあくまでも「女性に対する戦争」と「女性の植民地化」であって、左翼男性を含む男たちはその被害者にはならず、むしろ性産業や国際人身売買組織と並ぶ利益享受者だったからである。

こうして、マルクス、エンゲルスからトロツキーに至るまでのマルクス主義のアボリショニスト的伝統は途絶し、覆された。現代のマルクス主義者はこの伝統を取り戻さなければならない。それなしにマルクス主義の現代的再生はないだろう。

Ⅱ　セックスワーク論はなぜ間違いか

次に第Ⅱ部に移る。ここでは、第Ⅰ部での売買春についての原理的議論を超えて、現代における売買春をめぐる決定的な論点となっている問題を扱う。それは、売買春は単なる労働なのか（セックスワーク論）、それとも、伝統的にマルクス主義者が考えてきたように、そして現代のラディカル・フェミニストも同じように考えているように、女性に対する暴力、侮辱、搾取であり、廃絶すべきものであるのか、である。

1　セックスワーク論と全面的非犯罪化論の主張

セックスワーク論は以下のように主張する。売春はそもそも、他のどの仕事とも同じ仕事の一つにすぎず（Sex work is work）、それは本来的に搾取的でも差別的でも暴力的でもない。そこに搾取や暴力が伴うとすれば、それは売買春が法的に禁止ないし抑制されていることから生じており、そうした禁止や抑制のいっさいを取り除いて全面的に自由化（非犯罪化）すれば、売買春に伴うさまざまな問題は解決する、と。

まず第一に、売る側の女性は警察に逮捕されたりいやがらせを受けることなく、[illegible]をの横暴を恐れてピンプや売春業者の支配下に陥ることもなく、したがってより安全に仕事に従事することができる。第二に、何か不当な搾取や人身売買が起こったとしても、女性はより容易に警察に通報したり、助けを求めたりすることができるので、不当な搾取も人身売買も減少する。第三に、売買春へのスティグマが取り除かれるので、その従事者はより容易にそこから離脱することができる。第四に、産業が全体として合法的なものになるので、地下に潜る店がなくなり、公明正大な営業と取引が行なわれ、したがって不当な搾取や支配もなくなる。

しかし、これらは、すでに本書の第四章で明らかにしたように、理論的にも、実態的にも、まったく机上の空論であった。ここでは第一と第二の点に関してのみ、第四章での記述を補足する形で反論しておく。

それへの反論

まずもって、第一と第二は、売買春全体の非犯罪化ではなく、売る行為のみの非犯罪化（北欧モデルはそれを一つの柱にしている）で十分に達成できる。むしろ北欧モデルの方が達成でき、包括的非犯罪化ではあまり達成されない。なぜか？

まず第一の点について。たしかに売買春全体の合法化によって、被買春女性は警察に逮捕されなくなる。だが、このことからピンプや売春業者の支配下に陥らなくてよくなるという結論はまったく導かれない。なぜなら、女性をピンプの支配下に追いやるのは警察による迫害よりも、むしろピンプ自身の暴力と支配そのものだからである。そして包括的非犯罪化路線においては、ピンプも合法化されてしまうのだから、合法化されたピンプはその合法性の看板のもとで、より多くの権力と権威と正当性を持つようになり、したがって女性に対する支配力も増すだろう。このことは合法化した各国の実態からも明らかになっているし、売買春が合法であった戦前の日本でも売春業者が圧倒的な支配力をもって、被買春女性たちを奴隷的支配のもとに置いていた。

次に第二の点について。たしかに売買春が合法化されれば、売る側の女性が不当な搾取や人身売買を通報しても逮捕されないだろう。だが、全体として合法化され正当性をもっている産業に対して、その搾取が「不当」であること、ある人が人身売買の被害者であることを証明することは、全体としていっそう困難になる。たとえば日本のポルノ産業が、その「合法性」のおかげでどれだけ長く、その不当な搾取と出演強要（これは、本書の第五章で指摘したように、国際法上、人身売買に相当する）を堂々と遂行することができたかを考えてみたらよい。出演強要が社会的に大きくクローズアップされる二〇一五年以前、われわれが出演強要の問題をいくら世間に訴えても、ＡＶ撮影の合法性、正当性のせいでまったく信じてもらえなかった。もし本当にそんな強要やだましのような違法行為が行なわれているとしたら、合法であるはずがないじゃないか、すぐに警察が介入するはずじゃないかと、人々が考えたからである。合法性の看板は、あらゆる違法行為を覆い隠す隠れ蓑になるのである。

同じく、合法的に運営されている世界最大のポルノサイトであるポルノハブ（Pornhub）もまた、長いあいだ人身売買とレイプ動画アップの温床だった。現在、ポルノハブの閉鎖を求める国際署名が行なわれており、すでに二〇〇万人以上が署名しているが[27]、このサイトもごく最近まで問題にされなかった。合法的に運営されているサイトに本当にレイプ動画がアップされているわけがないとほとんどの人が思っていたからである。

また、売買春合法化国ドイツの刑法は、強制的ないし搾取的な売買春や人身売買を禁じているが、合意にもとづく成人同士の「自発的」な売買春を合法化しているため、その合法性の看板のもとで強制的な売買春も搾取的なそれも横行し、大いに繁盛した。それは一種の壮大な社会的実験であった。セックスワーク派が言うように「強制的」ないし「搾取的」な売買春だけを禁じれば、そういう違法なものがなくなり、合意にもとづく自発的な売買春だけが残るという言い分はまったく破綻した。

同じく、売買春を含む性産業が合法化されているオーストラリアでは、合法店の数倍の違法店が存在している。全体を合法化すれば違法店がなくなる、あるいは少なくとも摘発しやすくなるとセックスワーク派は言うのだが、実際はその逆なのだ。全体が合法化すれば、違法なものもその中に埋もれるのであり、それらも合法で適正なものであると「推定」されてしまうのである。違法店が堂々と営業しているわけがないという人々の素朴な順法主義的秩序概念が巧みに利用されるのである。

不法滞在者の問題

また、この第二の点に関連してだが、世界でも日本でもセックスワーク論を普及する上で決定的な役割を果たしたフレデリック・デラコステ&プリシラ・アレキサンダー編集の『セックス・ワーク』に興味深い議論があったので紹介しておく。編者は次のように書いている。

> アメリカでは売春あっせんやポン引き（ピンプ行為）は重罪だから、ピンハネする雇い主を告発してやると脅迫することができるだろうと思うかもしれない。しかし、たとえば彼女たちが不法入国者だったとしたら、雇い主たちは彼女を国外退去させることもできる。売春〔禁止〕法が廃止されて、売春が合法的な仕事と認められれば、あまりにもひどい目にあわされている売春婦たちは、失われてしまう収入について訴訟を起こすこともできるだろう。[28]

この文章の前段と後段とはまったく整合していない。もしその売春女性が不法入国者なら、たとえ売春そのものが合法化されていても、やはり違法行為をしているのだから、国外退去の危険性があることに変わりはない。合法化は何ら解決策ではない。むしろ、合法化ないし非犯罪化論では、売春従事者は、普通の仕事をしているにすぎず、雇用主と対等なビジネスパーソンとみなされるので、不法入国の罪が通常通り問われるだろう。それに対して、売春従事者を性暴力の被害者とみなす北欧モデルであれば、たとえその人が不法滞在者であっても、いや逆に不法滞在者であるからこそ、その「脆弱な立場」（二〇〇一年人身取引議定書、いわゆるパレルモ議定書における人身売買の定義に含まれている規定）を利用された人身売買被害者とみなされうるし、未払いの賃金を取り返すことができるだけでなく（徴用工が未払い賃金を請求できるように、人身売買の被害者であっても未払い賃金を請求できる）、国外退去処分にはならない可能性はきわめて高いだろう[29]。少なくとも、単なる賃金未払い被害者という立場よりもはるかに強く権利を主張できるのは明らかである。たとえば、フランスの北欧モデル型立法では、外国人の被買春者は一時的な滞在許可書を得て、新たな仕事を探すことが認められている[30]。

2　北欧モデルに対するセックスワーク派の批判

次に、北欧モデルに対するセックスワーク派の批判に反論しておく。そのすべての批判に答えることはしないが、いくつかの非常に代表的な批判にだけ答えておきたい。

通俗的セックスワーク派からの批判

まず通俗的なセックスワーク派からの典型的な批判を取り上げよう。彼らは、一方で、①多くの売春婦は貧困が原因で売買春に入っているから、北欧モデルによって買春者が処罰されれば、買春が制約さ減ってしまい、貧困ゆえに売買春に入った女性たちが生計手段を得られなくなり、したがって北欧モデルは、それが助けようとする人々を傷つける、と言う。その一方で彼らは、②北欧モデルを導入した国でも買春の規模は縮小していない、あるいはほとんど縮小していないから、北欧モデルは政策モデルとして無力で無意味だと主張する。

しかし、この二つの主張はまったく整合していない。もし①の批判（買春の劇的減少）が事実なら、それはその政策が有効であったことを意味するのだから、②の批判（北欧モデル立法は効果がない）は成り立たないし、逆に②の批判が本当なら、①の批判は成り立たない。

では現実はどうだろうか。現実は、「劇的減少」論と「ほとんどないしまったく減らなかった」論の中間であった。つまり、北欧モデルを導入した諸国で、買春が劇的に減ったわけでもなければ、まったくないしほとんど減らなかったわけでもなく、一定の割合で確実に減ったというのが、各国における調査の基本的結果である（その割合は各国で大きなばらつきがあるとはいえ[31]）。

だが、劇的に減らなかったことをもって、北欧モデルの無力さを言えるだろうか？　まず第一に、刑法や種々の刑事法においてはレイプも強制わいせつも痴漢も犯罪であり処罰の対象だが、それらの犯罪は今日もなお大量に存在しており、ますます増えている。だからといって、これらの刑事法は無意味だと言えるだろうか？　それらを廃止して、レイプも強制わいせつも痴漢も合法化するべきだという結論になるだろうか[32]？　あるいは、日本では大量の労働法違反事例が存在する。残業代が支払われない、不当に解雇される、契約外の仕事を押しつけられる、一方的に労働条件が切り下げられる、等々。これらの事実をもって、したがって労働法は無力だから、労働法をなくすべきだという主張をするべきだろうか？　ある行為が偶然的で個人的な犯罪ではなく、支配的なヒエラルキー（売買春の場合は男性支配、不当労働行為の場合は資本主義ないし階級支配）に深く根ざしている場合、法的に禁止されたからといってそう簡単に一掃されるわけではない。警察や司法の積極姿勢の有無や予算規模の問題は別にしても、この課題は長期にわたって積極的に追求されつづけなければならないのであり、法ができたらそれで終わりではない。

したがって、北欧モデルが導入されたからといって、自分の意志で売春に従事することで生計を立てている人々がただちに生活に困るわけではない。全体としての政策が売買春の根絶を志向し、それに応じた施策がしだいにとられていく中で徐々に売買春の規模が縮小していくのである。そのことによって、この将来性のない産業から徐々に脱け出していく女性が増えていくだろう。しかも、そもそも北欧モデルは、売買春からの女性の離脱を財政的・医療的・教育的にバックアップすることを政策上の柱の一つにしているので、その面からもこの過程を促進することができるだろう。ところが、非犯罪化論では売買春は単なる一つの仕事にすぎないので、そこからの離脱に何らかの財政的措置をすることは認められないだろう。そんなことをすれば職業差別になるからである。貧困、性被害のトラウマ、自尊心の低下、ピンプの暴力的ないし精神的支配という状況のもとで、女性自身に離脱の努力を委ねることは、実質的にその道をふさぐことを意味する。

第二に、今日のグローバリゼーションと格差社会の時代において、売買春を合法化することは、性産業そのものを巨大化させることになる。実際に、多くの合法化国では売春産業は年々成長している。こうしたもとで、北欧モデル国において買春が（たとえさして減っていなくても）増えていないこと自体が、実はこのモデルの効果を劇的に物語っているのである。

第三に、性産業が成長するということは、当然、その増大する需要を満たすために、多くの女性たちや少女たちがこの産業に、だまし、強制、グルーミング、その他の手段を通じて動員されることになる。つまり、自分の意志ではない多くの人をこの産業に参入させることになる。その場合、貧困国の若い性や先住民女性、有色女性がとくに犠牲になるため、合法国では労働者女性の大部分が外国出身女性や先住民女性であり、その多くは人身売買被害者である。逆に、スウェーデンやノルウェー、アイスランドなどの北欧モデルを導入した国では人身売買が大幅に減っている。つまり、北欧モデルは、売買春そのものに対処することによって、何よりも、人身売買の被害を未然に防ぐうえで重要な役割を果たしたということである。意に反する売春や人身売買と闘うためには、売買春そのものと闘わなければならない。それは、両者が地続きで不可分に絡み合っているというだけでなく、何らかの法律がとくに効力を発揮するのは、通常、それが対象とするもののうちより悪質な形態に対してだからである。

第四に、「自分の意志で開始した」と言う人も、そもそも巨大な性産業が目の前に存在していなければ、それを選択しなかった可能性が高い。性産業という選択肢が厳然と存在するかぎり、すべての女性に生活できる賃金を保障することや、すべての人に尊厳を伴った雇用機会や社会福祉や教育機会を提供するという、国家と市民社会の責務はどうしても軽視されることになるだろう。

以上の点からして、北欧モデル国で買春がゼロになっていないとか、劇的に減っていないという根拠は、北欧モデルの無力さを示すものではいささかもない。それが示すのは、法律そのものはけっして万能ではなく、それにもとづいた息の長い取り組みが必要だという自明の事実に他ならない。

教条的マルクス主義者からの批判

次に、セクト的で教条的なマルクス主義者からの典型的な批判にも答えておく。マルクス主義者の中にはもちろん、売買春とセックスワーク論を明確に批判し、アボリショニズムの立場に立っている人々も存在するが[33]、他方では、教条的な資本主義批判を繰り返すことで、売買春とセックスワーク論を擁護している「マルクス主義者」も残念ながら大勢いる[34]。

たとえば彼らはこう言う。他のどの労働においても、とりわけ precarious（不安定な）労働においては危険性やひどい搾取があるのだから、売買春を特別扱いすることはできず、それらの労働の場合と同じく、労働者のエンパワーと労働条件の向上に取り組むべきである、と。だが、どんな precarious な職種であっても、その仕事自体に何らかの社会的意味がある場合のみ、その職種そのものは維持しつつ、その中での労働条件の向上に取り組むことが正当化される。しかし、男性の一方的で暴力的な性的欲望を満たす「仕事」はそれ自体として社会的に意味がないだけでなく、女性の尊厳を否定し、性的・人種的・その他さまざまな不平等そのものを生産する「仕事」である。金持ちのストレス解消のために貧乏人が殴られる「労働」や、白人のために黒人がその靴を舐める「仕事」があったとして、そこでのマルクス主義者のなすべき課題が労働条件の向上になりうるだろうか？

また彼らはこう言う。売買春ないし性産業の根源は資本主義そのものにあるのだから（ここまでは古典的マルクス主義者と一致している）、そもそも資本主義のもとで売買春の廃絶をめざす運動は無駄であり、したがって、セックスワーク論にもとづいて、セックスワーカーの組合化による状況改善に取り組むべきである、と。だが、この主張が正しいとしたら、資本主義のもとで原発の廃絶を求める運動もナンセンスだということになるだろうし（原発産業で組合運動だけをやっていればいいのか？）、その他のあらゆる環境的に有害な産業を廃絶ないし縮小する運動も、あるいはデヴィッド・グレーバーが使った言葉を用いれば、どんな「ブルシット・ジョブ」[35]をなくすための運動も、資本主義が存在するかぎり意味がないということになるだろう。同じく、軍縮をめざす運動も意味がないことになるだろう。なぜなら、マルクス主義にもとづけば、資本主義に軍事と軍需産業は不可欠だからである。資本主義がある日消えてなくなるその瞬間まで、資本主義のもとでのあらゆる有害な産業や仕事はそのまま維持されて、合法化され、拡大されなければならないことになってしまうだろう。[illegible]

は採用されないのに、売買春に関してのみこのような論理が堂々と主張されるのはなぜだろうか？

たとえ売買春の完全な廃絶が資本主義の廃絶まで不可能であると認めたとしても、その絶え間ない縮小に取り組むことは今から十分に可能であるし、それを可能にするのは、性産業を全面的に非犯罪化して自由化することなのか、それとも北欧モデルを採用することなのか、それが問題なのだ。それに、今から売買春の縮小と廃絶をめざさないと、そもそも資本主義の廃絶にも近づかないだろう。資本主義はある日突然終焉を迎えるのではない。資本主義の最悪の形態を今からでも取り除き、縮小していかなければ、資本主義そのものへの批判意識も育たないのである。セックスワーク論のこれほどの繁栄と、社会主義運動のこれほどの衰退とが軌を一にして起こったのはなぜなのか、この種の「マルクス主義者」は考えてみるべきだった。セックスワーク論こそ、資本主義の（そして男性支配の）永遠的存続に向けた一つのイデオロギー的手段なのである。

同じく、教条的マルクス主義者は、売春問題に取り組むためには、女性の低賃金問題や社会福祉の充実、新自由主義反対などの運動に取り組まなければならないと説教する。まるで、われわれアボリショニストがそれに取り組んでいないかのように。だが、すでに述べたように、北欧モデルの柱の一つはまさに、性産業からの女性の離脱を可能にする財政的・教育的・医療的支援の充実である。むしろ逆なのだ。後で改めて述べるように、セックスワーク論が支配的になった背景には、新自由主義の隆盛がある。種々の問題に対して社会福祉的にアプローチするのではなく、基本的に自由化して市場原理に委ねれば解決するというのが、セックスワーク論の根底にあるイデオロギーである。北欧モデルを採用している国のほとんどが福祉先進国であることはけっして偶然ではない。

教条的マルクス主義者は、売買春の根源が資本主義そのものにあること、したがって売買春の真の廃絶のためには資本主義の廃絶が必要であるという古典的マルクス主義者の文言は採用したが、それと同時に、買春そのものがその中の女性を貶め、被害を与えるものであり、それを通じて女性全体に対する不平等を推進するものであるという主張の方は無視している。この主張にもとづくなら、単に組合を組織して、不当な暴力やピンハネに反対するだけではまったく不十分であるのは明らかである。たとえ最良の条件のもとにあったとしても、女性を買春することは女性に対する暴力の一形態なのであり、それが何よりも性的であることによって（それ以外の点ではたとえ強制労働的なものでなくとも）、それは奴隷制の一形態になるのである。(36)

3　なぜセックスワーク論と包括的非犯罪化論が世界中に広まったのか

では、なぜこのようなセックスワーク論と包括的非犯罪化政策が一九九〇年代以降に急速に広まったのか？　しかもなぜいわゆる「人権団体」（アムネスティ・インターナショナルやアメリカ自由人権協会（ＡＣＬＵ）やヒューマン・ライツ・ウォッチ）や「リベラル派」（さらにはマルクス主義者や緑の党も）がこの理論にもっていかれてしまい、包括的非犯罪化を声高に唱えるようになったのか？　これについてはすでに、本書の第四章でも、また本章の第Ｉ部の後半でもそれなりに考察してきたことであるが、ここではより理論的に整理した形で述べておきたい。

三つの基本的理由

まずもって、どんな場合もそうだが、ある制度がその社会の支配的システムの核心に位置する場合、それを正当化するイデオロギーは常に社会的に支配的なイデオロギーになるということを確認しておく必要がある。マルクスが言うように、ある社会の支配的イデオロギーは支配階級のイデオロギーである。

それを踏まえたうえで、セックスワーク論という特殊な正当化イデオロギーがなぜ一九九〇年代以降に支配的になったのか、とりわけ左派、人権派の中で支配的になったのかを明らかにしておきたい。

まず、一九八〇年代以降において生じた社会的・経済的諸状況の大きな変化に起因する三つの基本的要因があるように思われる。

第一に、一九六〇〜七〇年代の政治的急進主義の時代が過ぎ去って、社会システム全体（資本主義や家父長制）の支配的構造そのものには手をつけることなく、それをそのまま放置するかあるいは部分的に改革するにとどまるという時代の流れが生まれる一方で、一九八〇年代以降に（それ以前の急進主義の運動の成果でもあったのだが）、その構造のもとで被害を受けている個々の当事者の権利を擁護するという権利論的枠組みが広がったことである。かつては、社会システムそのものの変革論と、そのシステムの中で被害を受けている人の人権を保護するという権利擁護論とが結びついていたのだが（この立場を売買春問題に適用すれば必然的にアボリショニズムになる）、この両者が切り離され、前者が否定されるとともに、後者だけがクローズアップされるようになった。

第二に、国家による規制をできるだけなくして、当事者の自己決定と市場の論理に委ねることによっていっさいの（あるいは少なくとも中心的な）問題が解決するという新自由主義的論理が、一九八〇年代以降にしだいに支配的になっていったことである。すでにこれまで述べてきたように、セックスワーク論とそれにもとづく包括的非犯罪化は、新自由主義と市場主義に非常に親和的な理論である。実際、ドイツで社会民主党と緑の党の連立政権のもとで二〇〇一年に売買春のより全面的な合法化と自由化が強行されたとき、それはその他の新自由主義的福祉削減策の一環であった[37]。それだけでなく、非犯罪化論がよく唱える論理も、新自由主義者の自由化論と非常によく似ている。いわゆる合法規制主義は、禁止主義に対してはより自由主義的だが、包括的非犯罪化というもっと徹底した新自由主義モデルからすれば、合法規制主義は中途半端なものとなる。それゆえ合法化諸国で実際にさまざまな問題が起きていても、それらの諸問題はすべて、規制撤廃が不十分だから起きているとセックスワーク論者は批判する。まさに、原理的な新自由主義派が、規制緩和によって何か問題が発生するたびに、それは規制の緩和そのものから生じているのではなく、それが不十分なことから来ているというマントラを唱えているのと同じである。

第三に、経済のグローバル化と脱工業化、福祉国家の衰退ないし後退、「社会主義」圏の崩壊、世界的な貧富の格差の拡大といった中で、一方では、性産業に入らざるをえなくなった、あるいは入らされた膨大な数の女性たち（先進国の貧困層と移民、旧ソ連・東欧諸国の女性たち、第三世界の貧困諸国の女性たちなど）が発生し、他方では、性産業と国際人身売買が、麻薬取引や武器取引などと並んで、巨額の儲けを保障する一大ビジネスになったことである。

このグローバルな性産業の発達の恩恵に浴するのは、単に直接的な性産業だけでなく、それに資金を提供する金融業界、場所を提供する不動産会社や建築業界、宣伝・募集手段を提供するＩＴ産業や広告産業、売買春と伝統的に結びついてきた種々の娯楽産業、アルコール・ドラッグ産業、カジノ産業、売春女性に定期検診を行なう医療業界、美容業界、売買春をテーマとした作品で金を儲ける映画・テレビ・エンタメ業界、そしてもちろんポルノ産業、さらに買春ツアー(38)を企画する旅行会社やホテル業界、等々である。性産業がどれほど無数の産業と結びついているかは明らかだろう。この面は従来かなり軽視されていたように思われる。多くの人は性産業を非常にマージナルな産業とみなしているのだが、実際には、それはグローバル産業の中核に位置しているのであり、したがって大企業とその代弁者たちは、ありとあらゆる手段を通じてその合法化に努めているのである。

れる。

五つの副次的理由

以上の主要な三つの理由に加えて、以下の五つの副次的理由も小さくない役割を果たしていると思われる。

一、一九七〇年代における性革命とその影響。それは、一方では、性的なものをタブー視しないという建前のもと、性産業も単なる職業の一つとして認めるべきだという発想が流布する土壌を若い世代の中につくり出した。他方では、それは、性的なものは特別に解放的なものであり、したがってフリーセックスと並んで、ポルノや売買春も女性にとってむしろエンパワーになるという発想を広げる土壌となった。だが、売春がそんなにエンパワー的なものならば、どうしてこの世界で最も力を持っている金持ちの中年男性がそれをやらず、最も力のない、最も疎外され、最も貧しい若い女性や先住民女性や移民女性がそれを主としてやっているのか、あるいはやらされているのか？

二、一九八〇年代以降にインテリ層に広まったポストモダニズムや脱構築主義にもとづく価値相対主義の蔓延。それは、家父長制や男性支配の廃絶のような「大きな物語」を嫌悪し、言説の変革や「ものの見方」、パフォーマンスを変えるようアドバイスする。

三、人権団体や市民団体などの運営資金が、一握りの世界的大金持ちや巨大企業の設立する「リベラルな」慈善財団によって提供される資金に依存するようになったこと。これらの財団は基本的に、企業活動の自由と新自由主義の論理に合致した方針を採用する「人権」団体や「市民」団体に優先的に資金を提供している。とりわけ、ジョージ・ソロスによるオープン・ソサエティ財団は、「セックスワークの非犯罪化」をその基本アジェンダの一つに掲げており、世界中で、売買春の非犯罪化を求める諸団体（アムネスティやヒューマン・ライツ・ウォッチやＡＣＬＵ）に巨額の資金提供をしている。[39]

四、政府や自治体が直接、業界や事業への規制に関与するのではなく、各種ＮＧＯや企業への民間委託に丸投げする流れが広がる中で（これも新自由主義の一種）、性産業ロビー団体がそうした委託先になっていること。典型的にはオーストラリアがそうで、オーストラリアでは、女性団体はセックスワーク論と非犯罪化の立場に立たないかぎり、政府からの助成金をもらえない。

五、一九八〇年代に起きたＨＩＶ／ＡＩＤＳ騒動（現在のコロナ騒動のように）に対する対処として、性産業の合法化による国家の適正な規制という路線が合理的であるとの発想（いわゆる「被害軽減政策」）がもてはやされたことである(40)。

こうして見てみると、基本的理由にも副次的理由にも、変革運動の後退と新自由主義の隆盛という時代的パラダイムが決定的に関与していることがわかる。したがって、より簡潔に言いかえれば、一九六八年革命を頂点とする社会変動の大きな流れの中で出現した人権論的枠組みと当事者主義の流れ（それ自体は進歩的なのだが）が、その後の反動化の中で、マルクス主義やラディカル・フェミニズムが体現していた社会変革の「大きな物語」から切り離され、新自由主義的個人主義と市場主義の新しいパラダイムと結合した結果が、セックスワーク論の普及であったと言える。したがって、セックスワーク論のヘゲモニーは、まさに新自由主義そのもののヘゲモニーの一表現なのであり、欧米の主要な左派やリベラルがその軍門に下ったことは、彼らが資本主義と男性支配（家父長制）という支配的システムの補完物になり果てたことを端的に示しているのである。

注

（1）邦訳『マルクス・エンゲルス全集』第四〇巻、大月書店、一九七五年、四五九頁。マルクス『経済学＝哲学手稿（青木文庫）』三浦和男訳、青木書店、一九六二年、一六五～一六六頁。訳文は適宜修正。以下同じ。

(2) 邦訳『マルクス・エンゲルス全集』第四〇巻、四九六頁。
(3) 「歴史時代の変化は、いつでも自由に向けての女性の進歩に応じてさだまる。なぜなら、男性に対する女性の、強者に対する弱者のこの関係のうちに、獣性に対する人間性の勝利が最もはっきりと現われるからである。女性解放の度合いは一般的解放の自然的尺度である」(邦訳『マルクス・エンゲルス全集』第二巻、二〇八頁)。
(4) マルクス&エンゲルス『共産党宣言』森田成也訳、光文社古典新訳文庫、二〇二〇年、四三～四四頁。
(5) 同前、八三～八六頁。
(6) これはけっして大げさではない。当時、工場主たちは自分の工場で働く若い女性労働者を、しばしば少女をレイプしていた。慧眼なエンゲルスはすでにそのことを『イギリスにおける労働者階級の状態』で鋭く告発している。邦訳『マルクス・エンゲルス全集』第二巻、大月書店、三八二頁。
(7) 邦訳『マルクス・エンゲルス全集』第二一巻、七九頁。
(8) 同前、八六頁。
(9) ベーベルのこの著作は戦前の日本ですでに何度も翻訳されている。『婦人論』というわかりやすい題名にしたのは山川菊栄であり、その後、この題名が広く普及・定着し、戦後の多くの新訳でもこの題名が受け継がれている。ベーベルと『婦人論』については以下の著作も参照。昭和女子大学女性文化研究所『ベーベルの女性論再考』御茶の水書房、二〇〇四年。日本ではこの著作を除くと、『婦人論』に関する専門的研究書はほぼ皆無である。
(10) 日本語の翻訳は数多いが、いずれも一長一短なので、ここでは複数の翻訳を参照にして文章を作成しておいた。頁数は角川文庫版と岩波文庫版のものを挙げておく。岩波文庫版『婦人論』上、一九七一年、一九頁。角川文庫版『婦人論』上、一九五五年、一二頁。
(11) 岩波文庫版『婦人論』上、二〇頁、角川文庫版『婦人論』上、一二頁。
(12) 岩波文庫版『婦人論』上、二三六頁、角川文庫版『婦人論』上、二三八頁。
(13) 岩波文庫版『婦人論』上、二三七頁、角川文庫版『婦人論』上、二三九頁。
(14) 岩波文庫版『婦人論』上、二四一頁、角川文庫版『婦人論』上、二四二頁。
(15) 岩波文庫版『婦人論』上、二五七頁、角川文庫版『婦人論』上、二五八～二五九頁。
(16) カール・カウツキー「エルフルト綱領解説」都留大治郎訳、『世界大思想全集　社会・宗教・科学思想篇』第一四巻、河出書房、一九五五年、四〇頁。

（17）ローザ・ルクセンブルク「小ブルジョア世界政策かプロレタリア世界政策か」『トロツキー研究』第六四号、二〇一四年、六一頁。

（18）同前。

（19）Alexandra Kollontai, Prostitution and ways of fighting it, *Selected Writings of Alexandra Kollontai*, Translated with an introduction and commentaries by Alix Holt, Lawrence Hill & Company, 1977, p. 261.

（20）Ibid, pp. 268–269.

（21）Ibid, p. 275.

（22）本書の序文および第一章で批判的に取り上げたナンシー・フレイザーらの『99%のためのフェミニズム宣言』は、コロンタイのこの「セックス・ポジティブ」な姿勢を理由に、あろうことかコロンタイをセックスワーク派のゲイル・ルービンと同じ潮流に入れている（シンジア・アルッザ&ティティ・バタチャーリャ&ナンシー・フレイザー『99%のためのフェミニズム宣言』惠愛由訳、人文書院、二〇二〇年、七八～七九頁）。

（23）クララ・ツェトキン「レーニンの婦人問題論」、H・ポリット編『婦人論』土屋保男訳、国民文庫、一九五四年、一三〇頁。

（24）トロツキー『裏切られた革命』藤井一行訳、岩波文庫、一九九二年、一九一～一九二頁。

（25）Silvia Federici, Why is Sexuality is Work, *Revolution at Point Zero*, PM Press, 2012.

（26）マリアローザ・ダラ・コスタ『家事労働に賃金を――フェミニズムの新たな展望』伊田久美子・伊藤公雄訳、インパクト出版会、一九八六年、一三頁。引用文を含む論文はもともと一九八一年に書かれた。

（27）https://traffickinghubpetition.com/

（28）フレデリック・デラコステ&プリシラ・アレキサンダー編『セックス・ワーク――性産業に携わる女性たちの声』発行パンドラ、発売現代書館、一九九三年、二二頁。

（29）実際、南アフリカ共和国の人身取引禁止法においては、「当人が違法に、あるいは適正な書類なしに本共和国〔南アフリカ共和国〕に入国したこと、ないし滞在していること」が「脆弱な立場」を構成する要件の一つとして挙げている。Catherine A. MacKinnon, *Butterfly Politics*, The Belknap Press of Harvard University Press, 2017, Chap. 15, note. 71.

（30） Ibid, Chap. 15, note. 77. もちろん北欧モデル型立法国でもこの点の保護が不十分な場合があり、しかるべき改善が求められる。

（31） Luba Fein, Has the Nordic Model worked? What does the research say?, *Nordic Model Now!*, https://nordicmodelnow.org/2019/12/22/has-the-nordic-model-worked-what-does-the-research-say/ セックスワーク派は、もともと男性の中の買春者率がきわめて低かったスウェーデンにおいて（調査によって若干異なるが、数%程度）、北欧モデル導入後にこの数字があまり減っていない（むしろ一部の調査では、ごくわずかながら増えている）ことを大げさに取り上げているが、統計的誤差の範囲内であろう。ドイツやスペインのような合法化国では男性の半分から三分の二が買春経験者である。この巨大な数字の差そのものが、北欧モデルの優位性を示している。

（32） 本書の序文や第一章で取り上げた『99%のためのフェミニズム宣言』はそれに近いことを言っているが。

（33） たとえば、以下を参照。A Marxist outlook on prostitution, *IWL-FI*, October 26, 2015, https://litci.org/en/a-marxist-outlook-on-prostitution/; Morgan Horn, Why do Marxist feminists oppose liberal feminists' claims that porn and prostitution are liberating for women?, *Morning Star*, September 23, 2018. 他方、以下の論文は、売買春にもセックスワーク論にも批判的だが、北欧モデルを支持しないという中間的立場をとっている。Jane Pritchard, The sex work debate, *International Socialism*, no. 125, 5 January 2010, http://isj.org.uk/the-sex-work-debate/; Malini Bhattacharya, Neither 'Free' nor 'Equal' Work: A Marxist-Feminist Perspective on Prostitution, *ANTYAJAA: Indian Journal of Women and Social Change*, vol. 1（1）, 2016.

（34） たとえば、以下の論文を参照。AWL, 'Marxism versus moralism': a Marxist analysis of prostitution, *Workers' Liberty*, 29 March 2010, https://www.workersliberty.org/story/2017-10-31/marxism-versus-moralism-marxist-analysis-prostitution; Niklas Albin Svensson, Prostitution, cuts and the bourgeois feminists, *In Defence of Marxism*, 8 March 2016, https://www.marxist.com/prostitution-cuts-bourgeois-feminists.htm.

（35） デヴィッド・グレーバー『ブルシット・ジョブ――クソどうでもいい仕事の理論』酒井隆史・芳賀達彦・森田和樹訳、岩波書店、二〇二〇年。

（36） ここには「性」の持つ独自性、その本質的に人権的な性格が根本的に関わっているが、それについては、本書の第四章を参照してほしい。

（37） https://nordicmodelnow.org/2019/01/13/prostitution-law-in-germany-regulation-for-taxation/

（38）オランダの「飾り窓」見学ツアーが巨大な規模であったのはよく知られており、あまりにも大量の観光客がオランダの赤線地帯に押し寄せたので、ついに二〇一九年に廃止が決定された。Julie Bindel, Good riddance to Amsterdam's disgraceful red-light district tours, *Spectator*, 22 March 2019.

（39）以下を参照。Joddy Raphael, Decriminalization of Prostitution: The Soros Effect, *Dignity: A Journal on Sexual Exploitation and Violence*, Vol. 3, Iss. 1, 2018.

（40）キャロライン・ノーマ「オーストラリアにおける性売買の状況——合法化は何をもたらしたか」、ポルノ・買春問題研究会編『ポルノ被害と売買春の根絶をめざして』二〇二〇年。ちなみに、ドラッグに関してもリベラル派のあいだで同じような政策が追求されているが、これも新自由主義的な発想であるのは明らかである。

あとがき

私の最初の単著は、三二歳の時に出版した『資本主義と性差別——ジェンダー的公正をめざして』（青木書店、一九九七年）であった。その後、一九九九年に仲間たちといっしょにポルノ・買春問題研究会を結成して、ポルノグラフィと売買春の持つ本質的に性差別的で性暴力的な性格について、さまざまな調査や研究を行ない、論文の発表やワークショップの開催などをしてきた。しかし、ポルノ・買春問題研究会は二〇一一年の福島第一原発事故によってメンバーが離散することになり（主要メンバーが福島にいた）、数年間、活動が停滞した。その後、二〇一四～一五年ごろから活動を再開したが、二〇二〇年には、今度はコロナ危機のせいで再び活動が困難になった。活動の舞台は主としてインターネットになった。

そうした中、二〇二〇年六月頃に、第一章に収録された私の『思想』論文とAcademiaの私のアカウントにアップされた諸論文を読んで、マルクス主義とフェミニズムに関する著作にまとめてほしいと声をかけてくれたのが、慶應義塾大学出版会の編集者である村上文さんであった。ちょうどその時、私は、自分が二十数年間に書きためたフェミニズム関係の諸論文や諸講演（分量にして著作三～四冊分になる）を何とか単著にできないかとあれこれ構想を練っていたところだった。村上さんの提案はまさに渡りに船だった。さっそく、私が書いた諸論文や話した講演の中からとくに重要で理論的にまとまったものをピックアップして、本書の構想を提案した。その後、話し合いを通じて取捨選択し、内容や表題も調整しながら、最終的に本書のような形になった。本書が出版できたのは、何より村上さんの熱意のおかげである。記して感謝したい。また、校正者の髙瀬桃子さんにも感謝したい。彼女は私の文章を詳細にチェックしてくれた。

同じく、創立時からのポルノ・買春問題研究会のメンバーであり長年の同志でもある中里見博さんとその家族に改めて心からの感謝を伝えたい。また、オーストラリア出身で、たびたび来日し、ポルノ・買春問題研究会と交流を重ね、私たちの活動を国際化する上で決定的な役割を果たしてくれたキャロライン・ノーマさんにも心から感謝したい。これらの不屈の仲間がいるかぎり、われわれはけっして挫けることはないだろう。

二〇二〇年一一月一五日

森田成也（もりた せいや）
1965年生まれ。大学非常勤講師。ポルノ・買春問題研究会メンバー。著作に『資本主義と性差別』（青木書店）、『資本と剰余価値の理論』（作品社）、『家事労働とマルクス剰余価値論』（桜井書店）、『マルクス剰余価値論形成史』（社会評論社）、『「資本論」とロシア革命』『トロツキーと永続革命の政治学』（以上、柘植書房新社）他。訳書に、マルクス『賃労働と資本／賃金・価格・利潤』『資本論第一部草稿――直接的生産過程の諸結果』、マルクス・エンゲルス『共産党宣言』（以上、光文社古典新訳文庫）、キャサリン・マッキノン『女の生、男の法』上下（岩波書店、共訳）、デヴィッド・ハーヴェイ『新自由主義』『〈資本論〉入門』『反乱する都市』『〈資本論〉第2巻・第3巻入門』（以上、作品社、共訳）他多数。

マルクス主義、フェミニズム、セックスワーク論
――搾取と暴力に抗うために

2021年3月20日　初版第1刷発行

著　者――――森田成也
発行者――――依田俊之
発行所――――慶應義塾大学出版会株式会社
〒108-8346　東京都港区三田2-19-30
TEL〔編集部〕03-3451-0931
〔営業部〕03-3451-3584〈ご注文〉
〔　〃　〕03-3451-6926
FAX〔営業部〕03-3451-3122
振替　00190-8-155497
https://www.keio-up.co.jp/
装　丁――――岡部正裕（voids）
印刷・製本――中央精版印刷株式会社
カバー印刷――株式会社太平印刷社

Printed in Japan ISBN978-4-7664-2734-9

事項・人名索引

＊本文に登場する事項と人名を中心に取り上げたが、注からのものもいくつかある。また、「ポルノグラフィ」「売買春」「フェミニズム」「平等」「人権」などは登場頁数が多すぎるので、「暴力ポルノ」「児童買春」「ラディカル・フェミニズム」のように特定の用語としてのみ項目に入れた。

あ行

た行

な行

は行

ま行

や行

ら行

わ行

アルファベット